D. H

SARDAIGNE
ET MÉDITERRANÉE

Traduit de l'anglais
par André Belamich

BARTILLAT
2, rue Crébillon, 75006 Paris

Titre original : *Sea and Sardinia* (New York, 1921 ; Londres, 1923)
Première édition : Charlot (1946).
© Gallimard, 1958, pour la traduction française.
Tous droits réservés pour tous pays.
© 2018, Éditions Bartillat.
www.editions-bartillat.com
ISBN : 978-2-84100-649-6

I

DE CATANE À PALERME

Un beau jour, on éprouve un besoin impérieux de bouger – et, qui plus est, de bouger dans une certaine direction. Donc nécessité à la fois de s'en aller et de savoir où.

Pourquoi ne peut-on rester en paix? Ici, en Sicile, tout est si agréable: la mer Ionienne ensoleillée, la Calabre chatoyante telle une opale de feu remuée à la lumière; l'Italie, le panorama des nuages de la Noël et, la nuit, le Grand Chien qui lance un long rais de lumière à travers la mer, comme s'il aboyait après nous, aux pieds d'Orion qui marche. Comme Sirius vous regarde! quel regard! C'est le Chien des Cieux, vert, féroce captivant... et puis, l'étoile du soir, royale! qui, pend, à l'occident, au-dessus des sombres précipices déchiquetés de la haute Sicile!... et puis, Etna, la maléfique sorcière qui étend sous le ciel son épaisse neige blanche et lentement, lentement, déroule ses volutes de fumée orangée. La Colonne des Cieux, ainsi l'appelaient les Grecs. Cela semble faux, au premier abord, car elle s'étire en une longue ligne magique et flexible depuis le bord de la mer jusqu'à son cône

ébréché, et elle ne semble pas haute. Elle a l'air plutôt
basse sous le ciel. Mais, quand on en vient à la mieux
connaître, stupéfaction! miracle! Distante sous le ciel,
hautaine, et si proche... et pourtant jamais avec nous.
Les peintres essaient de la peindre et les photographes de
la photographier, en vain. Mais pourquoi cela? À cause
des collines proches, avec leurs oliviers et leurs blanches
maisons – qui, elles, sont avec nous. À cause du lit de la
rivière; à cause de Naxos dissimulée sous les citronniers
– la grecque Naxos enfouie sous le feuillage sombre de
ses fertiles citronniers – à cause des flancs et des pieds
d'Etna qui font toujours partie de notre monde à nous,
même les hauts villages nichés parmi les chênes d'Etna.
Mais Etna elle-même, Etna, avec sa neige, ses vents
secrets et capricieux, c'est derrière une paroi de cristal
qu'elle apparaît. Quand je la vois, blanche et basse sous
le ciel qui, tel une sorcière, lentement déroule ses volutes
de fumée orangée et parfois exhale une flamme rose et
rouge, il me faut alors détourner mon regard de la terre
et le plonger dans l'éther, dans le bas empyrée. Et là-bas,
dans le lointain espace, Etna est seule. Si vous voulez la
voir, il faut que votre regard quitte doucement le monde
et pénètre dépouillé, dans l'étrange palais de l'empyrée!
Piédestal des Cieux! Les Grecs avaient le sens de la vérité
magique des choses. Dieu merci, on en sait encore assez
sur eux pour se trouver enfin une parenté. Il y a tant de
photos, de telles quantités d'aquarelles et de toiles qui
prétendent rendre l'Etna. Mais piédestal des Cieux! Vous
devez passer l'invisible frontière. Entre le premier plan,
qui nous appartient et Etna, pivot des vents sous le ciel
bas, il y a une ligne de séparation. Vous devez changer
d'état d'esprit. Métempsychose. Inutile de croire que vous
pouvez embrasser d'un même regard Etna et le premier

plan. Jamais. C'est l'un ou l'autre : le premier plan et une Etna transposée. Ou bien : Etna, piédestal des Cieux.

Pourquoi faut-il donc s'en aller ? Pourquoi ne point rester ? Ah ! quelle maîtresse, cette Etna ! avec ses étranges vents qui rôdent, noirs et blancs, autour d'elle, comme les panthères de Circé. Avec ses voies étranges, lointaines et ses terribles effluves dynamiques. Elle affole les hommes avec les terribles vibrations électriques, maléfiques et splendides qu'elle jette autour d'elle comme un filet mortel ! Et même, parfois, l'on peut vraiment sentir une nouvelle décharge de ce magnétisme démoniaque qui saisit vos tissus vivants et dérange la vie paisible de vos cellules actives. Elle sème la tempête dans le plasma vivant et l'oriente à sa guise. Et cela ressemble parfois à de la folie.

Cette immémoriale Etna grecque, si belle, si belle sous le ciel bas, comme elle sait torturer ! Il est peu d'hommes qui puissent vraiment la subir sans perdre leur âme. Comme Circé. Il faut être très fort pour qu'elle ne s'empare point de votre âme et ne fasse de vous, non point une bête, mais une créature élémentaire, intelligente et privée d'âme. Intelligente, inspirée presque, et privée d'âme comme les Siciliens qui l'habitent. Des démons intelligents et, humainement parlant, comparés à nous, la race la plus stupide de la terre. *Ach*, horreur ! Combien de peuples, combien de races ont dû fuir Etna ? C'est elle qui détruisit jusqu'au vif l'âme grecque. Et après les Grecs, elle donna aux Romains, aux Normands, aux Arabes, aux Espagnols, aux Français, aux Italiens, aux Anglais même, elle leur donna, à tous, leur moment d'inspiration – et détruisit leur âme.

Peut-être est-ce sa présence que l'on doit fuir. En tout cas, il faut s'en aller, et tout de suite. De retour ici

à peine depuis fin octobre, nous devons déjà déguerpir...
Et nous ne sommes que le trois janvier... et tous ces frais
de voyage! Pourtant, voilà : Etna le veut, il faut partir.

Mais où aller? Il y a Girgenti, au sud. Tunis est tout
proche. Girgenti avec son âme sulfureuse et ses temples
grecs vigilants? pour perdre tout à fait la tête? Jamais.
Syracuse, non plus, avec ses grandes carrières de démence.
Tunis? l'Afrique? Non, non, pas encore. Les Arabes? non
plus. Naples, Rome, Florence? Aucun intérêt. Quoi donc?

Quoi donc? L'Espagne ou la Sardaigne? La Sardaigne
qui ne ressemble à rien. La Sardaigne sans histoire, ni
date, ni race... Eh bien, soit, la Sardaigne. On dit que
les Romains ni les Phéniciens, les Grecs ni les Arabes,
ne purent soumettre la Sardaigne. Elle est à part; en
dehors du circuit de la civilisation. Comme les terres
basques. Bien sûr, aujourd'hui elle est italienne avec
ses voies ferrées et ses autobus. Mais il existe toujours
une Sardaigne indomptée. Elle se trouve dans le filet
de cette civilisation européenne, mais jusqu'à présent,
elle n'est pas prise. Et puis le filet, déjà vieux, se désa-
grège. Nombre de poissons glissent entre les mailles de la
vieille civilisation européenne. Comme la grande baleine
russe. Et probablement la Sardaigne. La Sardaigne donc!
Ce sera la Sardaigne.

Deux fois par mois un bateau part de Palerme. Mer-
credi prochain, dans trois jours. Partons donc. Fuyons ce
volcan abhorré, cette mer Ionienne, ces grands astres sur
l'eau, ces amandiers en bourgeons, ces orangers alourdis
de fruits rouges et ces affolants Siciliens, si exaspérants,
qui ne surent jamais ce qu'était la vérité et qui ont perdu
depuis longtemps toute notion de ce qu'est un être
humain. Démons sulfureux! *Andiamo!*

Mais je dois avouer, entre parenthèses, que je ne suis pas tout à fait sûr de ne point préférer vraiment ces démons à notre humanité sanctifiée.

Pourquoi se crée-t-on soi-même tant d'ennuis? Ah! ces levers au milieu de la nuit! – une heure et demie – l'on va voir l'heure à la pendule. Bien sûr, cette camelote de montre américaine s'est arrêtée, avec son impudent visage phosphorescent. Une heure et demie! Une heure et demie par une sombre nuit de Janvier. C'est bon! Une heure et demie! Et puis on dort mal jusqu'à ce qu'il soit enfin cinq heures du matin. Puis on allume une bougie... on se lève.

Le morne matin noir, la lueur de la bougie, la maison empreinte de la désolation de la nuit. Bah! on fait tout cela pour son plaisir... On allume donc le feu de charbon. On y dépose la bouilloire. La «reine-abeille» va et vient en frissonnant, à demi-vêtue; sa malheureuse bougie vacille.

– C'est gai, fait-elle en grelottant.

– Très, acquiescé-je, sinistre.

Primo nous remplissons le thermos de thé bien chaud. Puis nous faisons frire le bacon – du bon bacon anglais de Malte, un vrai don des dieux – et nous préparons des sandwiches au bacon – puis des sandwiches à l'omelette; des tartines de pain et de beurre; quelques rôties pour le petit déjeuner; encore du thé. Mais pouah! comment aurait-on envie de manger à cette heure spectrale, surtout lorsqu'on va fuir les sortilèges de la Sicile?

Nous remplissons le petit sac que nous appelons le kitchenino. Alcool à brûler, petite casserole en aluminium, lampe à alcool, deux cuillères, deux fourchettes, un couteau, deux assiettes en aluminium, sel, sucre, thé... quoi encore? La bouteille thermos, les divers sandwiches, quatre pommes et une petite boîte de beurre. Et voilà

pour le kitchenino, la « reine-abeille » et moi-même. Puis
mon sac tyrolien et le sac à main de la « reine-abeille ».

Sous le couvercle nocturne de nuages épars, très loin,
sur la ligne d'horizon de la mer Ionienne, brille maintenant une lumière de métal en fusion. Nous avalons
notre tasse de thé et quelques rôties – nettoyons en hâte
la maison pour la trouver dans un état convenable à
notre retour – fermons les portes-fenêtres de la terrasse
et descendons. Un tour de clef à la porte d'entrée clôt la
moitié de l'étage supérieur.

Le ciel et la mer s'entr'ouvrent comme une huître en
un bâillement rouge. Cette vue, de la véranda, fait frissonner. Non qu'il fasse froid. Il ne fait pas froid du tout,
ce matin. Mais il y a quelque chose de si impressionnant
dans cette vaste déchirure entre ce ciel sombre et cette
mer sombre, ce vieux bivalve terrible qui recèle depuis
si longtemps la vie entre ses lèvres ! Et l'effroi d'être
suspendu, sans défense, dans cette maison, au-dessus
de l'aube.

Il faut fermer les portes-fenêtres de la véranda d'en bas.
Mais impossible, tant la chaleur de l'été puis les grosses
pluies de l'automne ont déformé le bois. Une chaise
contre la porte suffira. Dernière porte. Nous cachons la
clef. Je passe le sac tyrolien sur mon dos, prends en main
le kitchenino et je regarde autour de moi. La rougeur
de l'aurore s'épand entre la mer qui s'empourpre et le
ciel trouble. Une lumière brille, là-bas, dans le couvent
des Capucins. Des coqs chantent. Long hurlement
hoquetant, mélancolique d'un âne qui brait : « Toutes les
femelles sont mortes, toutes les femelles. Och ! och ! –
Hoooo ! Ahaa ! il en reste une ». Et la plainte s'achève en
un grognement de consolation. C'est ce que hurle l'âne
– au dire des Arabes – quand il brait.

Nous descendons. Il fait très sombre sous le grand caroubier. Sombre encore dans le jardin. Parfum de mimosa, puis de jasmin. Merveilleux mimosa invisible. Sombre également dans le chemin pierreux. La chèvre bêle dans son enclos. Le lourd tombeau romain qui pend juste au-dessus de l'allée ne bascule pas sur mon passage. Ah jardin, jardin sombre ! et vous vignes et oliviers, néfliers, mûriers et amandiers touffus, abruptes terrasses qui surplombez la mer ! adieu, je m'efface entre les haies de romarin... Voici le haut portail, la cruelle route caillouteuse, les grands eucalyptus sombres, la rivière. Je grimpe vers le village. M'y voilà.

C'est la pleine aurore – l'aurore – et non point le matin ; le soleil ne s'est pas levé.

Le village est encore tout sombre et dort sous le ciel rouge. Personne à la fontaine des Capucins : il fait encore trop noir. Un homme, menant un cheval par la bride, contourne le palais Corvaia. Un ou deux hommes sombres sur le Corso. Bon ! Escaladant la crête, dégringolant la rue grossièrement pavée qui file entre les maisons, nous débouchons sur la ligne pure des collines qui font face à la mer. Voici le rivage auroral de la Sicile – le rivage auroral de l'Europe. Abrupt, tel une vaste falaise, et cinglant vers l'aurore. Rouge aurore aux nuages de sang noir et d'or. Il doit être sept heures. La gare est à nos pieds, près de la mer. Bruit de train. Oui, un train. Et nous qui n'en sommes encore qu'aux premiers lacets de ce sentier abrupt ! Mais c'est le train Messine-Catane. Le nôtre ne partira que dans une demi-heure.

Bondissant et sautant, nous descendons le long de la vieille route qui serpente sur la face de la falaise. Là-bas, Etna s'enveloppe d'un épais manteau d'un noir d'encre.

Encore une de ses diableries, sans doute. L'aurore est d'un rouge enflammé bordé de jaune ; la mer prend d'étranges teintes. Je déteste cette gare-pygmée acculée à la mer. Sur ce versant abrupt, surtout dans les creux abrités du vent, la fleur d'amandier éclôt déjà. Écume, étoiles, taches... elle ressemble fort à une poussière de neige, poussière de pétales, en ce quatrième jour de l'an 1921. Rien que des pétales... Etna est indiciblement mystérieuse derrière ses denses nuages noirs. Elle s'en recouvre complètement, jusqu'aux pieds.

Enfin, nous voici en bas. Nous passons devant des fours où des hommes font brûler de la chaux – fours ronds, incandescents – et nous arrivons sur la grand'route. Il n'y a rien de plus déprimant qu'une grand'route italienne. De Syracuse à Airolo, ça devient toujours quelque chose d'horrible, d'affreux, de sordide dès qu'on approche d'un village ou d'une habitation humaine. Odeur âcre de jus de citron : c'est une fabrique qui prépare du citrate. Les maisons s'empourprent sur la route, au bas de la façade calcaire de la colline, ouvrent leurs portes sordides et rejettent de l'eau sale et du marc de café. Des mulets trottinent, traînant des charrettes. Des gens vont à la gare. Nous passons par le Dazio. Nous y voici.

Extérieurement, l'humanité présente de très grandes ressemblances ; c'est à l'intérieur qu'apparaissent d'irréductibles différences. On s'asseoit donc et on se met à penser et à observer les gens de la gare qui s'agitent comme une rangée de caricatures entre la mer et soi, sous l'aurore inquiète et nuageuse.

Ce matin, vous essaieriez en vain de trouver parmi ces gens le Méditerranéen félin et bronzé des romans.

À ne voir que leurs traits, on pourrait se croire devant une foule matinale qui attend le train dans une gare de la banlieue nord de Londres : car les uns sont blonds, les autres incolores et personne n'a de type racial. Le seul d'entre eux qui soit exceptionnellement caricatural est un gros gaillard d'un certain âge, à lunettes, nez court, moustache en brosse : l'Allemand des journaux satiriques d'il y a vingt ans. Mais c'est un pur Sicilien.

Pour la plupart, ce sont des jeunes gens qui vont travailler à Messine : non des artisans, mais des petits bourgeois. Extérieurement, ils ressemblent tellement à n'importe quel employé, n'importe quel commis ; seulement, ceux-ci sont plus mal mis, moins conscients de leur position sociale. Ils sont exubérants, jettent les bras autour du cou de leurs camarades ; c'est tout juste s'ils ne s'embrassent pas. Un pauvre garçon qui a mal à l'oreille s'est noué autour de la tête un mouchoir sur lequel il a juché son chapeau noir qui lui donne un air comique. Mais personne ne semble le trouver drôle. Alors qu'on remarque mon sac tyrolien avec un regard de froide désapprobation comme si j'avais commis l'indécence d'arriver sur un cochon. Il aurait fallu que je prisse une voiture et que mon sac tyrolien fût une valise neuve. Je le sais, mais je reste inébranlable.

Voilà comme ils sont. Chacun d'eux se croit aussi beau qu'Adonis et aussi « fatal » que Don Juan. Extraordinaire ! Et cependant, toute chair est pareille à l'herbe... et s'il manque quelques boutons au pantalon de l'un ou si l'autre, la tête entourée d'un gros cache-nez, arbore un chapeau noir par-dessus, c'est dans l'ordre des choses. Ils saisissent le pauvre enchaperonné par le bras et lui demandent avec une profonde commisération : « Tu as mal ? Tu as mal ? »

Et voilà également comme ils sont. Si terriblement collés ensemble. Ils se répandent les uns sur les autres comme beurre fondu sur épinards. Ils se prennent le menton d'un geste tendre et caressant et se font des sourires lumineux, fondant de tendresse. Je n'ai vu nulle part autant de tendresse, autant de «fondant» qu'entre connaissances de rencontre, sur un quai de la gare de Sicile – que ce soient de jeunes Siciliens émaciés ou d'énormes Siciliens corpulents.

Il doit se produire un curieux phénomène, au voisinage d'un volcan. À Naples comme à Catane, les hommes sont absolument énormes, avec de grosses panses à macaronis; ils sont expansifs et débordent d'affection et d'amour pour le premier venu. Mais les Siciliens sont encore plus follement gras, exubérants, et embrasseurs que les Napolitains. Ils ne cessent jamais d'être amoureusement amicaux avec tout le monde, ou presque, et prodiguent inlassablement une familiarité physique qui est vraiment bouleversante pour qui n'a pas été élevé près d'un volcan.

Ceci est plus vrai de la bourgeoisie que de la classe inférieure. Les travailleurs sont forcément plus minces et moins exubérants, mais ils s'agglutinent ensemble en grappes et ne peuvent jamais être trop près les uns des autres.

Nous ne sommes qu'à quarante-cinq kilomètres de Messine mais le train met deux heures pour faire ce trajet. Il se tortille, se hâte, et s'arrête près de la mer matinale gris-lavande. Un troupeau de chèvres bouge lentement sur la grève, au bord des vagues murmurantes, mélancoliquement. Vastes déserts de galets de rivière charriés vers la mer; des hommes montés sur des ânes s'y cherchent un chemin ; des femmes agenouillées près d'un filet d'eau douce lavent du linge. Les citrons pendent pâles et innombrables parmi les épais bouquets de citronniers. Les citronniers – comme les Italiens – semblent le plus heureux quand ils se touchent de partout. Des forêts compactes de citronniers moyennement hauts s'étendent entre les monts abrupts et la mer sur une étroite bande de plaine. Des femmes, indistinctes dans la pénombre du verger, cueillent les citrons, mystérieuses, comme au fond de l'eau. Il y a des monceaux de citrons jaune-pâle sous les arbres. On dirait de pâles feux, d'une incandescence de primevères. C'est étonnant comme ils évoquent le feu, ces monceaux de citrons qui, à l'ombre de leurs feuillages, semblent brûler d'une flamme pâle, entre les troncs verdâtres, suaves et nus. Quand apparaît un bouquet d'orangers, leurs fruits ont l'air de charbons rouges parmi leurs feuilles sombres. Mais les citrons, les citrons innombrables, piquant d'un fourmillement de fines étoiles le vert firmament des feuilles ! Que de citrons ! Songez aux cristaux de limonade qu'on en tirera ! Songez à l'Amérique qui les engloutira, l'été prochain.

Je me suis toujours demandé pourquoi d'aussi vastes lits de galets, sortis du cœur des montagnes rocheuses, abruptes et dramatiques, venaient se déposer à quelques kilomètres de la mer. À quelques kilomètres seulement. Et il ne coule que quelques minces filets d'eau dans un lit qui contiendrait le Rhin. Mais il en est ainsi. Le paysage est ancien, classique – et romantique, aussi, comme s'il avait connu des jours lointains, des rivières farouches et d'abondantes verdures. Abrupt, rugueux, sauvage, le pays se hérisse en pointes et précipices, en hauteurs qui s'enchevêtrent et se chevauchent. Et les vieux paysages, comme les vieilles gens, se décharnent. Leurs os font saillie. Le roc jaillit d'une façon fantastique. Jungle de pics de la vieille Sicile!

Le ciel est tout gris. Le détroit est gris. Reggio, de l'autre côté de l'eau, découvre sa blancheur sous le grand orteil sombre de la Calabre, l'orteil de l'Italie. Nuage gris sur Aspromonte. Il va pleuvoir. Après d'aussi beaux jours tout vibrants d'azur, il va pleuvoir. Quelle chance!

Aspromonte! Garibaldi! J'ai toujours envie de me couvrir le visage quand je vois Aspromonte. J'eusse aimé que Garibaldi eût été plus fier. Pourquoi s'est-il retiré si humblement, l'oreille basse, avec son sac de graines de blé, lorsque Sa Majesté le Roi Victor-Emmanuel fit son entrée en scène sur ses petites jambes courtaudes? Pauvre Garibaldi! Il voulait être un héros, le dictateur de la Sicile libre. Mais quoi, on ne peut être dictateur et humble à la fois. Il faut être un héros – ce qu'il était – et fier – ce qu'il n'était pas. D'ailleurs aujourd'hui, le peuple ne choisit pas pour chefs de fiers héros. Loin de là. Il préfère les monarques constitutionnels qui sont des serviteurs salariés – et qui le savent. Voilà la Démocratie. La Démocratie n'admire que ses serviteurs. Et ce n'est pas de Garibaldi qu'on eût pu faire un serviteur, mais de Sa Majesté le Roi Victor-Emmanuel. C'est ainsi que l'Italie choisit Victor-Emmanuel et renvoya Garibaldi avec son sac de blé et un coup de pied au derrière, comme un pauvre âne.

Il pleut, il peut toujours, mélancoliquement. Et voici Messine qui arrive. L'horrible Messine, ravagée par les tremblements de terre et qui se renouvelle comme une vaste exploitation minière, avec ses ruelles, ses rues, ses

kilomètres de bicoques de béton, sa misère sordide, puis
une grande rue avec des magasins, des espaces vides, des
maisons encore démolies, juste derrière la ligne des trams
et, dans une baie charmante, un port misérable, sordide,
condamné par les tremblements de terre. Les gens n'ou-
blient pas – ils ne se sont pas remis de leur émotion.
Aujourd'hui, les habitants de Messine ont l'air qu'ils
avaient il y a près de vingt ans, après le tremblement de
terre : l'air de gens qui ont subi un choc terrible et pour
qui toutes les institutions sociales, la civilisation et ses
progrès ne comptent plus. La signification des choses
s'est émiettée sous le coup de ce formidable tremblement
de terre. Seuls subsistent l'argent, l'effroi et l'angoisse.
Messine, prise entre deux volcans, l'Etna et le Stromboli.
Ayant connu les affres de l'agonie. J'appréhende d'appro-
cher de ce lieu effrayant, et pourtant j'y ai toujours trouvé
les gens pleins de bonté, d'une bonté presque fiévreuse,
comme s'ils en sentaient un terrible besoin.

Il pleut, il pleut à verse. Nous arrivons péniblement
à descendre sur le quai mouillé et, enjambant les rails
luisants, nous allons nous mettre à l'abri. Beaucoup de
gens traversent hâtivement les rails mouillés, entre les
trains mouillés, et se dirigent vers la ville blême. Grâce
à Dieu, nous n'avons pas besoin d'y aller. Deux forçats,
enchaînés ensemble, parmi la foule, et deux soldats. Les
prisonniers ont une tenue tirant sur le roux, tissée à la
main, à la manière paysanne, avec d'irrégulières rayures
brunes. L'étoffe, grossière, faite à la main, est assez belle.
Mais liés ensemble, ô ciel ! et ces bonnets affreux sur leurs
fronts tondus, sans un cheveu. Ils vont probablement vers
un bagne des îles Lipari. Les gens ne les remarquent pas.

Non, mais les forçats sont d'horribles créatures : tout au
moins ce vieux avec sa longue tête patibulaire, sa longue

tête glabre, horrible, qui ne trahit aucune émotion, aucune émotion nommable. Ce regard froid, aveugle, ignoble. J'aurais horreur de le toucher. Sur l'autre, je suis moins affirmatif. Il est plus jeune. Sourcils froncés, tête arrondie, douçâtre, à l'expression sournoise. Non, le mal est horrible. J'ai longtemps pensé qu'il n'existait pas de mal absolu. Maintenant je sais que c'est chose fréquente. Au point de menacer la vie jusque dans ses profondeurs. Cette épouvantable insensibilité des criminels. *Ils ne savent plus* ce que ressentent les autres. Pourtant, une force horrible les mène.

C'est une grave erreur que d'abolir la peine de mort. Si j'étais dictateur, je ferais pendre à l'instant le plus vieux des deux. J'aurais pour juges des cœurs sensibles et vivants et non des intellects abstraits. Et si l'instinct du cœur reconnaissait un homme coupable de mal, je ferais détruire cet homme. Tout de suite. Parce que la belle vie chaude est maintenant en danger.

Tandis que je stationne à la gare de Messine – un coin mortel! – et que je regarde la pluie d'hiver qui tombe et ce couple de forçats, je me rappelle encore Oscar Wilde sur le quai de Reading, en forçat. Quelle faute terrible que de se laisser martyriser par la canaille! Il faut qu'un homme dise ce qui lui tient à cœur. Mais *noli me tangere*.

Curieux, ces gens. Deux employés de chemin de fer vont et viennent, passent et repassent. Le plus jeune des deux porte une casquette noire galonnée d'or; le plus vieux, une casquette rouge galonnée d'or. Le plus jeune avance en sautillant nerveusement; il lance les doigts en l'air comme s'il voulait les semer aux quatre vents du ciel et ses mots partent comme des fusées, avec une volubilité plus que sicilienne. Ils vont et viennent, passent et

repassent – et son œil sombre et brillant ne voit rien,
comme l'œil d'un lapin en fuite. Étrange, déraisonnable
humanité!

Quelle quantité d'employés de chemin de fer! On les
reconnait à leurs casquettes. Élégants petits employés
rondelets à chaussures vernies ou en chevreau qui,
comme des anges à l'entrée du paradis, se démènent
près des différents bureaux. À ce que je puis voir, il y a
trois chefs de gare en rouge; cinq sous-chefs de gare en
noir et or, et une foule innombrables d'archanges et de
séraphins en souliers plus ou moins fatigués et casquettes
d'employés. On dirait des abeilles autour d'une ruche.
Ils se bourdonnent une importante *conversazione*, et, de
temps à autre, vont butiner tel ou tel journal. Mais la
conversazione est la grande affaire. Pour un employé de
chemin de fer italien, la vie n'est – semble-t-il – qu'une
longue conversation animée (le mot italien est meilleur), interrompue çà et là par les trains ou le téléphone.
Outre les anges du paradis, il y a les simples subalternes,
porteurs, lampistes, etc. Ils se tiennent en groupes et
discutent socialisme. Faisant siffler l'air de ses deux
lanternes, passe un lampiste... qui en écrase une contre
un chariot. Adieu la vitre! Il regarde par terre, d'un air
de dire: «Je ne comprends pas très bien», jette un coup
d'œil par-dessus son épaule pour voir si un chef hiérar-
chique le regarde. Sept chefs hiérarchiques s'appliquent
à ne pas le voir. Le subalterne poursuit joyeusement sa
marche avec sa lanterne... un ou deux carreaux restent en
route. Et *vogue la galère!*

Les voyageurs se rassemblent de nouveau, les uns
en capuchons, les autres en rien du tout. Des jeunes, en
méchant habit léger, restent sous l'averse, comme si de
rien n'était. Les épaules de leurs vestes sont visiblement

trempées, mais ils ne se donnent pas la peine de se mettre à l'abri. Deux chiens gambadent dans la gare et parcourent les trains arrêtés, tout à fait comme des contrôleurs. Ils grimpent sur le marchepied, sautent dans un train puis en descendent, avec désinvolture, quand l'envie leur en prend. Deux ou trois porteurs en chapeaux de toile grands comme des parapluies – littéralement – déployés sur leurs épaules comme d'énormes ailerons, inspectent des trains vides. La foule grossit. Les casquettes d'employés se multi-plient. La pluie tombe toujours. Le train de Palerme et celui de Syracuse, qui partent du port, ont déjà tous les deux une heure de retard (morsure de puce). Ils assurent la correspondance principale avec Rome.

Des locomotives font la manœuvre, vaguement, en avant, en arrière, courant comme des chiens noirs. Le port n'est qu'à quatre minutes de marche d'ici. S'il ne pleuvait pas si fort, nous pourrions descendre le long de la voie et nous installer dans le train qui nous attend, en bas. C'est comme on veut. Voilà la cheminée du gros bac pesant qui se signale. Cela signifie que la correspondance avec la péninsule s'établit enfin. Mais on a froid, à rester debout ici. Nous tirons du kitchenino des tartines de beurre que nous grignotons avec résignation. Après tout, qu'est-ce qu'une heure et demie ? Si c'en devait être cinq, comme la dernière fois que nous revînmes de Rome et que le *wagon-lit* loué pour Syracuse restait tranquillement en gare de Messine. Il ne va pas plus loin. Tout le monde descend ! Trouvez-vous une chambre pour la nuit dans l'affreuse Messine. Il n'y a pas de Syracuse ou de bateau pour Malte qui tienne. Nous sommes la *Ferrovia dello Stato*. Allons ! Pourquoi murmurez-vous ? *Noi Italiani siamo cosi buoni*. Nous le tenons de leur propre bouche.

Ecco! Finalmente! La foule est toute joyeuse lorsqu'au bout d'une pénible rampe d'un kilomètre les deux express surgissent fièrement à l'horizon. Beaucoup de place, pour une fois. N'empêche que le parquet du wagon est inondé et que le plafond a des gouttières. Voilà les deuxièmes classes.

Lentement, de toute la force de ses deux machines, le train grogne, souffle et se tortille pour venir à bout des hauteurs redoutables qui écartent Messine de la côte nord. Les vitres sont opaques de vapeur et de pluie. Aucune importance. Nous nous versons du thé de la bouteille thermos, ce qui intéresse fort les deux autres voyageurs qui avaient examiné avec une certaine nervosité l'objet inconnu.

— Ha, fait joyeusement l'homme à la vue du thé chaud, on aurait dit une bombe.

— C'est bouillant, quelle merveille! fait la femme, pleine d'admiration.

Toute appréhension aussitôt dissipée, la paix règne dans le compartiment cerné par la pluie et la brume. Nous roulons sur des kilomètres et des kilomètres de tunnel. Les Italiens ont construit des routes et des voies ferrées magnifiques.

Si l'on essuie la vitre, on aperçoit des bouquets de citronniers avec tous leurs citrons blancs sous la pluie, des maisons démolies par les tremblements de terre, des bicoques neuves, une mer grise et lassé, à droite et, à gauche, le confus enchevêtrement gris des hauteurs escarpées d'où jaillissent des lits pierreux de rivière d'une largeur démesurée; parfois une route, un homme sur un mulet. Parfois, toutes proches, mélancoliques, des chèvres à longs poils, penchées sur le côté, comme des voiliers couchés par le vent, sous l'avant-toit d'une ferme galeuse. Ici, on appelle les avant-toits les parapluies des chiens. En ville, vous voyez les chiens trotter contre les murs, à l'abri de la pluie. Et là, les chèvres inclinées comme des rochers, s'appuient au mur de plâtre. À quoi bon regarder dehors?

Les lignes siciliennes sont à voie unique. D'où, la *coincidenza*. La *coincidenza*, c'est lorsque deux trains se rencontrent sur une dérivation. On reste assis au milieu d'un monde pluvieux à attendre qu'une stupide locomotive suivie de quatre fourgons vous souffle sa fumée au nez. *Ecco la coincidenza!* Puis après une brève *conversazione* entre les deux trains, le *diretto* et le *merce* (express et marchandises), la trompette d'étain résonne et, en route! Nous voilà allègrement partis vers la «coïncidence» suivante. Déjà, à des lieues de distance, des employés inscrivent joyeusement des heures de retard sur l'ardoise des arrivées. Tout cela vous a, ma chère, un tel parfum d'aventure! Nous arrivons à une gare où nous trouvons l'autre *diretto*, l'express, allant en sens opposé, qui attend notre arrivée «coïncidente». Les deux trains courent ensemble comme deux chiens qui se rencontrent dans la rue et se reniflent. Tous les employés s'élancent à la rencontre de leurs collègues comme autant de David et de Jonathan après un grand danger. Ils se jettent dans les bras les uns des autres et échangent des cigarettes. Et les trains ne peuvent plus se quitter! Et la gare ne peut plus nous quitter! Les employés se pressent et nous pressent en criant *Pronto!* Allons! *Pronto!* et encore *Pronto!* Sifflet strident. Partout ailleurs, un train en perdrait la tête. Pas ici. C'est seulement la petite trompette angélique du chef de gare qui est efficace. Mais allez donc lui en faire souffler, si vous le pouvez. On ne peut plus se quitter.

Il pleut sans arrêt. Pluie du ciel gris et plat, pluie sur la mer grise et plate, pluie et brume autour de notre train qui suit les courbes des petites baies et s'engouffre dans les tunnels. Fantôme des inquiétantes îles Lipari, à quelque distance, jetées là comme un tas de détritus dans la grisaille universelle.

Entrent de nouveaux voyageurs. Une femme immense au visage extraordinairement beau, un homme d'une taille extraordinaire encore tout jeune, et une miniature de servante de treize ans environ, très jolie. Mais la Junon!... c'est elle qui me coupe le souffle. Elle est toute jeune encore, dans sa trentaine. Elle a la beauté royale et stupide de la Héra classique : un front pur aux sourcils sombres et réguliers, de grands yeux méprisants, un nez droit, une bouche fermement ciselée, un air de hautaine dignité. Elle vous plonge instantanément en pleine époque païenne. Et puis... et puis... elle est absolument énorme, un vrai monument. Elle a une toque noire agrémentée d'ailes et, sur les épaules, une fourrure noire de lapin. Elle pénètre à petits pas précautionneux et, une fois installée, répugne à se remettre debout. Assise, elle garde l'immobilité caractéristique des femmes de son type : lèvres closes, visage fermé, inexpressif. Et elle s'attend à ce que je l'admire. Je peux voir ça. Elle s'attend à ce que je rende hommage à sa beauté, pas plus. Non pas à elle-même, mais au *bel pezzo* qu'elle est. De sous ses paupières, elle glisse vers moi de petits regards distants. Il est évident que c'est une beauté villageoise qui est devenue une *bourgeoise*[1]. Elle parle d'un air pincé

---

1. En français dans le texte.

à l'autre voyageuse – une jeune femme qui louche et porte également une fourrure noire de lapin, mais sans prétention.

Le mari de Junon est un jeune bourgeois au teint frais, absolument énorme, lui aussi. On ferait presque, de son gilet, un pardessus pour le quatrième voyageur, le compagnon mal rasé de la jeune femme qui louche. Le jeune Jupiter porte des gants de chevreau, fait significatif, ici. Lui aussi a des prétentions. Mais il est tout à fait affable avec le mal rasé et parle italien sans affectation. Alors que Junon parle un dialecte affecté.

Personne ne fait attention à la petite bonne. Elle a une douce tête lunaire et virginale et ces admirables yeux siciliens gris, translucides, qui renvoient noire ou parfois bleu foncé la lumière. Elle tient le sac et le manteau supplémentaire de l'énorme Junon. Elle est assise entre le mal rasé et moi, à l'endroit que lui a indiqué Junon d'une royale inclinaison de tête.

La petite bonne a l'air effrayée. Peut-être est-ce une orpheline. Probablement. Ses soyeux cheveux marron sont partagés en deux nattes. Elle n'a pas de chapeau, comme il sied à une personne de sa condition. Sur les épaules, un de ces fichus gris qui évoquent l'orphelinat. Elle est en gris foncé et porte de solides bottines.

Lisse visage lunaire, inexpressif, virginal, plutôt pâle et touchant, comme effrayé. Un parfait visage de peinture médiévale. Il émeut étrangement. Pourquoi? Il est si inconscient – et nous sommes si conscients. Comme un petit animal muet elle reste assise, désemparée. Elle va être malade. Elle sort dans le couloir. Elle est malade, très malade. Elle appuie la tête comme un chien malade sur le rebord de la fenêtre. Jupiter la domine, débonnaire, apparemment sans répugnance. La convulsion physique de la fillette ne l'affecte pas comme nous. Il la regarde toujours, se contente de faire remarquer qu'elle a trop mangé avant de prendre le train. Remarque manifestement juste. Après quoi, il revient et me parle de la pluie et du beau temps.

Bientôt la fillette rentre timidement et s'assoit sur le bord de la banquette en face de Junon. Mais non, dit Junon, si elle est malade, elle va me salir. Jupiter, accommodant, change de place avec la petite fille, qui est maintenant à côté de moi. Elle est assise sur le bord de la banquette, ses petites mains jointes, le visage pâle et sans expression. Magnifique, le mince trait brun de ces sourcils, les cils foncés de ses yeux silencieux, aux sombres transparences. Silencieuse, immobile, comme un animal malade.

Mais Junon lui dit d'essuyer ses bottines maculées. L'enfant cherche un bout de papier. Junon lui dit de prendre son mouchoir. Faiblement, la fillette malade essuie ses bottines, se rasseoit. En vain. Elle doit retourner à son couloir.

Au bout d'un moment, ils s'en vont tous. C'est drôle de voir des gens si naturels. Ni Junon ni Jupiter n'ont la moindre méchanceté. Lui a même l'air bon. Mais ils ne sont pas bouleversés, c'est tout. Pas à moitié autant que nous : la « reine-abeille » essayant de faire boire du thé à l'enfant, etc., etc. Nous lui aurions tenu la tête. Ils se contentent tout naturellement de la laisser à ses convulsions. Sans angoisse ni dégoût. C'est tout.

Ce naturel ne nous semble pas naturel. Pourtant je suis sûr que cela vaut mieux ainsi. La compassion ne ferait que compliquer les choses et gâcher cette étrange et sauvage qualité virginale. La « reine-abeille » prétend que c'est surtout de la stupidité.

Personne ne nettoie le coin du couloir. Pourtant nos arrêts dans les gares sont assez longs et nous avons encore deux heures de trajet. Les contrôleurs passent et s'étonnent, les voyageurs enjambent et s'étonnent et les arrivants s'étonnent et enjambent. Quelqu'un demande : « Qui ? » Personne ne pense à y lancer un seau d'eau. Pourquoi donc ? C'est si naturel ! On commence à se méfier un peu de ce « naturel » là dans le sud.

Entrent deux nouveaux voyageurs : un homme vif, alerte, aux yeux noirs, à la tête ronde, en pantalon de velours, avec un fusil, et un garçon à longue tête, au teint coloré, à la chevelure drue et neigeuse, portant un chapeau neuf et un long par-dessus noir, en étoffe noire et lisse, doublé de fourrure assez ancienne qui dut coûter cher autrefois. Il est extrêmement fier de ce long pardessus noir et de sa doublure de fourrure ancienne. Il s'en recouvre le genou avec une fierté puérile et ravie. Le chasseur lance autour de lui un regard alerte et satisfait, de ses petits yeux ronds. Il est assis en face de l'homme au pardessus qui a l'air d'être le dernier rejeton d'une lignée normande. Le chasseur au pantalon de velours rayonne de plaisir, curieux, avec ses petits yeux et cette figure ronde et rouge. Et l'autre rentre son pardessus fourré entre ses jambes, tout ravi. Intérieurement ravi, comme s'il était sourd. Mais non, il ne l'est pas. Il porte des demi-bottes crottées.

À Termini, les lampes sont déjà allumées. Invasion d'hommes d'affaires. Il nous en arrive cinq : de gros et respectables Palermitains. Celui en face de moi a des favoris et une couverture multicolore sur ses genoux gras. Curieux, comme ils apportent avec eux cette sensation d'intimité physique. On n'est jamais surpris s'ils se mettent à ôter leurs chaussures, leur col ou leur cravate. Le monde entier est une espèce d'alcôve pour eux. On a beau se reculer, cela n'y fait rien.

Une vague conversation s'engage entre le chasseur aux petits yeux ronds et les hommes d'affaires. Le jeune homme aux cheveux blancs, l'aristocrate, essaie même, laborieusement, de bégayer quelques mots.

D'après ce que je saisis, le jeune homme est fou – ou dérangé – et l'autre, le chasseur, est son gardien. Ils parcourent l'Europe ensemble. On parle du «comte». Et le chasseur dit que le malheureux «a eu un accident». Mais c'est probablement un euphémisme méridional, une façon de s'exprimer. N'importe, tout cela est bizarre, et le chasseur à pantalon de velours, avec son visage rond et vermeil, ses étranges yeux brillants et ses rares cheveux noirs m'intrigue encore plus que l'albinos à longue tête, si bizarre que soit ce dernier héritier du baron. Tous deux sont crottés, contents, et un peu inconscients, chacun à sa façon.

Mais il est six heures et demie. Nous voici à Palerme, capitale de la Sicile. Le chasseur glisse son fusil sur l'épaule, moi, mon sac tyrolien, et nous nous perdons dans la foule.

Palerme a deux grandes rues : la Via Maqueda et le Corso qui se coupent à angle droit. La Via Maqueda est étroite, à petits trottoirs étroits, et elle est toujours bourrée de voitures et de piétons.

Il a cessé de pleuvoir. Mais l'étroite rue est pavée de larges dalles de pierre convexes, dures, incroyablement grasses. C'est donc un exploit que de traverser la Via Maqueda. Pourtant nous en venons à bout. Cette extrémité-ci de la rue est plutôt sombre ; elle est pleine de boutiques de légumes. Abondance de légumes. Piles de fenouil vert et blanc, comme le céleri. Grosses bottes d'artichauts tendres, violacés, glauques, aux bourgeons inclinés Piles de gros radis écarlates, d'un pourpre-bleuâtre. Des carottes. De longs chapelets de figues sèches. Des montagnes de belles oranges. Gros piment rouge. Une dernière tranche de citrouille. Profusion de couleurs, de fraîcheur végétale. Montagne de choux-fleurs violets, presque noirs, comme des têtes de nègres, voisinant avec une montagne de choux-fleurs neigeux...

Comme la rue sombre et grasse paraît illuminée de l'éclat de tous ces fruits, de toute la chair fraîche et délicate de ces légumes diaphanes qui s'entassent ici, en plein air ou dans les profondeurs de petites boutiques sans fenêtre, et luisent doucement sous les lampes, dans la nuit. La « reine-abeille » veut en acheter tout de suite. « Regardez ! regardez-moi ces broccoli blancs comme de la neige ! Regardez ces finocchi énormes ! Pourquoi est-ce que nous n'en prenons pas ? J'en veux absolument. Regardez ces grandes grappes de dattes : 10 fr. le kilo, et nous les payons 16. C'est monstrueux ! Monstrueux d'être ainsi volé ! »

Malgré tout, ce n'est pas pour les emporter en Sardaigne qu'on va acheter des légumes.

Nous traversons le Corso, au Quattro Canti, élégant maelstrom, trappe mortelle ! Bien entendu, je manque d'être renversé et écrasé. Toutes les deux minutes, il y a quelqu'un qui manque d'être renversé et écrasé. Mais ici, les voitures sont légères et les chevaux des créatures curieusement avisées. Ils ne piétineraient jamais personne.

La deuxième partie de la Via Maqueda est la partie chic : soie, plumes, quantité innombrable de chemises, de cravates, de boutons de manchettes, d'écharpes et d'articles de fantaisie pour hommes. On se rend compte ici que les habits et sous-vêtements des hommes ont autant d'importance que ceux des femmes, sinon plus.

Ce qui, évidemment, me met en rage. La «reine-abeille» ouvre de grands yeux devant chaque bout de chiffon, traverse et retraverse le fleuve infernal de la Via Maqueda qui, je l'ai déjà dit, est plein à craquer de promeneurs et de voitures. Que l'on se souvienne que j'ai mon sac marron au dos et que la «reine-abeille» porte le kitcheno. Voilà qui suffit à faire de nous une ménagerie ambulante. Si ma chemise dépassait par derrière et si la «reine-abeille» avait eu la lubie de sortir enveloppée de son tapis de table, bravo, ce serait tout normal. Mais un grand sac tyrolien! Et un panier avec une bouteille thermos, etc.! Non, personne ne s'attendrait à voir chose pareille dans une capitale du sud.

Mais je suis cuirassé. Et j'en ai assez des magasins. Il est vrai que nous n'avons pas mis les pieds dans une ville depuis trois mois. Mais comment pourrais-je m'intéresser à ces innombrables *fantasias* des chemiseries? La moindre pacotille soi-disant «extra-chic» s'appelle une *fantasia*. Ce mot me remue les entrailles.

Soudain je vois la «reine-abeille» qui me dépasse en trombe. Soudain je la vois fondre sur trois jeunes péronnelles qui gloussent, en face de nous (l'inévitable béret de veloutine noire, l'inévitable cache-nez blanc en angora, l'inévitable midinette). «Vous voulez quelque chose? Vous avez quelque chose à nous dire? Il y a quelque chose qui vous amuse? Oh-h! Cela vous fait rire, hein? Oh-h! Pourquoi? Pourquoi? Vous me demandez pourquoi? Est-ce que je ne vous ai pas entendues: *You spik Ingleesh! You spik Ingleesh!* Oui pourquoi. Voilà pourquoi. Oui, voilà pourquoi!»

Les trois jeunes péronnelles se font toutes petites comme pour se dissimuler l'une derrière l'autre après avoir vainement tenté de regimber et de demander : *pourquoi ?* Madame leur répond pourquoi. Elles se pressent gênées l'une contre l'autre sous les coups inattendus que leur assène l'Italien de la « reine-abeille ». Terribles représailles en pleine Via Maqueda. Elles se dérobent, chacune derrière sa compagne, pour esquiver la redoutable « reine-abeille ». Je m'aperçois que ce mouvement de rotation équivaut à un arrêt et je me sens tenu de faire un peu l'homme.

– On est bien grossier à Palerme, leur dis-je et je leur lance un nonchalant « Ignoranti » en manière de congé.

Ce qui produit l'effet voulu. Elles dérivent avec la foule, toujours frileusement blotties l'une contre l'autre, comme des nefs qui ramènent la voile, et elles regardent à la dérobée si nous les suivons. Oui, mes petites, nous arrivons.

– Pourquoi vous mettre dans cet état ? dis-je à la « reine-abeille » qui enrage.

– Elles nous ont suivis tout le long de la rue avec leur « *sacco militare* » et leur « *parlano inglese* » et leur « *you spik Ingleesh* » et leurs moqueries insolentes. Mais les Anglais sont stupides. Ils s'accommodent toujours de l'impudence des Italiens.

C'est peut-être vrai. Mais ce sac tyrolien ! Plein d'oies vociférantes, il ne ferait pas autant d'effet !

Pourtant... pourtant, il est sept heures du soir et les magasins commencent à fermer. Fini d'admirer les devantures. Encore une petite crèmerie délicieuse : jambon cru, jambon cuit, poulets au foie gras, *vol-au-vent** au poulet, yaourt, fromage blanc, tarte au blanc paysanne, saucisses fumées, magnifique mortadelle fraîche, énormes langoustes cramoisies et toutes nettoyées. « Quelle merveille ! », nous écrions-nous fascinés.

Mais ce magasin ferme aussi. Je demande à un homme l'hôtel Pantechnicho. Avec cette douceur méridionale qui a quelque chose d'étrangement tendre, il me prend le bras et me l'indique. Il me donne l'impression de n'être qu'une frêle feuille au gré des vents : Un étranger, vous savez. Pauvre vieux, une espèce de faible. On le prend par la main et on lui montre son chemin.

Et nous voici installés dans la chambre tapissée de bleu de cette jeune Américaine, à causer et boire du thé jusqu'à minuit. Tous ces naïfs Américains, à bien voir... ils sont beaucoup plus vieux et plus malins que nous. On dirait qu'ils ont tous le sentiment que le monde court à sa fin. Et ils sont si sincèrement prodigues de leur hospitalité dans ce froid univers.

II

LA MER

Le gros porteur âgé frappe à la porte. Misère! il fait nuit, encore une fois! Et encore se lever avant l'aube! Dehors, ciel sombre et nuageux. Frissonnants tintements d'innombrables clochettes qui s'égrènent. C'est bon! on tremble, mais ce doit être le matin. Et, au moins, il ne pleut pas.

Pâle lumière bleue de théâtre. C'est le point du jour. Vent froid. Nous arrivons sur le vaste quai désolé, à la courbure de l'ancienne Panorme. Horrible pâleur de l'aube sur la mer froide. Sol boueux et gras – poissons, détritus. La jeune Américaine nous accompagne, serrée dans son sweater. Au contact de ce monde grossier, gluant et froid on croirait qu'elle va s'évanouir en fumée. Mais ces fragiles créatures vous sont d'une endurance!

Nous longeons le quai, sur une route longue et large, mal pavée, grasse, désespérante, et nous aboutissons à la mer. Voici notre vapeur, là-bas, dans l'aube indistincte du bassin, à demi visible. «C'est celui qui fume sa cigarette» dit le porteur. Il semble petit à côté de l'énorme *Ville-de-Trieste* amarré près de lui.

Notre barque est prise entre une multitude de barques vides, pressées pêle-mêle contre le quai. Elle s'ouvre un chemin parmi elles comme un chien de berger parmi un troupeau de moutons ou un navire entre des glaces. Nous entrons dans la darse. Le rameur se met debout et appuie sur les rames. Il lance un long cri mélancolique vers le quai. L'eau clapote contre la proue qui la fend. Le vent est glacial. Les pics fantastiques de Palerme se dressent, irréels, contre le ciel encore sombre. L'aube ne se montre qu'à regret, semble-t-il. Notre vapeur fume toujours sa cigarette, en face de nous. Assis tranquillement, nous franchissons l'espace uni de l'eau encore sombre. Mâts de voiliers épars, silhouettes confuses à gauche sur le ciel qui s'éclaire.

Allons, grimpons! voici notre bateau. Nous gravissons l'échelle. «Oh» dit la jeune américaine «mais comme il est petit! C'est incroyable! Comment! comment! Vous allez voyager là-dedans! Mon Dieu! Passer trente-deux heures sur un bateau si petit! Ah, non! Je ne ferais jamais ça!»

Groupe de stewards, cuisiniers, serveurs, mécaniciens, plongeurs, que sais-je encore, en blouses noires pour la plupart. Personne d'autre sur le bateau. Petite bande noire de rustauds qui n'ont rien à faire – et nous, les premiers passagers, nous sommes offerts en pâture à leurs moqueries. Nous voici arrivés, dans la lumière grise.

– Qui voyage?

– Nous deux. La signorina ne s'en va pas.

– Les places!

Désinvolture prolétarienne.

On nous fait traverser la grande salle, à longue table, et à multiples portes d'érable doré alternant avec des panneaux aux décorations de faïence bleue et blanche : une pseudo-déesse de marbre blanc sur fond bleu, comme une réclame pour les sels Hygeia. Un panneau simple s'ouvre : notre cabine.

– Ciel ! mais ce n'est pas plus grand qu'une vitrine à porcelaine. Comment diable allez-vous y entrer ? s'écrie la jeune Américaine.

– L'un après l'autre, dis-je.

– Mais c'est la chose la plus minuscule que j'aie *jamais vue !*

La cabine est vraiment minuscule. Il faut se mettre sur sa couchette pour pouvoir fermer la porte. Mais cela m'est égal, je ne suis pas un titan américain. Je case le sac tyrolien sur une couchette, le kitchenino sur l'autre et nous fermons la porte. La cabine disparaît derrière un des panneaux d'érable du long salon sombre.

– Eh quoi ! c'est le seul endroit où s'asseoir ? s'écrie la jeune Américaine. Mais c'est absolument affreux ! Pas d'air, de l'obscurité, des odeurs ! Ah ça ! je n'ai jamais vu de bateau pareil ! Et vous voulez partir ? Vraiment ?

Le fait est que le salon fait souterrain et sent le renfermé. Il n'est meublé que d'une longue table et d'une mystérieuse assemblée de chaises vissées tout autour. Aucune bouche d'air. Mais, par ailleurs, il n'est pas si mal que cela, pour quelqu'un qui, comme moi, n'est jamais sorti d'Europe. Ces panneaux d'érable, ces courbes d'ébène... et ces Hygeias ! Elles font tout le tour, suivent les courbes du fond lointain et vague, et reviennent vers nous. Pourtant, quelle chose magnifique que le vieil érable à reflets d'or ! Quel effet ravissant il produit avec l'ébène du cintre des portes ! On y retrouve un éclat suranné, victorien, une certaine splendeur. On s'accommode même de ces Hygeias de faïence. Les tons sont

justes : ce blanc et ce bleu parmi ce merveilleux chatoiement doré. Il subsistait encore une certaine grandeur du
temps où ce bateau fut construit : la richesse d'un matériel
supérieur. Et ces Hygeas ! Ces déesses grecques d'affiches
de réclame. Pourtant elles ne le sont point. C'est ce qui
me chagrine vraiment. Elles ne l'ont jamais été. Peut-être
les sels Weego s'en sont-ils emparés par la suite.

On ne nous donne pas de café, cela va sans dire. Rien
n'est fait à cette heure-ci. L'équipage reste en groupe,
exactement comme une bande de rustauds au coin d'une
rue. Et ils ont toute la rue pour eux : ce bateau.

Nous montons sur le pont supérieur. Notre bateau est
un vieux vapeur long et élancé, à une cheminée. Il semble
si désert maintenant qu'on ne peut pas voir le groupe des
marins. Ils sont juste en bas. Notre bateau est désert.

L'aube blafarde bleuit. Sous le plafond de nuages
coagulés brille à l'est une tache d'or pâle, au-delà de
Monte Pellegrino. Le vente balaie le port. Les collines
de Palerme dressent leurs oreilles sur le ciel. La ville
s'étend toute proche, invisible, horizontale. Là !... un
grand navire qui rentre : le bateau de Naples.

Et les barques se détachent du quai, dans notre direction. Nous regardons. Apparaît un vigoureux officier
de cavalerie, en gris-vert, à grand manteau bleu foncé,
doublé d'écarlate. La doublure écarlate est fulgurante. Il a
une petite barbe : son uniforme n'est pas d'une propreté
absolue. Il a de gros coffres de bois, attachés d'une
corde, pour bagages. Pauvre, râpé. Mais cette splendide
doublure écarlate, ces étriers ! Dommage que tout ce
faste s'en aille en deuxième classe. C'est cela, il s'en va
sur l'avant quand le porteur du dock a hissé ses coffres
de bois. Aucun compagnon de voyage jusqu'à présent.

D'autres barques arrivent. « Ha - ha! Le ravitaillement : divers côtés de chevreau, prêts à rôtir, des poulets, du fenouil, du vin dans un bottiglione, du pain frais, des paquets! Allons! Faites-les passer!» «Que c'est bon!» s'écrie d'avance la «reine-abeille».

Ce doit être bientôt le moment de partir. Arrivent deux passagers : deux jeunes hommes trapus, en drap noir, debout à l'arrière de la barque, mains dans les poches, le menton frileusement rentré. Trop solides, trop virils pour être Italiens. Des Sardes de Cagliari.

Nous descendons du pont supérieur glacial. Il fait plein jour. Des traînées d'or pâle voguent parmi un délicat moutonnement de nuages, à l'est, au-dessus de Monte Pellegrino. Des éclaircies apparaissent, d'un bleu tout neuf de turquoise. Palerme, à gauche, est blottie contre son port; vue des quais, elle a un aspect chaotique et désolé du bout du monde, à l'extrémité des mers.

Même d'ici, nous pouvons voir ses chariots jaunes rouler lentement, et ses mulets agiter sur leurs têtes leurs étranges bouquets de plumes rouges, le long de la vaste rue fastidieuse qui fait face au port.

Ô voitures peintes de Sicile aux panneaux pleins de scènes historiques!

Arrive à nous un individu : «Le capitaine craint qu'il ne soit pas possible de partir. Il y a beaucoup de vent. Beaucoup de vent!» Comme ils *aiment* nous apporter des nouvelles alarmantes, inquiétantes ou ennuyeuses! La joie que ça leur donne! Quelle satisfaction sur tous les visages! Bien entendu, toute la bande de fainéants, de badauds-de-coin-de-rue a les yeux fixés sur nous. Mais ça ne prend plus.

– Ah ma! fais-je en regardant le ciel, pas tant de vent que ça!

C'est un air d'indifférence tranquille et méprisant qui réussit le mieux : l'air d'être tout à fait au courant, beaucoup plus qu'eux.

– *Ah si! molto vento! molto vento!* Là! vous voyez!

L'air grave, d'un geste dramatique, il me désigne hors du port la mer grise. Je regarde aussi, hors du port, la ligne pâle de la mer, au-dessus de la jetée.

Mais je ne prends pas la peine de répondre et mon œil reste calme. L'autre ne s'en va qu'avec un demi-triomphe.

– Tout semble aller de mal en pis! s'écrie notre amie américaine. Que ferez-vous sur un bateau pareil s'il y a tempête en Méditerranée? Oh, non. Allez-vous courir ce risque, vraiment? Pourquoi ne pas vous embarquer à Civita Vecchia?

– Qu'est-ce qui s'annonce! s'écrie la « reine-abeille » en regardant le port gris, les silhouettes entremêlées des mâts contre le ciel gris, à droite ; le gros bateau de Naples qui tourne son postérieur au quai, non loin de nous et se déplace précautionneusement en arrière, le port presque entièrement fermé, les jeux du ciel et des nuages blancs, les barques qui détalent çà et là comme des cafards sur le bassin, la foule dense accourue sur le quai à la rencontre du bateau de Naples.

Allons! c'est l'heure. Notre amie américaine doit s'en aller ; elle nous fait des adieux plus que sympathiques.

– J'aimerais énormément avoir de vos nouvelles.

Elle descend donc. Le batelier demande vingt francs – davantage – en vain. Il n'en touche que dix. C'en est cinq de trop.

Petite, frileuse, serrée dans son sweater, notre amie s'éloigne sur les rides de l'eau vers les lointaines marches de pierre. Nous lui faisons des signes d'adieu. D'autres embarcations nous la cachent. Et la « reine-abeille » s'énerve et s'irrite un peu de ce que les goûts luxueux de notre amie américaine nous fassent apparaître sous un jour aussi piètre. Nous avons l'impression d'être des parents pauvres – très pauvres – en voyage.

Notre bateau mugit tant qu'il peut. Arrivée d'un important retardataire. Les haussières s'enroulent dans un bruit de ferraille. Des mouettes – elles ne sont jamais très nombreuses en Méditerranée – des mouettes comme des flocons de neige, très haut dans le ciel glacé tracent des cercles. Des nuages tournoient. Et insensiblement, nous quittons le quai d'attache et glissons entre le grand *Ville-de-Trieste* et un autre gros vapeur noir qui se dresse comme un mur. Nous nous dirigeons vers ce mur noir, distinctement. Et, bien entendu, un individu à casquette de fonctionnaire, qui se tient au bas de notre échelle de départ, au ras de l'eau, se met à hurler « Barca ! Barca ! ». Un vieil homme se lève, pousse de ses avirons sa lourde barque et avance à une vitesse croissante entre le mur noir et nous. Nous le voyons qui, de toutes ses forces, propulse sa lourde barque, petit et lointain comme dans un tableau, sur l'eau vert-sombre. Et notre flanc malicieusement, insidieusement tend vers l'autre paroi noire. L'homme rame à l'intérieur de ce canon et nous rejoint presque, lorsque, tout à coup, l'individu du bas de l'échelle se tourne dans l'autre sens. Une deuxième barque fonce vers nous depuis la darse. C'est une course. Elle approche, elle approche, elle nous touche ! D'un bond, elle virevolte et s'applique contre l'échelle. La barque du canon recule. Le fonctionnaire pousse des cris, agite les bras, le vieillard du gouffre rebrousse chemin, hurle des

protestations, la barque de la darse emporte sa proie,
notre bateau se met à barboter lentement, hélice en
marche et l'homme du gouffre vert ne s'en tire qu'en faisant force de rames. Nous entrons dans la darse.

Lentement, lentement, nous tournons, et comme
le navire nos cœurs se détournent de la terre. Palerme
s'évanouit de nos pensées. Le bateau de Naples, la foule
qui débarque, les voitures qui roulent en ville, le grand
Ville-de-Trieste, tout cela s'évanouit de nos cœurs. Nous
ne voyons que la passe ouverte sur le vide horizontal et
gris-pâle de la mer. Il brille là-bas des poignées d'étincelles pâles. C'est là que se tendent nos cœurs... Bien que
Palerme soit encore toute proche, derrière nous. Nous
nous retournons et nous la voyons tout entière derrière
nous. Mais elle est déjà loin, bien loin de nos cœurs.

Vent assez fort, poignées d'étincelles pâles – et la mer
qui danse au-delà de la barre.

Nous prenons donc la mer. Et presque aussitôt le
navire se met à plonger lentement, profondément,
vertigineusement; il se redresse dans une torpeur d'évanouissement et replonge lentement, profondément,
vertigineusement. Il vous glisse sous les pieds. La
« reine-abeille » pâlit. Voici que le pont s'élève dans ce
mouvement d'évanouissement en arrière et voici qu'il
disparaît dans cette indescriptible glissade en avant. C'est
une oscillation très douce – très, très douce – mais, oh !
si longue, et si lente et si vertigineuse !

– Pas désagréable, dis-je à la « reine-abeille ».

– Non. Plutôt charmant, répond-elle, peu convaincue.
À vrai dire, il y a quelque chose dans la lente ascension
du navire et dans ce long glissement en avant qui fait
battre mon cœur de joie. C'est la démarche de la liberté.

À le sentir qui monte, puis qui glisse lentement en avant dans un fracas d'écume, on songe au galop magique des cieux, au galop magique de l'espace élémentaire. La longue et lente oscillation rythmique du navire qui s'enlève et retombe et souffle l'eau, comme un cheval, par ses naseaux, oh Dieu, c'est une joie qui remue le tréfonds sauvage de l'âme! On est enfin libre! et, à la lente cadence des éléments fugitifs on s'essore vers le large. Oh Dieu, se libérer de cette vie murée, de cette horrible tension humaine et de la folie furieuse des machines obstinées! C'est pour moi un supplice, véritablement, que de voyager en train. Un supplice prolongé que de vivre à terre parmi des êtres tendus et rebelles. Et maintenant connaître le lent, le long mouvement d'ascension et de chute du navire presque vide sur la mer libre! Ah Dieu, la liberté, la liberté essentielle! Je voudrais en mon âme que ce voyage dure éternellement, que la mer n'ait plus de bord et que l'on puisse voguer au battement de cette pulsation oscillante et tremblante, et pourtant longue et profonde, jusqu'à la fin des temps, sans jamais épuiser l'espace, sans jamais revenir ni même regarder en arrière.

Le navire est presque vide, si l'on excepte évidemment les rustauds-de-coin-de-rue qui flânent en bas, sur le pont même. Nous sommes seuls sur le petit pont-promenade pâli par l'air marin. Il s'y trouve des sièges de vieux chêne, présentant de petits lions sculptés en guise d'appuis, et une petite cabine mystérieusement close dont nous décidons après maints coups d'œil qu'elle est à la fois le bureau et l'alcôve du radio.

Vent froid assez fort, mer bleu-noir, translucide, houleuse sur laquelle le sillage trace une avide écume – la Sicile à gauche. Le Monte Pellegrino dresse de la mer jusqu'au ciel son énorme masse impressionnante, frisée d'un soupçon de végétation. Étrangement lourd et puissant, nu comme un Sahara debout contre le ciel – et vétuste. Les côtes de Sicile, sont très imposantes, redoutables, telles des forteresses naturelles. Et l'on a encore l'impression que le travail du temps les a dénudées, comme si les très anciennes civilisations, après avoir épuisé le sol, ne laissaient derrière elles qu'un effrayant désert de rochers, comme les plateaux de Syracuse et ces côtes massives.

On dirait qu'il n'y a que nous à bord : tous seuls sur le petit pont-promenade. Étrangement solitaires, voguant sur un navire poli par l'âge, au large de hautes côtes dénudées, au gré des houles qui nous élèvent et nous abaissent dans le vent. Le bois des accessoires est poli et argenté par l'air marin : la cabine, les sièges et même les petits lions. Il y a beau temps que la peinture en est partie. Ce bois ne connaîtra jamais plus la peinture. On éprouve une sensation étrange à poser sa main sur ce vieux bois de chêne, aux fibres marines. Le bon vieux chêne, aux veines délicates ! Je jurerais qu'il a poussé en Angleterre. Et tout est si soigneusement fait, si solide, éternel. Je regarde les lions, les chevilles de chêne parfaitement ajustées qui les fixent aux sièges par les pattes et leurs petits mufles béants. Ils sont aussi solides qu'à l'époque victorienne, aussi inébranlables. Ils ne s'useront jamais. Quelle joie de reconnaître en un navire un travail d'homme, bien fait, fini, éternel ! – Tout au moins dans ce vaisseau de soixante ans. Chaque parcelle de ce bois de chêne est tellement saine, tellement belle – et l'ensemble est soudé au moyen de joints et de chevilles infiniment plus beaux et plus vivants que les soudures de fer. Intacts de rouille, formés par la vie, avec leurs tissus vivants. Intacts de rouille comme la chair, et avec cet air de bonheur qu'on ne trouve jamais dans le fer. Et, naturellement, le navire file si bien et tient magnifiquement la mer.

Divers marins flânent près de nous, pour nous voir. Le petit pont-promenade est juste au-dessus des premières classes, en pleine poupe. Nous les voyons donc l'un après l'autre apparaître au-dessus de l'échelle. La plupart sont tête nue. Et les silhouettes se succèdent, et nous dépassent en se dandinant, cigarette à la bouche. Tout l'équipage. À la fin, la « reine-abeille » arrête l'un d'eux (c'est ce qu'ils attendent tous : l'occasion de parler) et lui demande si le curieux objet au sommet de Pellegrino est une ruine. Question digne d'un touriste ! Non, c'est le sémaphore. Un soufflet pour la « reine-abeille » ! Mais cela ne lui fait rien et le marin entame la conversation. Il est long comme une asperge, avec des joues creuses, c'est un produit de la ville : un Palermitain. Il a une combinaison d'un bleu déteint et nous informe qu'il est le charpentier du navire, ce qui lui vaut des loisirs indéfinis, à ce qu'il semble, mais il ne paraît pas s'en estimer satisfait. Le navire fit autrefois la course Naples-Palerme – une course très importante – à l'époque ancienne de la Compagnie Générale de Navigation. Puis la Compagnie Générale de Navigation le vendit pour quatre vingt mille lires, il y a des années de cela, et maintenant, il en vaut deux millions. Nous faisons semblant d'y croire : mais je joue mal la comédie. Le mot « lire » me dégoûte mortellement. Vous ne pouvez entendre dix mots d'italien sans que tourbillonnent à vos oreilles « deux mille, deux millions, dix, vingt, ou deux lires » comme des moustiques venimeux. Des lires, des lires, des lires... rien d'autre. L'Italie romantique et poétique des cyprès et des orangers a disparu. Il ne demeure qu'une Italie suffoquant sous la sale fumée d'innombrables billets de banque. Chiffons de papier nauséabonds et si denses dans l'air, qu'on le respire comme un brouillard gras. Derrière ce brouillard gras, d'aucuns peuvent encore voir le soleil italien. Rude besogne, à mon gré. À travers ces ténèbres de lires, vous lorgnez Michel-Ange, Boticelli et le reste et vous les apercevez comme derrière un verre sombre. La lourde atmosphère de l'Italie d'après guerre pèse obscurément sur vous, vous écrase et vous lamine en billets de banque malpropres. Le roi Henry eut de la chance : on ne voulait que frapper son effigie en or. L'Italie veut vous laminer en lires de papier sale.

Nouvelle tête – veste d'alpaga noire, et, cette fois-ci, une serviette. C'est pour avertir que le café est prêt. On a pris tout son temps pour cela d'ailleurs. Nous descendons dans le salon sombre, nous nous asseyons sur les chaises vissées ; et, tandis que le navire joue à saute-mouton avec les vagues, nous buvons deux tasses de café au lait et mangeons du pain beurré. Finalement, un des innombrables membres de l'équipage me sert une tasse, et pense m'avoir expédié. Son intention manifeste est que je m'en tienne là, parce que, n'est-ce pas, les membres innombrables de l'équipage aimeraient bien prendre un nouveau café au lait. Cependant, malgré les houles qui soulèvent le navire et le rassemblement menaçant des vestes d'alpaga, à l'encadrement de la porte, je vais en zigzaguant jusqu'au buffet de fer-blanc me saisir du pot de lait et de la cafetière, et je m'en sers, avec succès, ainsi que la « reine-abeille ». Après avoir remis les dits récipients sur leur autel de fer-blanc, je regagne ma chaise vissée et la longue table déserte. Nous y serions seuls, la « reine-abeille » et moi, n'était la présence, à l'autre bout, du très gros dos, à col galonné d'or, d'un homme assis de biais qui arrange divers papiers d'une main dodue. Il fait partie intégrante de la table unique, évidemment. La longue veste mince d'alpaga, à tête de pierre jaune et à grande moustache noire, quitte l'encadrement de la porte, lance un regard courroucé sur nos tasses pleines, va à l'autel de fer-blanc et touche l'anse des deux récipients. Il les touche simplement pour les arranger, d'un air de dire : Ils sont à moi. Sale étranger qui ose se servir !

Aussitôt que possible, nous quittons en trébuchant le long cachot où les vestes d'alpaga s'abattent comme des mouches à viande sur les cafetières et nous sortons en plein air. Là, le charpentier nous guette, comme une araignée.

— Est-ce que la mer n'est pas un peu plus calme ? demande, inquiète, la « reine-abeille ». Elle pâlit.

— Non, Signora, impossible, dit le hâve charpentier. Le vent nous attend derrière le cap Gallo. Vous voyez ce cap. (Il nous désigne une haute falaise lointaine.) Quand nous arriverons à ce cap, nous attraperons le vent et la houle. Ici – il fait un geste – c'est très modéré.

— Ouh ! dit la « reine-abeille » encore plus pâle. Je vais m'étendre en bas.

Elle disparaît. Mon attitude glaciale fait fuir le charpentier, et je le vois se mêler à la foule innombrable de l'équipage qui traîne sur le passage du pont inférieur, près des cuisines et des machines.

Les nuages filent rapidement. Des gouttes de pluie tombent, froides, isolées. On croit d'abord que ce sont des embruns. Mais non, c'est une ondée. Le navire plonge en sifflant, rend un son creux et mat, puis se cabre en arrière, toujours en vue des hauteurs rosées de la Sicile qui s'arrondissent en forme de baie. Du large arrive la pluie, arrivent les boules profondes.

Pas d'abri. Il faut descendre. La «reine-abeille» repose tranquillement sur sa couchette. Le salon a cette odeur de renfermé des métros. Pas d'abri, si ce n'est près de la cuisine et des machines qui dégagent quelque chaleur. Le cuisinier s'occupe à nettoyer le poisson et à faire mordre haineusement leur queue aux merlans sur une petite table, de l'autre côté de l'orifice de la cuisine. Un lent ruisseau d'eaux grasses va et vient le long de la paroi du navire. Une bande de marins s'appuie près de moi – plus bas, un groupe plus considérable. Dieu sait ce qu'ils peuvent bien être tous ; ils ne font rien d'autre que de rester en bandes, causer, manger, fumer des cigarettes. Ce sont de jeunes Palermitains, pour la plupart, parmi lesquels je reconnais, dès l'abord, deux Napolitains à cette beauté sournoise particulière aux Napolitains, à leurs joues bien dessinées, leur petite moustache noire et leurs grands yeux. Mais ils mâchent, les joues gonflées, et rient, de leur joli nez mi-sarcastique. Tout l'équipage regarde constamment de côté. Personne ne donne d'ordres, on dirait qu'il n'existe absolument aucun commandement. Seul le gros mécanicien en toile grise a l'air aussi net et aussi compétent que ses machines. Curieux, combien la direction des machines donne de fierté et de dignité à un homme.

La pluie cesse, je m'accroupis contre la toile tendue au-dessus de la claire-voie cintrée du petit pont-promenade et je m'asseois sur le siège qui est fixé près de la claire-voie. Le vent est froid. Il y a des ensoleillements passagers et des crachotements de pluie. Le grand cap est atteint puis laissé en arrière. Nous cinglons vers un cap lointain comme un nuage dans l'air gris. On se sent la tête trouble. C'est une espèce d'hébétude due au vent et à l'impitoyable oscillation du navire qui glisse en avant puis se cabre. Ce n'est pas le mal de mer mais une espèce de vague défaillance. Tout ce mouvement... cet air si vif, si tonique, et l'incessante jubilation que communique le long galop marin du navire.

Violent coup de cloche : midi, l'équipage se précipite à la soupe. Un peu plus tard nous sommes convoqués.

– La Signora ne mange pas ? demande avidement le serveur.

Il espère que non.

– Oui, elle mange, lui dis-je. Je vais chercher la « reine-abeille » dans sa cabine.

Plutôt blême, elle vient s'installer sur sa chaise vissée. Vlan ! on nous apporte un énorme plat débordant de soupe au chou, épaisse, huileuse. Nous nous y essayons de notre mieux. Ainsi qu'une troisième voyageuse : une jeune femme qui, toujours nu-tête, se range ainsi parmi les « gens du peuple », mais elle a une robe coûteuse et compliquée, de minces bas de soie nègre, et des souliers de Suède à talons hauts. Elle est belle, vigoureuse, avec de grands yeux sombres et des façons robustes et franches : trop nettes et robustes pour être italiennes. Elle vient de Cagliari... et n'arrive pas à avaler la soupe. Elle le dit au garçon de sa voix grave et familière.

À l'ouverture de la porte plane un petit nuage de vestes d'alpaga qui sourit faiblement, méchamment. Ils espèrent, comme des mouches à viande, que nous serons trop malades pour manger. La soupe disparaît pour faire place à une massive omelette jaune qui a l'air d'une bûche de bois bilieux. Elle est dure, lourde et cuisinée à l'huile rance. La jeune femme ne daigne y toucher ; nous non plus. Triomphe des mouches à viande : le plat est remporté sur leur autel. Suit une espèce de barre de viande, l'inévitable viande coupée en tranches innombrables, au goût de néant absolu et qu'une épaisse sauce recouvre de sa neutralité brune : de quoi nourrir douze personnes au minimum. Joignez-y des masses de choux-fleurs verdâtres, au goût violent, libéralement lestés d'huile, tandis que le navire s'apprête à rendre jusqu'à l'âme, et vous aurez notre menu. Accumulation de triomphes malveillants chez les mouches à viande du passage. Le festin s'achève sur un dessert d'oranges, de pommes et de poires au cœur dur comme du bois et à peau épaisse et jaune comme du chamois. Café.

Et nous tenons bon jusqu'au bout, ce qui est déjà quelque chose. Les mouches en alpaga bourdonnent au-dessus des gros plats de nourriture qui retournent à l'autel de fer-blanc. Ils ont sûrement fait exprès de nous les rendre immangeables ! La jeune dame de Cagliari se met à causer avec nous. Oui, et dans cet affreux jargon que les Italiens tout à fait ordinaires appellent le français, et qu'ils se font gloire de parler. Arrivés aux portes du paradis, ils demanderont à Saint-Pierre :

« *On bigliay pour ung... trozzième classe* ». Heureusement ou non, c'est sa curiosité qui l'emporte et elle reprend sa langue natale. Qu'est-ce que nous sommes, d'où nous venons, où nous allons, et *pourquoi* nous y allons, si nous avons des enfants, si nous désirons en avoir, etc. Après chaque réponse, elle hoche la tête, fait « Ahou ! » et nous observe de ses yeux sombres et énergiques. Puis elle rumine nos nationalités et déclare à des témoins absents « *Una bella coppia !* un beau couple ! » Mais comme en ce moment nous ne sommes particulièrement conscients ni de notre beauté ni du couple que nous faisons, nous n'en paraissons que plus verts. Le sinistre homme d'armes venant nous demander si nous n'allons pas prendre un peu de vin, elle reprend son français de deux sous qui est très difficile à suivre, pour nous dire qu'en mer il faut manger, il faut manger, ne serait-ce qu'un peu.

Mais – continue-t-elle en italien – il ne faut absolument pas boire de vin, non! non! Nous n'en avons pas envie, lui dis-je tristement. Là-dessus le sinistre homme d'armes déçu dans son espoir de nous ouvrir une bouteille, déclare, sarcastiquement, que le vin fait l'homme, etc. Mais en vain, je suis trop las de ce souterrain. Tout ce que je sais, c'est qu'il veut du vin, du vin, du vin et que nous ne lui en avons pas commandé. La nourriture ne l'intéresse pas. La Cagliaraise nous dit qu'elle vient de Naples et que son mari va la suivre dans quelques jours. Il fait des affaires à Naples. Je vais lui demander s'il n'est pas un peu «chien de mer», c'est le synonyme italien de profiteur – mais je me reprends à temps. Puis les deux dames se retirent dans leur cabine. Je m'en vais m'asseoir sous ma bâche.

Je me sens la tête trouble, j'ai à peine conscience de moi. Je sombre dans une somnolence vague. L'après-midi s'ensoleille. Le vaisseau vire vers le sud et maintenant que nous avons le vent et les vagues à la poupe, la brise tiédit et s'égalise. Le soleil, doré sur la mer bleu sombre, a la merveilleuse chaleur du vin. Le vieux bois de chêne semble presque blanc. L'après-midi est douce sur la mer. Et c'est au bruit des eaux que froisse la course du vaisseau vide que je m'endors au soleil, d'un sommeil délicieux et chaud. Au bout d'une heure, je me réveille, et je vois,

devant nous, vers la droite, se profiler vaguement des
îles pâles : les venteuses Egades. À droite, une montagne
ou une colline conique surmontée de constructions et,
en face, donnant sur la mer, mais lointains encore, des
bâtiments au-dessus d'un quai, à l'intérieur d'un port
– une jetée et un château avancé sur la mer. Le tout,
réduit par la distance, comme sur une gravure. Les
édifices sont carrés, élégants. Il y a quelque chose d'impressionnant – de magique dans ce spectacle, dans ces
édifices carrés, harmonieux qui nous attendent là-bas,
sous la lumière lointaine et la brise fraîche, comme une
ville de légende, une ville de Rip van Winkle. Je sais que
c'est Trapani, le port occidental de la Sicile, sous le soleil
occidental.

Et la colline que nous voyons est le mont Eryx.
Comme je ne l'avais jamais encore vu, je m'imaginais
une montagne élevée jusqu'au ciel, mais ce n'est qu'une
colline qui soutient un groupe compact de maisons sur
son sommet où se prennent maintenant encore des traînées de vapeur. On dit qu'il a 850 mètres de haut, mais
il a l'air d'une simple colline.

Mais pourquoi, au nom du ciel, mon cœur cesse-t-il
soudain de battre, tandis que je regarde cette colline qui
se dresse au-dessus de la mer ? C'est l'Etna de l'ouest : une
simple colline couronnée d'un village. Mais aux yeux des
hommes elle a dû être d'une magie presque plus grande
que l'Etna. Elle se tourne vers l'Afrique. L'Afrique qui
laisse apercevoir ses côtes par temps clair. L'Afrique
redoutée. Et le grand temple-vigie du sommet, ce lieu
mystique et sacré pour le monde de l'antiquité. Vénus
des aborigènes, plus ancienne que la grecque Aphrodite.
La Vénus des aborigènes qui, de son temple-vigie,
regarde vers l'Afrique, au-delà des îles Egades. Mystère

du monde, souriante Astarté. Centre plus ancien que le temps! Et la femme déesse qui veille sur l'Afrique! *Erycina ridens*. Elle rit, la femme déesse, qui régnait sur ce centre autrefois célèbre, maintenant oublié.

J'avoue que mon cœur cessa de battre. Le simple fait historique a-t-il tant de puissance que des bribes de savoir vous émeuvent à ce point? ou bien, n'est-ce pas le mot lui-même qui évoque un écho dans les profondeurs du sang? Je le crois. Je crois que des ténébreuses profondeurs de mon sang, s'élève un terrible écho au son de «Mont Eryx», quelque chose d'absolument inexplicable. Le nom d'Athènes m'émeut à peine. Celui d'Eryx fait frissonner mes ténèbres profondes. Eryx, tourné vers l'ouest, vers le crépuscule africain. *Erycina ridens*.

Crépitement dans la petite cabine contre laquelle je m'appuie. L'opérateur de radio est occupé à communiquer avec Trapani sans doute. C'est un gros jeune homme aux cheveux brun-clair et bouclés, au maintien important. Donnez à un homme la direction d'une machine et vous lui verrez aussitôt un air important et une dignité supérieure. Un membre de cet étrange équipage se tient près de la petite porte d'entrée, comme un poulet sur une patte, tout désœuvré. La jeune femme de Cagliari monte avec deux jeunes gens, également Sardes, à en juger par leur apparence trapue, leur air indépendant et cette pointe de fierté qui brille dans leurs yeux sombres. Elle n'est pas couverte: elle n'a que sa robe élégante et raffinée, ses transparents bas de soie nègre. Elle est nu-tête et le vent ramène sur son front des mèches folles. Pourtant, elle ne paraît pas avoir froid. Assise entre les deux jeunes hommes, elle cause avec grande animation. Et elle tient affectueusement la main de son voisin en pardessus. Elle tient toujours la main de l'un ou l'autre des jeunes hommes et ramène en arrière les mèches folles que le vent rabat sur son front, tout en causant, de sa voix forte et nonchalante ; rapidement, sans arrêt, avec une énergie massive. Dieu sait si les deux jeunes hommes – ce sont des passagers de troisième classe – la connaissaient déjà. Mais ils tiennent sa main comme des frères, avec une simplicité, une délicatesse qui n'a absolument rien de collant ni de libidineux. Et tout cela semble si naturel.

Elle me lance, au passage, dans son français puissant autant qu'extraordinaire :

« *Madame votre femme, elle est au lit ?* »

Je lui dis qu'elle est étendue.

« *Ah !* » elle hoche la tête « *elle a le mal de mer ?* »

– Non, elle n'a pas le mal de mer, elle est étendue tout simplement.

Les deux jeunes hommes entre lesquels elle est assise comme entre deux oreillers, observent la scène avec ces curieux yeux sombres des Sardes au regard vif, au blanc brillant. Ils sont plaisants, un peu comme des phoques. Ils semblent momentanément frappés d'étonnement, impressionnés par ce langage étranger. Aussi se met-elle énergiquement en devoir de traduire le dialogue en Sarde, tandis que je m'éloigne.

Il ne semble pas que nous nous dirigions vers Trapani. La ville s'étend à gauche, sous la colline – avec ses édifices carrés qui m'évoquent les comptoirs de la Compagnie des Indes Orientales, et qui brillent au soleil autour du curieux port fermé sur lui-même, de l'autre côté de la mouvante mer bleu sombre. On dirait que nous faisons route vers l'île massive de Levanzo. Peut-être

allons-nous mettre le cap sur la Sardaigne sans faire escale
à Trapani.

Nous filons toujours, comme si nous allions faire
route entre les masses bleu pâle des îles et laisser Trapani
derrière nous à notre gauche. La ville est en vue depuis
plus d'une heure. Et pourtant nous filons au large, vers
Levanzo. L'opérateur de radio fait crépiter et vibrer
son appareil dans sa petite cabine. Quand on y plonge
le regard, on voit son lit et sa chaise derrière un rideau
qui le sépare de son petit bureau. Il y respire une telle
propreté, une telle satisfaction de soi!

Venant des îles, un voilier méditerranéen louvoie vers
Trapani en travers de notre chemin. Je ne connais pas le
nom des bateaux mais le charpentier déclare que c'est un
schooner et l'affirme avec cette fausse assurance italienne
qui ne veut pas admettre son ignorance. N'importe: il
approche avec sa haute échelle de voiles blanches dans
la lumière de l'après-midi et sa merveilleuse proue qui se
creuse en une courbe parfaite. Il court sur l'eau comme
un animal sauvage sur une piste. Tiens!... la piste le mène
de nouveau vers le nord. Il vire de bord, s'éloigne du
port et passant derrière nous, poursuit sa course. Qu'il
est beau ainsi: agile, rapide, palpitant de toutes ses voiles
blanches, brillantes, impatientes.

Nous modifions notre course, Nous avons cinglé
constamment vers le sud de Levanzo. Maintenant, je
vois cette île s'écarter lentement de nous comme un
homme dans la rue qui nous céderait la place. L'île
s'écarte, pivote et puis s'en va. Nous faisons nettement
route sur l'entrée du port. Nous l'avons simplement
contourné. Maintenant j'aperçois le château-fort – vieux
monument avancé sur l'eau – le petit phare et l'entrée
du port. Plus loin, la façade de la ville avec ses grands

palmiers et de curieux arbres sombres, derrière lesquels
se dressent, imposants, les grands édifices carrés du sud,
tels de hauts palais sur une avenue. Tout cela a une allure
imposante, majestueuse, méridionale, et semble bien loin
de nos siècles modernes, à l'abri des courants de notre vie
industrielle.

Je me souviens des Croisés qui s'arrêtaient si souvent
ici au milieu de leur course vers l'Est. Et Trapani semble
encore les attendre, avec ses palmiers et son silence, dans
le soleil d'après-midi qui la baigne. Elle ne fait que les
attendre apparemment.

Le « reine-abeille » émerge au soleil et s'écrie « comme
c'est charmant ! » La mer se calme : nous sommes déjà
abrités par la courbe du port. Du nord, le voilier des îles
file vers nous, avec le vent. Et, au loin, vers le sud, une
foule de petits moulins à vent, à la surface de la mer, font
tourner alertement leurs ailes qu'ils agitent, courtauds et
joyeux, dans la silencieuse après-midi bleue, parmi les
lagunes de sel qui s'étendent du côté de Marsala. Il y a
toute une légion de moulins à vent. Don Quichotte en
aurait perdu la tête. Et ils tournent, çà et là, au-dessus de
la surface bleu pâle de la mer. Et l'on croit voir étince-
ler de blancs tas de sable. Ces grandes lagunes-là font la
richesse de Trapani.

Cependant, nous entrons dans le bassin du port,
dépassons le vieux château avancé, le petit phare, puis
franchissant la passe, nous glissons doucement sur l'eau
maintenant tranquille. Oh ! la douceur, la plénitude de
ce soleil d'après-midi qui inonde le petit havre rond et
profondément endormi, au bord duquel somnolent de
hautes palmes, parmi le silence endormi de ses eaux !
Comme il semble petit et intime, ce port, avec ses
grands édifices chaudement ensoleillés, derrière la sombre

avenue de la Marina. Toujours la même majesté endor-
mie et baignée de soleil!

Au sein de cette tranquillité, nous tournons lentement
sur l'eau brillante et bientôt nous mouillons. D'autres
navires sont ancrés à droite, qui dorment, apparemment,
dans la riche lumière de l'après-midi. Hors de la passe,
la haute mer joue avec le vent. Ici, tout n'est que calme,
chaleur, oubli...

– *Vous descendez en terre?* nous crie la jeune femme
dans son français énergique. Elle lâche, pour l'instant,
la main des jeunes hommes. Nous n'en sommes pas sûrs
– et puis, nous n'avons pas envie de l'avoir avec nous. Son
français n'est pas le nôtre.

Le port sommeille toujours : personne ne nous
remarque. Une seule barque, à une douzaine de mètres de
nous, vient nonchalamment se ranger à nos côtés. Nous
décidons de mettre pied à terre.

C'est une chose qu'il ne faudrait jamais faire, nous
le savions. On ne devrait jamais pénétrer dans ces villes
méridionales qui ont l'air si coquettes, si charmantes, du
dehors. Nous pensons néanmoins que nous y achèterons
des gâteaux. Nous traversons donc l'avenue qui semble si
magnifique de la mer et qui maintenant tient à la fois du
terrain vague, où l'on jette des détritus, et de la mauvaise
route de banlieue, avec ses bancs de fer et toute une
couche de vieille paille et de haillons. Incroyablement
triste en elle-même; mais il y a ces nobles arbres, ce soleil
admirable, la mer, les îles qui luisent, magiques, au-delà
du port et l'éternel soleil dardé sur nous. Une poignée de
fainéants pouilleux y promènent leur désolation méridionale, comme si le dernier déluge les avait jetés là, tout
trempés, et qu'ils attendissent que le suivant les balayât

ailleurs. Au coin du quai, un steamer Norvégien rêve
qu'on le charge, dans la torpeur du petit port.

Nous regardons les gâteaux. Ils semblent trop lourds
et trop fades pour nos estomacs éprouvés pas le tangage.
Nous nous promenons donc sur la rue principale sombre
et humide comme un égout. Un train cahotant s'arrête
soudain comme s'il avait atteint enfin le bout du monde.
Des enfants, sortant de l'école, courent à nos talons, exta-
siés, parlant tout bas pour surprendre les horreurs vocales
de notre parler étranger. Nous prenons une sombre allée
latérale. Au bout d'une quarantaine de pas, nous débouchons sur la baie du nord et sur un banc de fange, masse
puante et noire pareille à un égout permanent.

Arrivés au bout de la grande rue noire, nous retournons en hâte au soleil. Ah! nous y sommes en un instant.
Et nous retrouvons les hautes palmes, notre navire immobile près de la courbe du bassin brillant et le soleil qui
tape, et nous saoule et nous étourdit instantanément.
Nous nous asseyons sur un banc de l'avenue désolée,
pleine d'ordures et de soleil.

Une fille, sale et loqueteuse, qui tient dans ses bras
un gros bébé moite et figé et surveille un gros garçon-
net barbouillé, s'avance à un mètre de nous et nous
toise comme on toiserait un cochon qu'on va acheter.
Elle approche encore et examine la «reine-abeille». Moi
j'ai mon grand chapeau sur les yeux. Mais cela ne fait
rien, elle s'installe à côté de moi et fourre son nez jusque
sous le bord de mon chapeau au point que ses cheveux
ébouriffés me frôlent et que je pense qu'elle va m'embrasser. Non! Je sens son haleine sur ma joue, mais elle
contemple simplement mon visage comme si j'étais un
mystérieux mannequin de cire. Je me lève aussitôt.

— Je n'en peux plus, dis-je à la «reine-abeille».

Elle rit et demande comment s'appelle le bébé. Le bébé s'appelle Beppina comme la plupart des bébés.

Chassés de notre place, nous descendons lentement, en direction du bateau, l'avenue désolée que se partagent l'ombre et le soleil, et nous retournons une fois de plus en ville. Nous ne sommes à terre que depuis dix minutes. Cette fois-ci, nous passons à droite où nous trouvons davantage de magasins. Les rues sont froides, sombres, sans soleil. Et j'ai l'impression qu'on ne vend, à Trapani, que deux sortes d'articles : des peaux de lapins et de chats, et de grandes machines hideuses en forme de couvre-lits modernes, en grossière soie à fleurs – à des prix fabuleux. On ne semble tenir pour rien un millier de lires, à Trapani.

Mais ce qu'il y a de plus remarquable, ce sont les Jeannots-Lapins et les Minets. Des Jeannots-Lapins et des Minets aplatis comme des feuilles pressées et qui, partout, pendent en grappes. Des fourrures ! Des Jeannots blancs, des Jeannots noirs en grande abondance, des Jeannots pie, des Jeannots gris – et puis des Minets rayés, des Minets mouchetés, mais surtout des Minets noirs, l'air terriblement vivants, mais tout aplatis, bien sûr. De simples fourrures ! Des grappes, des bouquets, des tas, des pleins étalages de Jeannots et de Minets réduits à leur plus simple surface ! Des Minets et des Jeannots, à la douzaine, à la vingtaine, comme des feuilles sèches, au choix ! Si d'aventure un chat débarquait à Trapani, je crois bien qu'il en pousserait un hurlement d'épouvante et perdrait la cervelle !

Nous flânons encore dix minutes dans cette ville étroite, tortueuse, irréelle qui semble abonder en habitants florissants et en socialistes, à en juger par les grandes inscriptions sur les murs : W Lenin ! et Abbasso

La Borghesia! N'allez pas croire, à ce propos, que Lénine s'ajoute à la liste des Willie : le double V, – cette initiale apparente – est mis pour Evviva.

Nous n'osons pas acheter les gâteaux que nous voyons. Mais nous trouvons des macarons et une espèce de moulage plat – et plâtreux – de l'enfant-Jésus-sous-une-colombe. Nous en achetons deux. La « reine-abeille » croque ses macarons tout le long de la route, et nous nous rendons à notre bateau. Le gros batelier nous interpelle, pour nous ramener à bord. Il n'y a qu'une huitaine de mètres à faire pour arriver à notre bateau amarré au quai. On l'aurait presque franchie d'un bond. Je donne deux lires – deux francs – au gros batelier. Affectant aussitôt l'indignation du travailleur socialiste, il me lance le billet à la figure. Encore soixante centimes ! Le prix de l'aller simple est fixé à treize sous ! À Venise ou à Syracuse il le serait à deux sous. Je le regarde, lui donne son argent et dis « Per Dio, on voit bien qu'on est à Trapani ! »

Il grommelle alors contre les étrangers. Mais l'insolence haineuse et basse de ces Seigneurs du travail manuel maintenant qu'ils ont leurs divers « syndicats » derrière eux et leurs « droits » de travailleurs me tourne le sang. Ce ne sont plus des hommes ordinaires : l'Italien heureux et humain a disparu comme par magie. On leur décerne des honneurs, etc. Et la dignité du travail humain, à l'affût, est prête à décocher ses ruades sur le premier innocent venu.

Mais une fois de plus, il faut bien que je me dise, entre parenthèses, que c'est de notre faute à nous Anglais. Nous avons fait tant de boniments sur la noblesse du travail manuel, qu'à la fin, les « nobles », naturellement, tiennent à avoir leur part du gâteau. Et surtout quand on a entrepris en politique, tels de nouveaux Galahad, la quête sublime de la Sainte liberté et qu'on a été attrapés à se remplir les poches de façon si éhontée, on ne doit pas s'étonner que le Sud naïf et idéaliste nous «éjecte» avec perte et fracas.

Bon, nous revoici sur le bateau. Et nous voulons du thé. La notice accrochée à la porte annonce que l'on sert du café, du lait et du beurre à 8 h 30, le déjeuner à 11 h 30, du thé, du café ou du chocolat à 3 heures, et le dîner à 6 h 30. Elle ajoute : «La Compagnie ne nourrit les passagers que pendant la durée normale du voyage». Très bien, très bien. Alors, où est le thé ? Invisible. Et les vestes d'alpaga nous évitent soigneusement. Mais nous trouvons notre homme et exigeons notre dû, la «reine-abeille» en tout cas.

Les billets Palerme-Cagliari nous reviennent à 583 litres. Sur cette somme, il faut compter 250 lires pour chaque billet et 40 lires pour la nourriture, soit 580 lires pour nous deux, plus trois lires pour les timbres d'usage. Le voyage est censé durer vingt à vingt-deux heures, de huit heures du matin (jour du départ), au lendemain entre quatorze et seize heures. Notre thé est donc payé.

Les autres passagers émergent : un gros et grand Palermitain pâle, «bel homme», qui se rend à Cagliari pour y être professeur, sa femme grande, grosse, haute en couleur, trois enfants : un garçon de quatorze ans, image mince, frêle et féminine du père, un petit garçon en peau de lapin râpé et une fillette sur les genoux de sa mère. C'est cette fillette d'un an qui est, bien sûr, le seul homme de la bande.

Ils ont été malades toute la journée et semblent épuisés. Nous sympathisons. Ils se lamentent sur les rigueurs du voyage et «*Senza servizio! Senza servizio!*» Sans une domestique! La maman demande du café et une tasse de lait pour ses enfants, puis, à la vue de notre thé au citron, qu'elle connaît de réputation, opte pour le thé. Mais le garçon-au-lapin veut du café, seulement du café au lait. Et une orange. Et le bébé veut du citron, des morceaux de citron. Et leur «petite demoiselle» de frère rit avec indulgence de tous les caprices de ces petits. Le père également trouve que c'est trop adorable, n'est-ce pas? Il est trop épuisé pour y être pleinement attentif, pour y consacrer toute son attention.

On donne à la maman sa tasse de thé. Elle y met du citron... et du lait pour finir. L'enfant-au-lapin suce une orange, bave dans le thé, réclame du café au lait, goûte au citron et obtient un biscuit. Le bébé, avec des grimaces drôles, mâche des morceaux de citron, les laisse tomber dans la tasse familiale, d'où il les repêche avec du sucre, puis les portant à sa bouche, il asperge toute la table et les rejette pour en prendre de nouveaux, bien amers, Tout le monde trouve ça comique et adorable. Arrive le lait, qui va remplir également la coupe de l'amitié, additionné d'orange, de citron, de sucre, de thé, de biscuit, de chocolat et de gâteau. Le papa, la maman et le frère aîné n'y touchent pas, ils n'en ont pas le cœur. Mais ils sont charmés, bien sûr, par les gentilles gamineries et les petites saletés des marmots. Ils sont d'une patience extraordinaire, angélique et trouvent en ces gamins une source perpétuelle de délicieux amusement. Ils se lancent des regards d'aînés, rient, échangent des commentaires tandis que les marmots se barbouillent et salissent la table d'un affreux mélange de citron, lait, orange, thé, sucre, biscuit et chocolat. Cette patience angélique, démesurée des Italiens avec leurs petits babouins est vraiment étonnante. Et les petits singes n'en deviennent que plus simiesques et incroyablement poseurs. À tel point qu'un bébé italien connaît déjà toutes les roueries des courtisanes de Babylone, lance des œillades et essaie de faire de nouvelles grâces. À la fin, la Sainte Famille méridionale vous apparaît comme une sacrée triade d'imbéciles.

Cependant je grignote mon espèce d'Enfant-Jésus-à-la-Colombe, et j'ai l'impression de croquer des feuilles de verre tant il est dur et aigu. Fait probablement aux amandes et au blanc d'œuf, il n'est pas si mauvais que cela. Le tout est de pouvoir le manger. C'est une relique de la Noël. Et je regarde ma Sainte Famille, de l'autre côté de la table étroite en m'efforçant de ne pas trahir tous mes sentiments.

Remontant sur le pont aussitôt que possible, nous regardons charger en cale des barriques de vin – opération qui se fait mollement, à la va-comme-je-te-pousse. Le bateau semble aussi pauvre en chargement qu'en passagers, lesquels se limitent à douze adultes, en tout, et trois enfants. Quant au chargement, il se borne aux coffres de bois de l'officier et à ces quatorze barriques de vin. Ces dernières enfin sont plus ou moins bien arrimées, sous l'œil d'un «terrien» propriétaire ou commis. On dirait que personne n'a la moindre responsabilité sur ce bateau; quatre marins, surtout l'équipage, remettent en place les grandes planches qui recouvrent la cale. La curieuse impression d'abandon qui règne sur le navire maintenant qu'il s'apprête à reprendre la mer. Son innombrable équipage n'arrive pas à le rendre vivant. Et il poursuit sa course comme une âme en peine au sein de la Méditerranée.

Au-delà du port, le soleil s'incline dans une magnificence d'or et de vermeil, immense derrière le groupe déjà

sombre des Egades. Arrivant, comme nous le faisons, du
côté oriental de l'île où l'aube sur la mer Ionienne est le
grand événement familier de la journée (événement si
décisif que lorsqu'apparaît la lumière sur l'horizon marin,
mes yeux invariablement s'ouvrent pour la voir, savent
que c'est l'aube – et que lorsque la pourpre nocturne
évanouie lance un dernier frisson au zénith, invariablement je sens chaque jour que je dois me lever); arrivant
de l'est, enfermé hermétiquement derrière son rempart
hérissé de montagnes, nous trouvons terrible et dramatique ce coucher de soleil sur la mer africaine. Il nous
paraît plus magnifique et plus tragique que notre aube
ionienne qui évoque toujours l'épanouissement d'une
corolle. Tandis que ce vaste crépuscule rouge, éclatant
comme une trompette, a quelque chose d'africain, de
sinistre presque sur la mer, et semble infiniment lointain parmi ces terres inconnues. Alors que notre aube
ionienne semble toujours proche, familière, heureuse.

Quelle différence entre la déesse Astarté de l'Eryx,
la femme Ashtaroth, *Erycina ridens*, au sombre sourire
préhistorique, vigie des effrayants crépuscules et notre
lumineux Apollon doré de l'Orient ionien. Elle me
semble étrange, cette déesse, cette Vénus Erycina, aussi
étrange que l'ouest mystérieux et presque effrayant, qu'il
s'agisse de l'Afrique ou de l'Amérique.

Nous sortons lentement du port dans le crépuscule.
Et dès l'instant que nous franchissons la passe, nous
voyons briller tout au loin, en face de nous, parmi les
îles, une lumière fine comme une aiguille. Derrière nous
palpite le fanal du port; et la ville qui se reperd dans son
isolement se met à scintiller. Et la nuit s'étend sur la mer,
parmi la pourpre sombre des derniers rougeoiements.

Encore vagues, les îles approchent massives et sombres dans l'obscurité qui épaissit. Là-haut, une magnifique Étoile du Soir flamboie au-dessus du large ; j'en reçois un coup au cœur, car je suis si accoutumé à la voir suspendue juste au-dessus de pics montagneux que j'ai l'impression qu'avec tout cet espace sous elle, elle peut tomber soudain.

Levanzo et l'autre grande île sont dans l'obscurité totale, absolue. Seul, dans le lointain, brille le rayon bas d'un phare. Le vent redevient froid et fort. Le bateau reprend son mouvement perpétuel de glissade et d'ascension que, grâce à Dieu, nous avions oublié, tandis que naissent des myriades de grandes étoiles actives, comme vivantes dans le ciel. Je vois Orion là-haut derrière nous et le Grand Chien éblouissant. Et la mer siffle quand nous porte la vague, puis, au sortir du creux profond, resiffle. Cette curieuse alternance rythmique de sifflements et de tambourinements creux produit sur l'esprit un effet narcotique qui l'affole presque : ce long rejaillissement sonore de l'eau, puis ce roulement creux et de nouveau, à la naissance de la vague, ce sifflement soudain, ce sifflement...

La cloche retentit. Nous savons que l'équipage va se restaurer... encore. À chaque moment de la journée et, probablement, de la nuit, l'alimentation va bon train, arrosée de café.

On nous convoque à dîner. Notre jeune Cagliaraise est déjà installée. Un gros second en uniforme, ou bien un commissaire, bref un quelconque fonctionnaire achève son repas à l'autre bout de la table. Le professeur pâle apparaît également : à une certaine distance se trouve un petit homme gris aux traits durs, à longue jaquette de voyage.

Arrive le plat de prédilection : macaronis en sauce tomate, ça ne se mange pas en mer. Je mets mes espoirs dans le poisson. N'ai-je pas vu les merlans du cuisinier se mordre diaboliquement la queue ? Arrive le poisson. Devinez quoi : des seiches frites. Un calamaio, c'est une seiche. Et c'est aussi un polype, une petite pieuvre qui, hélas, fréquente la Méditerranée et rejette de l'encre quand elle se fâche. On coupe en morceaux ce polype avec ses tentacules et on le fait frire jusqu'à lui faire prendre la consistance du celluloïd bouilli. Ça passe pour un mets rare, mais c'est plus résistant que du caoutchouc. Ce n'est que du cartilage.

J'ai une aversion particulière pour ces seiches. Autrefois, en Ligurie, nous possédions une barque, et nous sortions en mer en compagnie de paysans. Voici comment Alessandro s'y prenait pour attraper des seiches. Il attachait une seiche femelle à un creux de rocher, au moyen d'un fil qu'il passait aisément par un trou situé à l'extrémité du corps de sa proie. Et c'est là qu'elle vivait, telle un terrier d'Amphitrite attaché à sa niche, jusqu'au moment où Alessandro s'en alla à la pêche. Il la traîna alors derrière lui comme un caniche et, comme une chienne, elle attirait les suiveurs sur les chemins salés de la mer. Et ces pauvres polypes *inamorati* devenaient victimes de leur passion. On les montait à bord, ils étaient pris, et je regardais avec horreur leurs tentacules gris et translucides, et leurs grands yeux froids pareils à des pierres. Puis l'on trainait encore derrière nous la seiche femelle. Mais elle mourut au bout de quelques jours.

Et je pense que, même envers des créatures aussi hideuses, cette méthode est plus vile qu'on ne peut dire. Elle montre combien plus bas encore que la pieuvre sait être le Seigneur de la création.

Bref, après avoir mâché quelques bouts de seiches frites, nous y renonçons. La jeune femme de Cagliari également. Quand au professeur, il n'essaie même pas d'y toucher. Seul, l'homme gris, en jaquette d'alpaga, joue des mâchoires avec animation. Nous laissons des montagnes de calamaio à nos joyeuses mouches.

Arrive l'inévitable viande – ce gros morceau de filet absolument insipide, coupé en innombrables tranches gris-brun. Ô Italie! Le professeur s'enfuit.

Arrivent les poires de chamois, les pommes, les oranges. Nous conservons une pomme pour une heure meilleure.

Arrive le café et, régal magnifique, quelques fameuses pâtisseries. Elles ont toutes, hélas, le même goût. La jeune femme secoue la tête. Moi aussi. Mais la « reine-abeille », comme une enfant, s'en réjouit. Toutefois, les plus réjouies de tous, ce sont nos mouches à viande, qui fondent comme un essai d'alpaga noir sur l'autel de fer-blanc, où elles bourdonnent bruyamment, follement, au-dessus des gâteaux blafards.

Cependant, le sec personnage aux joues de cédrat se moque pas mal des gâteaux. Il revient à la charge avec son vin. La jeune femme de Cagliari finit par lui commander un verre de Marsala ; je dois l'imiter. Nous voilà donc tous les trois avec nos petits verres de liqueur brune. La jeune femme de Cagliari sirote le sien et s'enfuit tout d'un coup. La « reine-abeille » sirote le sien avec une prudence infinie et se retire tranquillement. Moi, je finis le petit verre de la « reine-abeille » et le mien, sous le bourdonnement moqueur et excité des mouches à viande. L'homme jaune disparaît avec sa bouteille.

De la cabine professorale parviennent de faibles gémissements qui deviennent parfois terribles lorsque tel ou tel d'entre eux va être malade. Une mince porte seulement

la sépare de la salle à manger. Une vétuste loque humaine
râpée, usée jusqu'à la corde, y entre discrètement avec
des cuvettes en tâchant de ne rien laisser apercevoir des
horreurs qui s'y passent. Je grimpe admirer la clarté éclatante et mouillée des étoiles, respirer le vent froid, voir
glisser la mer sombre. Puis je regagne, à mon tour, ma
cabine. Je regarde une minute la mer qui file le long du
hublot et je m'introduis dans mon étroite couchette inférieure, comme une tranche de viande dans un sandwich.
Oh! cabine infinitésimale où nous dansons comme deux
allumettes dans leur boîte! Oh! galop étrange et pourtant
délicieux du vaisseau sur la mer!

Je ne dormis pas si mal que cela malgré la houle et la
chaleur. En fait, je ne tardais pas à m'endormir profondément. Et le jour s'illumine déjà lorsque je mets la tête au
hublot. La mer est beaucoup plus calme. Le clair matin est
radieux. Je me hâte de me débarbouiller sommairement
sur le godet qui dégoutte dans un seau placé au coin de
la cabine. Il n'y a même pas de place pour une chaise,
ce godet est à ma tête. Et je monte sur le pont.

Ah! le délicieux matin! Derrière nous, le soleil émerge
à peine au-dessus de l'horizon marin. Le ciel tout doré,
tout joyeux, a la chaleur de l'or; la mer brille comme un
miroir, le vent est tombé, les vagues s'étalent en longues
ondulations paresseuses et l'écume du sillage oppose son
bleu pâle de glace au jaune de l'air. Ô matin vaste et doux
sur la mer, avec ton soleil qui approche comme un nageur,
et ce haut voilier dont la première échelle de voiles capte
délicatement la lumière et, tout au loin, un vapeur sur le
vif horizon électrique.

L'aube admirable. L'admirable matin, pur et vaste sur
la pleine mer, si doré, si ravi de délices, avec ses sequins

frémissants comme la mer et son ciel si haut, si haut, si haut, insondablement clair ! Quelle joie d'être en bateau ! Quelle heure d'or pour le cœur de l'homme ! Ah ! si l'on pouvait voguer à jamais, sur un petit vaisseau tranquille et solitaire, d'une terre à l'autre, d'une île à l'autre, et vagabonder parmi les espaces de ce monde merveilleux ! Il serait doux parfois de rencontrer la terre opaque, de se heurter à la terre dure, d'amortir la vibration de son élan au contact inerte de notre terre ferme ! Mais la vie même ne serait qu'élan, frisson d'espace. Ô frissonnement de l'espace illimité traversé par l'élan ! L'espace et la frêle vibration de l'espace, la joie secrète du cœur qui bat ! Quitter à jamais les entraves de la terre ! Ne plus être jamais comme un âne aux jambes captives, enchaîné à la terre lasse qui ne nous répond plus. Mais partir.

Trouver trois âmes viriles, détachées du monde – et, détachés du monde, toujours voguer, deçà-delà, ensemble, parmi le frémissant espace, autant que dure la vie. Pourquoi jeter l'ancre ? Il n'y a rien qui en vaille la peine. La terre a cessé de répondre à l'âme. Elle est devenue inerte. Donnez-moi un petit vaisseau, dieux propices, et trois camarades détachés du monde. Entendez-moi ! Et donnez-moi d'errer sans but parmi ce monde étrange et vibrant, inhabité de l'homme, où l'espace vole allégrement.

Le délicieux matin de pleine mer, d'un jaune de chélidoine qui pâlit jusqu'au bleu le plus rare ! Le soleil s'élève à l'horizon comme le grand stigmate de la fleur sacrée du jour. Des voiliers méditerranéens, au type si médiéval, voltigent à la brise du matin, comme incertains de leur route – curieux insectes, étrangement ailés, butinant la corolle de lumière. Le vapeur, dont la coque disparaît, s'enfonce vers l'Espagne. L'espace sonne clair autour de nous : la mer est calme !

Apparait la jeune femme de Cagliari, avec ses deux amis. Elle est belle et reposée, maintenant que la mer est tranquille. Ses deux amis la tiennent chacun par une épaule.

– *Bonjour monsieur*, aboie-t-elle. *Vous avez pris le café ?*

– *Pas encore. Et vous ?*

– *Non ! Madame votre femme...**

Elle braille comme un bouledogue, puis traduit le dialogue aux deux non-initiés avec une satisfaction évidente. Comment se fait-il qu'ils ne comprennent pas son français ? Je me le demande. Il ressemble tant à de l'italien travesti.

Je descends retrouver la « reine-abeille ».

Quand nous remontons, une terre se dessine vaguement en face de nous, plus transparente qu'une mince perle. La Sardaigne déjà. Magie des hautes terres vues de la mer, quand elles sont très lointaines et qu'elles ont la translucidité spectrale des icebergs. C'est la Sardaigne, imprécise comme une ombre, fascinante au milieu de la mer. Et les voiliers, qui semblent taillés dans la substance la plus délicate de la perle, sont portés par la brise vers Naples. Je voudrais compter leurs voiles : cinq voiles carrées – que je nomme l'échelle – l'une au-dessus de l'autre, mais combien de voiles secondaires ? C'est ce qui reste à voir.

Notre ami, le charpentier, nous épie. (Ce n'est pas mon ami, en tout cas. Il ne me trouve pas *simpatico*, j'en suis sûr). Mais le voici qui nous rejoint et se met à nous régaler d'ennuyeuses banalités. La jeune femme nous appelle de nouveau : est-ce que nous avons pris notre café ? Nous lui répondons que justement nous descendons. Elle nous dit alors qu'aujourd'hui il faudra payer toutes les consommations. La compagnie ne nous nourrit plus. Ce qui irrite la «reine-abeille», elle se sent volée. Quant à moi, j'avais prévu le coup.

Nous descendons prendre notre café, quand même. La jeune femme descend, fait une œillade à l'une des mouches d'alpaga. À la suite de quoi, on apporte dans sa cabine, sous nos yeux, une tasse de café au lait, et deux biscuits, discrètement. Quand les Italiens se mêlent d'être discrets et d'agir «en douce», l'air même qui les entoure trahit leur secret et semble le crier de ses mille langues. C'est donc au milieu de la clameur de mille langues invisibles que la jeune femme fait apporter son café, secrètement et gratis, dans sa cabine.

Mais la matinée est charmante. La «reine-abeille» et moi, nous côtoyons le banc de la poupe et nous nous y asseyons, à l'abri du vent et des regards, juste au-dessus de l'écume du sillage. Devant nous s'étend la libre matinée – et l'étincellement de notre sillage tel une trace d'escargot étirée sur la mer : tout droit d'abord, il s'incurve bientôt vers la gauche, toujours vers la gauche. Et il nous arrive du fond de l'horizon pur, comme une brillante trace d'escargot. Quel bonheur d'être assis dans cette paix, avec seulement la mer lumineuse et vierge autour de soi !

Mais non ! on nous découvre. Arrive le charpentier. «Ah, vous avez trouvé un joli coin.»

«*Molto bello*» fait la reine-abeille. Pour moi, je trouve cette irruption intolérable.

Il se met à causer. C'était inévitable, il parle de la guerre. Ah, la guerre... c'est une chose terrible. Il y était tombé malade, très malade. Parce que, voyez-vous, on y va mal nourri, fatigué, sans vêtements chauds. Et puis, voyez-vous, on tremble tout le temps pour sa vie. On tremble pour sa vie. C'est ça qui vous met par terre. Six mois d'hôpital. La « reine-abeille » compatit, bien entendu.

Les Siciliens sont là-dessus extrêmement naturels. Ils vous disent tout simplement qu'ils ont eu une peur bleue et que ça les a rendus malades. La « reine-abeille », en femme qu'elle est, les aime d'être si naturels. Moi, j'en ressens une certaine irritation. Car ils *s'attendent* de votre part à une sympathie totale. Or, si le grand dieu Mars est peut-être décrépit et ratatiné, cela m'ennuie de l'entendre *ainsi* blasphémé.

Près de nous, le loch automatique s'enroule à sa mince corde qui traîne derrière nous, dans l'eau. Par saccades il tressaute et s'enroule en une torsion spasmodique. Le charpentier nous explique que le triangle sphérique attaché au bout de la ligne tourne selon la vitesse de la marche. Nous faisons entre dix et douze milles italiens à l'heure. Ah oui! nous *pourrions* en faire vingt, mais nous n'en faisons pas plus de dix ou douze pour économiser le charbon.

Le charbon! *Il carbone*. Je vois que nous n'y coupons pas. L'Angleterre – l'Inghilterra, elle a le charbon. Et qu'est-ce qu'elle fait? Elle le vend très cher. À l'Italie en particulier. L'Italie a gagné la guerre, et maintenant elle ne peut même pas avoir de charbon. Et à cause de quoi? À cause du prix. Le change! *Il cambio*. Nous y voilà! Deux pays seulement ont su maintenir leur change élevé: l'Angleterre et l'Amérique. La livre anglaise – *la sterlina* et le dollar américain – ça, c'est de l'argent. Alors les Anglais et les Américains envahissent l'Italie avec leurs *sterline* et leurs *dollari* et ils achètent tout ce qu'ils veulent pour rien, pour rien. Ecco! Alors que nous autres, pauvres Italiens... nous sommes ruinés, proprement ruinés.

J'ai tellement l'habitude – tellement hélas – de ces discours! Je ne peux faire un pas sans qu'on me lance à la tête ce misérable *cambio*, le change. Et cela, avec une rancœur hargneuse et lésée qui me tourne le sang. Car je leur assure que tout ce que j'ai en Italie, je le paie. Et puis je ne suis pas l'Angleterre. Je ne suis pas les Iles Britanniques en personne.

L'Allemagne – la Germania – elle a eu tort de faire la guerre. Mais voilà, il y a eu la guerre. L'Italie et l'Allemagne – l'Italia et la Germania – elles ont toujours été amies. À Palerme...

Bon Dieu, je sens que je n'y tiens plus. Être assis au-dessus de l'écume avec cette misérable créature qui me bourre l'oreille de bouchons de journal mâché, non, je ne peux pas supporter ça. En Italie, pas moyen d'y échapper. Dites deux mots, et l'individu d'en face se met à mâcher du vieux journal et à vous en bourrer les oreilles. Pas moyen d'y échapper. Vous devenez, si vous êtes Anglais, l'Inghilterra, il carbone et il cambio – et c'est en tant qu'Angleterre, charbon et change qu'on vous traite. Absolument inutile de vouloir paraître humain. Vous êtes un système d'usure national, le démon du charbon, le voleur du change. Chaque Anglais disparait sous cette triple abstraction aux yeux de l'Italien, du prolétaire en particulier. Essayez donc de les amener à être humains, essayez donc de les amener à voir que vous n'êtes qu'un individu, si vous le pouvez. Et après tout, je ne suis rien d'autre qu'un être humain qui va son chemin solitaire à travers son époque. Mais non, pour un Italien, je suis une abstraction achevée. L'Angleterre, le charbon, le change. Les Allemands naguère étaient diaboliques dans l'art de transformer les êtres vivants en abstractions théoriques. Mais aujourd'hui, les Italiens les battent. Je suis une colonne de statistiques ambulante. Et rien d'autre. Eh bien, bon, je n'ai plus qu'à me taire et à m'en aller.

Pour l'instant, je suis débarrassé du charpentier. Mais j'enrage, fou que je suis. Quel fléau! ils sont pires que leurs moustiques. Les voiliers sont proches. Je compte quinze voiles. Qu'ils sont beaux! Mais si j'étais à leur bord, il y aurait quelqu'un pour me servir son journal mâché et s'adresser à moi comme à l'Angleterre, au charbon et au change.

Le moustique rôde, rôde toujours, mais la pâleur glacée de ma joue le tient à l'écart. Il rôde toujours. Et la « reine-abeille » se sent de la sympathie à son égard, beaucoup de sympathie. Parce qu'il la traite en « *bel pezzo* ». On dirait qu'il voudrait lui lécher les bottes.

Entre temps, nous mangeons les pommes du dessert d'hier et les restes de l'Enfant-Jésus-à-la-Colombe de la « reine-abeille ». La terre approche. Nous en distinguons le promontoire et la péninsule extrêmes, puis une tache blanche en forme d'église. La terre qui vient à nous est plutôt informe et désolée dans son ensemble, mais attirante.

Cette contemplation cause notre perte: le moustique fond sur nous. Oui, (il n'en est pas sûr), il croit que la tache blanche est une église – à moins que ce ne soit un phare. Quand on double le cap de droite et qu'on entre dans la large baie comprise entre le cap Spartivento et le cap Carbonara, on est encore à deux heures de Cagliari. Nous y arriverons entre deux et trois heures. Il est maintenant onze heures.

Oui, les voiliers font route sur Naples probablement. Ils n'ont pas grand vent, en ce moment. Quand il y a du vent, ils vont vite, plus vite que notre vapeur. Ah, Naples, *bella, bella*, eh? – Un peu sale, lui dis-je – Qu'est-ce que vous voulez, fait-il, une grande ville ! Palerme vaut mieux, bien sûr.

À propos (ou non) de quoi, il ajoute : « Ah... les Napolitaines ! Elles sont si bien peignées, si propres, si belles ! – mais, en dessous, *sotto... sotto*, elles sont sales. » Un silence glacial lui répond. Il poursuit : *Noi, che giriamo, conosciamo il mondo. Nous*, nous roulons partout, *nous*, nous connaissons le monde. Qui est ce « nous », je ne sais. Son Altesse le charpentier Palermitain, sans doute. *Nous* qui roulons, nous connaissons le monde. Il prépare son coup : les Napolitaines et les Anglaises se valent sur ce point, elles sont sales en dessous. En-dessous, elles sont sales. Les Londoniennes... Mais je n'y tiens plus.

– Vous cherchez des femmes sales, lui dis-je. Voilà pourquoi vous en trouvez partout.

Il s'arrête net et me regarde.

– Non, non ! vous ne m'avez pas compris. Non, ce n'est pas ça que je veux dire. Je veux dire que les Napolitaines et les Anglaises ont des dessous sales... »

Ce qui lui vaut pour toute réponse un regard glacial. Là-dessus, il se tourne vers la « reine-abeille » et se met en devoir d'être *simpatico*. Un moment après, il se retourne vers moi.

– Il signore est fâché ! il est fâché avec moi. Mais je lui tourne le dos. Il finit par débarrasser le plancher, mais triomphant, je dois le reconnaître, comme un moustique qui vous a piqué au cou. En vérité, actuellement, on ne devrait jamais permettre à ces gens-là de s'immiscer dans sa conversation. Ce ne sont plus des êtres humains. Ils ne voient plus l'individu que vous êtes pour haïr votre nationalité.

Nous avançons vers le pont avant où se trouve la cabine d'observation du capitaine. Le capitaine est un homme d'un certain âge, silencieux, accablé. Distingué, mais il a l'air brisé. Un premier, puis un deuxième membre de la confrérie des porte-plateau monte justement l'échelle avec une tasse de café. Au retour, nous jetons un coup d'œil dans la cuisine, par la claire-voie. Et là, nous voyons des poulets rôtis et des saucisses... des poulets rôtis et des saucisses! Ah! voilà où passent les côtés de chevreau, les poulets et toutes les bonnes choses! Dans le gosier de l'équipage. Quant à nous, rien à manger jusqu'au moment de débarquer.

Nous doublons le cap; la chose blanche est un phare. Le professeur «bel homme» et grassouillet monte, sa fillette au bras. Tandis que le frère aîné, efféminé, tient le petit garçon aux poils de lapins par la main. Tellement *en famille*, si terriblement *en famille**. Ils se déposent près de nous. Cela promet une autre conversation. Merci bien, pour rien au monde, mes petits amis.

Les marins – ou plutôt quelques fainéants-du-coin-de-rue, hissent le drapeau italien rouge, blanc, vert. Il flotte à la pomme du mât, et le frère efféminé, dans un joli accès de patriotisme, ôte son galurin d'un geste théâtral et s'écrie:

«*Ecco la bandiera italiana.*»

Ach, l'odieux sentimentalisme de nos jours! La terre passe lentement, très lentement à nos côtés. Elle est vallonnée, mais dénudée – à peine quelques arbres. Elle n'a pas le hérissement, ni la splendeur particulière de la Sicile. La Sicile a du style. Nous longeons la côte est de la baie – au loin, à l'ouest, c'est le cap Spartivento. Et Cagliari n'est toujours pas en vue.

– Encore deux heures, s'écrie la jeune femme de Cagliari. Deux heures avant de manger. Ah, quel bon repas je vais faire à terre!

Les hommes remontent le loch automatique. Le ciel se couvre de ce tissu laiteux qui apparaît après-midi lorsque souffle l'âpre vent du nord. Il ne fait plus chaud.

Lentement, lentement, nous glissons le long du rivage informe. Une heure s'écoule. Nous voyons devant nous un fortin peint en énormes carreaux blancs et noirs, tel un fragment d'échiquier gigantesque. Il se dresse au bout d'une longue pointe de terre – longue péninsule aride, sans maisons, qui a l'air d'un terrain de golf. Mais ce n'en est pas un.

Et tout d'un coup voici Cagliari, une ville nue, escarpée, à pic, toute dorée, qui, naissant au creux de la baie informe, étage sa nudité jusqu'au ciel. Elle est étrange, étonnante, nullement italienne. Elle s'étage, hautaine, comme dans une miniature et m'évoque Jérusalem. Sans arbres, découverte, elle surgit fière et nue, dans une espèce de recul historique, comme une enluminure de missel monacal. On se demande comment elle a pu se planter là. Elle rappelle l'Espagne – ou bien Malte, mais non l'Italie. C'est une ville escarpée, solitaire, sans arbres, comme dans une enluminure ancienne – et qui tient également du bijou, un bijou d'ambre rose dont soudain luirait la nudité au plus profond de cette vaste échancrure. Le vent blême est d'un froid perçant. Le ciel se caille comme du lait. Et Cagliari est devant nous. On a la curieuse impression qu'on peut la voir et non y pénétrer – qu'elle est comme une vision, une réminiscence, une image évanouie. Impossible d'imaginer qu'on puisse vraiment *marcher* dans cette ville, qu'on y puisse mettre les pieds, manger et rire. Ah, non. Pourtant le navire dérive à sa rencontre et nous cherchons des yeux la rade...

Le front de mer habituel, planté d'arbres sombres en guise d'avenue, puis, par derrière, la rangée de monuments

imposants – mais moins roses, moins gais – plus réti-
cents, plus sombres avec leur pierre jaune. La rade même
n'est qu'un petit bassin où nous glissons précautionneusement, tandis que trois chalands chargés d'un sel aussi
blanc que la neige nous contournent lentement à gauche,
tirés par un remorqueur infinitésimal. Il n'y a que deux
autres bateaux abandonnés dans le bassin. Il fait froid sur
le pont. Le bateau vire lentement et se fait hâler au quai.
Je descends prendre mon sac tyrolien.

Une grosse mouche à viande fond sur moi.

– Payez-nous neuf francs cinquante.

Je les paie et nous quittons ce bateau.

III

CAGLIARI

Il y a très peu de monde sur le quai à nous attendre. Surtout des hommes, les mains dans les poches. Mais, grâce au ciel, ils ont une certaine réserve et gardent leurs distances. À l'encontre des parasites de touristes qui, en ces jours d'après guerre foncent à l'attaque avec une froide agressivité terrifiante dès que vous émergez d'un véhicule quelconque. Et certains d'entre eux ont l'air vraiment pauvre. Mais ce ne sont plus des Italiens pauvres – pas des fainéants, tout au moins.

Étrange impression : on dirait que tout le monde a déserté le port. Pourtant, il y a des gens çà et là. C'est « festa » : l'Épiphanie. Mais tout est si différent de la Sicile. On n'y retrouve rien de ses suaves charmes gréco-italiens, rien de ses manières et de ses grâces, rien de ses enchantements. Mais une raideur, un dépouillement, une froideur et un certain jaune qui rappelleraient Malte – une Malte qui serait privée de l'animation de ses étrangers. Grâce à Dieu, personne n'a envie de porter mon sac tyrolien. Grâce à Dieu, personne n'a de crise en le voyant.

Grâce à Dieu, personne ne nous remarque. Ils restent froids, distants et immobiles.

Nous passons par la douane du port, puis par le Dazio, la douane municipale. Et nous sommes libres. Nous prenons une large rue, neuve et escarpée, bordée d'arbrisseaux. Mais tout n'est que pierre, pierre aride, neuve, jaunâtre sous le ciel froid. Et cette impression d'abandon. Quoiqu'il y ait, çà et là, des gens.

Le vent du nord nous mord le visage. Nous escaladons une large volée de marches. Nous montons toujours pour aboutir à un vaste boulevard à pic, mélancolique avec ses maigres tiges d'arbre. En quête d'un hôtel, et mourant de faim.

Finalement, nous le trouvons. C'est la *Scala di Ferro*. On y accède par une cour ornée de plantes vertes. Et, finalement, un petit homme aux cheveux noirs, pareil à un Esquimau arrive en souriant. C'est un type de Sarde ; le genre Esquimau. Il n'y a pas de chambre à deux lits. Des chambres séparées, seulement. On nous mène donc, s'il vous plaît, au « bagnio ». C'est l'aile de l'établissement réservée aux bains. Un rez-de-chaussée humide. Des cellules s'ouvrent de chaque côté d'un passage de pierre et, dans chaque cellule, il y a une baignoire sombre et un petit lit. Nous pouvons avoir une cellule chacun. S'il n'y a rien d'autre que cela, tant pis. Mais c'est humide, froid, horrible et souterrain. Et l'on songe à tous les désagréables « rendez-vous » qui se donnaient dans ces vieux « bains ». D'ailleurs, au bout du passage sont assis deux carabiniers. Pour faire respecter la moralité ? Dieu seul le sait. Nous sommes dans le bain, c'est tout.

L'Esquimau revient, cependant, au bout de cinq minutes. Il y a une chambre à coucher dans la maison.

Il est content parce qu'il n'aimait pas l'idée de nous mettre dans le «bagnio». Où a-t-il trouvé la chambre à coucher, je ne sais. Mais le fait est que nous y voilà : elle est grande, sombre, froide, située au-dessus des odeurs de cuisine d'une petite cour intérieure obscure comme un puits. Mais parfaitement propre, impeccable. Et puis, les gens ont l'air aimable, chaleureux et humain. On était si accoutumé à ces Siliciens inhumains avec leur âme antique, leur suavité et leur parfaite insensibilité.

Après avoir pris un repas vraiment bon, nous sortons voir la ville. Il est plus de trois heures et tout est fermé, comme par un dimanche anglais. Froide Cagliari de pierre, en été tu dois grésiller de chaleur, Cagliari, comme un four ! Les hommes se tiennent en groupes, mais sans manifester cette curiosité perçante des Italiens qui ne laisse jamais les passants tranquilles.

Étrange Cagliari de pierre. Nous gravissons une rue en colimaçon. Et nous voyons l'annonce d'un bal costumé d'enfants. Cagliari est très escarpée. À mi-hauteur, se trouve un endroit étrange, appelé «les Bastions», une grande esplanade, pareille à un terrain de manœuvre, bordée d'arbres, curieusement suspendue au-dessus de la ville et projetant une longue corniche pareille à un viaduc, au-dessus de la rue en colimaçon. La ville continue à s'élever à pic au-dessus de cette esplanade jusqu'à la Cathédrale et au fort. Mais, le plus curieux, c'est que cette terrasse soit si grande, avec ses dimensions de terrain de jeux, qu'elle en devient mélancolique. On ne conçoit pas qu'elle soit suspendue en l'air. En bas se dessine le petit cercle du port. À gauche, une plaine marine, basse, comme paludéenne, avec des touffes de palmiers et des maisons mauresques. Elle lance une langue de terre qui aboutit au fort-de-garde blanc et noir, et sur laquelle file une route blanche. À droite, fort curieusement, s'avance une étrange langue de sable en forme de chaussée, bien au-delà des bas-fonds de la baie, entre le large, d'un côté, et, de l'autre, de vastes lagunes de bout-du-monde. Plus loin, se dressent des montagnes dentelées tandis qu'à l'autre bout de la baie surgissent de mornes collines. Cela compose un très étrange paysage : comme si le monde finissait là. La baie est vaste en elle-même. Et toutes ces curieuses choses naissent au creux de sa courbe ! Cette curieuse ville à pic, avec le relief de ses maisons, comme un grand rocher travaillé qui jaillirait au-dessus des marécages de la baie. Et tout autour, la plaine mauresque, lasse, avec ses palmiers désolés, alourdie de malaria, et les grandes lagunes salines gisant au-delà de la langue de sable, sur un brusque fond de montagnes tandis que, derrière la plaine, s'élèvent de nouveau des collines sur la mer. Terre et mer semblent à bout de souffle, épuisées, au creux de la baie. C'est le bout du monde. Et c'est au bout du monde que se dresse Cagliari parmi le brusque jaillissement de ses collines à crête de serpent.

Elle me rappelle encore Malte. Malte, perdue entre l'Europe et l'Afrique, et qui n'appartient ni à l'une, ni à l'autre ; qui n'a jamais appartenu à personne, bien que l'Espagne, les Arabes et les Phéniciens surtout l'aient possédée. Comme si elle n'avait jamais eu vraiment de destin. Nul destin. Abandonnée aux portes du temps et de l'histoire.

L'esprit des lieux est une étrange chose. Notre siècle mécanique essaie d'y passer outre. Mais sans succès. Car, à la fin, l'étrange, le sinistre esprit des lieux, si divers et si opposé selon les cas, brisera d'un coup notre unité mécanique en mille morceaux ; et ce que nous appelons la réalité sautera comme un bouchon, nous laissant bouche bée.

Le grand parapet qui domine la Mairie et la haute rue en colimaçon est bordé d'une épaisse frange de spectateurs qui regardent en bas. Nous y allons aussi. Et, voici, l'entrée du bal est en bas. Oui, et nous apercevons une bergère de porcelaine, en bleu pâle, cheveux poudrés, houlette, rubans, délicatesse satinée, très Marie-Antoinette, qui prend la route montante, lentement, l'air altier, le regard superbe. Et qui n'a pas plus de douze ans. Deux laquais l'accompagnent. Elle lance à droite et à gauche des regards suprêmes, tandis qu'elle avance avec préciosité. Je lui donnerais bien le prix de distinction. Elle est parfaite – un peu trop hautaine pour un Watteau, mais *marquise** jusqu'au bout des ongles. Les gens regardent en silence. Il n'y a ni cri, ni vocifération, ni agitation. Mais un silence décent.

Arrive une calèche traînée par deux gros chevaux bais qui gravissent en glissant – en nageant presque – la haute rue en colimaçon. Ce qui déjà est, en soi, un *tour de force**, car Cagliari n'a pas de voiture. Imaginez une rue en colimaçon pavée de pierre glissante. Puis imaginez deux chevaux bais qui la remontent comme un fleuve. Ils n'avancent pas à longues enjambées. Mais la voiture arrive enfin à destination. Et il en sort, dans un frémissement d'ailes, trois enfants étrangement exquis, deux frêles Pierrots de satin blanc et une Pierrette de satin blanc, tels de délicats papillons d'hiver tachetés de noir. Ils ont une curieuse élégance indéfinissable, surannée avec quelque chose de conventionnel et de «*fin de siècle*»*. Mais pas du nôtre. La surprenante délicatesse artificielle du XVIIIe. Les garçonnets ont de grandes fraises au cou, et, sur le dos, d'anciens châles espagnols, couleur crème, à cause du froid. Ils sont frêles comme des fleurs de tabac et déploient leur froide élégance dans un froufrou d'ailes tandis que, de la calèche, émerge une grosse Mama en satin noir. Posant à peine leurs bizarres petits pieds de papillons sur le trottoir et voletant autour de la grosse Mama comme trois ombres transparentes, ils passent entre des carabiniers bien en chair assis à la porte de la salle et y pénètrent.

Arrive un jeune élégant, en brocard primevère, jabot plissé, chapeau sous le bras. D'une douzaine d'années. Majestueux, il monte avec une parfaite assurance la raide spirale de la rue. Ou peut-être avec un tel sentiment de son rang qu'il la transforme en élégant *aplomb**. C'est un authentique petit-maître du XVIIIᵉ siècle, un peu raide pour être Français, mais tout à fait dans l'esprit du temps. Curieux, curieux enfants ! Ils tiennent superbement leur quant-à-soi sans la moindre trace d'appréhension. Pour eux, leur noblesse est chose indiscutable. Pour la première fois de ma vie, je reconnais l'authentique fierté de la vieille noblesse. Ils ne doutent pas un instant qu'ils ne représentent parfaitement l'élite du monde.

Suit une nouvelle marquise en satin blanc, accompagnée de sa soubrette. Ils sont très forts à Cagliari en matière de XVIIIᵉ siècle. Peut-être est-ce à leurs yeux la dernière brillante réalité. Le XIXᵉ est négligeable.

Curieux, ces enfants de Cagliari. Pauvres, ce sont de misérables marmots nu-pieds qui s'ébattent joyeusement en liberté dans les ruelles sombres. Mais, dans les classes plus aisées, ils sont si jolis avec leurs habits extraordinairement élégants. C'en est renversant. Point tant les adultes que les enfants. Tout le chic, toute la mode, toute l'originalité sont consacrés aux enfants. Avec beaucoup de bonheur, d'ailleurs. Plus encore qu'à Kensington Gardens, souvent. Et ils se promènent en compagnie de

Papa et Mama avec l'alerte assurance de ceux qui ont su mériter leur mise élégante. Qui se serait attendu à ça ?

Oh, les étroites rues sombres et humides qui montent à la Cathédrale, comme des gorges ! Je manque tout juste de recevoir un énorme seau d'eau sale qui tombe du ciel avec fracas. Un bambin qui joue dans la rue et qui l'a moins bien évité que moi regarde en l'air avec cet étonnement naïf, impersonnel que manifestent les enfants devant une étoile ou un allumeur de réverbères.

La cathédrale a dû être naguère une belle forteresse païenne. Aujourd'hui elle a passé, pour ainsi dire, par le moulin-à-viande des siècles, et elle en est sortie baroque et boudinée, un peu dans le genre des horribles baldaquins de St-Pierre de Rome. Néanmoins, elle a quelque chose de familier avec tous ses recoins et ses fidèles assez loqueteux qui cheminent vers le maître-autel, car le soleil va se coucher et c'est la grand'messe de l'Épiphanie. On a l'impression qu'on pourrait s'y accroupir dans un coin pour jouer aux billes ou manger du pain et du fromage tout comme chez soi. L'impression confortable des églises du bon vieux temps.

Il y a de remarquables dentelles sur les diverses nappes d'autel. Et Saint-Joseph doit être ici un saint de première importance. Il a un autel et un verset implore son aide pour les mourants.

« Ô Saint Joseph, vrai père virtuel de Notre-Seigneur. » Le bel avantage, je vous le demande, d'être le père virtuel de quelqu'un !

Pour le reste... je ne suis pas Baedeker.

La forteresse couronne Cagliari, avec sa vieille porte, ses vieux remparts de beau grès jaunâtre en nid d'abeille.

Le rempart circulaire, dans le style espagnol, s'élève d'un bel élan, splendide, vertigineux. Et, à ses pieds, la route redescend lentement, par le dos de la colline. On y domine tout le pays : cette plaine morte avec ses bouquets de palmes, cette mer épuisée et, plus à l'intérieur, ces autres collines. Cagliari doit être bâtie sur une falaise rocheuse isolée, indépendante, perdue.

De la terrasse située au bas de la forteresse, au-dessus de la ville (et non derrière elle) nous contemplons le soleil qui se couche, terrible, derrière l'emmêlement des collines à crête de serpent, gisant bleuâtres et veloutées au-delà des lagunes désolées. Sombre, étouffante et lourde, la pourpre de l'ouest pend sinistrement parmi le bleu éteint des barres et des bancs de nuages qui la traversent. Derrière les pics bleu-sombre, jusqu'à la mer, se tend sinistre, un rideau de braise. Plus bas, ce sont les marais salants. Ils couvrent des milles et des milles d'absolu désert. Mais la chaussée de sable les traverse comme un pont. L'air s'obscurcit jusqu'au bleu sombre. Le grand ouest brasille encore d'un feu intérieur maussade, sans chaleur, mais très rouge. Il fait froid.

Nous descendons des rues en pente, sombres, humides, très froides, nauséabondes. Aucun véhicule ne peut les gravir probablement. Les gens vivent dans une seule pièce. Les hommes se peignent ou s'agrafent le col sur le pas de la porte. Le soir est là, et c'est jour de fête.

Au bas de la rue, nous tombons sur un petit groupe de jouvenceaux masqués, l'un, en longue blouse jaune et bonnet à ruches, l'autre en vieille femme, un troisième en twill rouge. Ils se donnent le bras et accostent les passants. La «reine-abeille» pousse un cri et cherche à s'enfuir. Elle a une peur terrible des masques, une peur qui lui vient de l'enfance. Et, pour être franc, moi aussi. Invisibles, nous gagnons en hâte l'autre côté de la rue et arrivons sous les bastions. Puis nous prenons notre boulevard familier, large, court et froid qui mène à la mer.

Au bas du boulevard, c'est une nouvelle voiture avec des masques. Le carnaval commence. Un homme déguisé en paysanne, dans ses atours campagnards, grimpe en levant bras et jambes jusqu'au siège du cocher au milieu de ses grands jupons. Il fait tournoyer son fouet enrubanné et s'adresse à une petite foule d'auditeurs. Il ouvre la bouche toute grande et se lance dans une longue harangue vociférante. Il prétend qu'il va faire un tour avec sa mère : un autre homme en perruque et accoutrement criard de vieille femme qui se trémousse déjà sur le siège. Sa «fille» gesticule, braille et se dandine sur le siège du cocher. La foule écoute attentivement et sourit doucement. Tout cela lui semble réel. La «reine-abeille» se tient à distance respectueuse et regarde, à demi-fascinée. Au milieu d'un grand déploiement de fouet et de jambes qui laissent voir ses pantalons plissés, il fraie un passage à sa voiture sur le boulevard, l'unique endroit où puisse rouler une voiture.

La grande rue qui longe la mer est la Via Roma. D'un côté, il y a des cafés, et de l'autre, d'épaisses touffes d'arbres qui se dressent entre la mer et nous. C'est parmi ces touffes épaisses d'arbres que le petit train à vapeur, pareil à un petit train, achève sa course trépidante après avoir contourné la ville par derrière.

C'est sur la Via Roma que se rencontre le Tout Cagliari. Avec ses cafés à terrasses, d'un côté et, de l'autre, son avenue marine, elle est très large. Le soir, elle contient toute la ville. Çà et là, des voitures isolées vont très lentement, au trot; des officiers passent à cheval et les gens peuvent faire le boulevard *en masse**.

Nous sommes stupéfaits de nous trouver soudain parmi une telle foule, comme au milieu d'un fleuve humain, court et dense, qui s'écoulerait lentement. Il n'y a pratiquement pas de circulation – mais le flux dense et constant de toutes sortes d'êtres humains, à pied. Ce devait être à peu près ainsi dans les rues de la Rome impériale où les chariots ne pouvaient point passer, et où toute l'humanité allait à pied.

De petits groupes de masques et des masques isolés dansent et se pavanent parmi la foule compacte, sous les arbres. Quand on est un masque, on ne marche pas comme un être humain : on danse, on piaffe d'une façon extraordinaire comme des marionnettes grandeur d'homme mues d'en haut par des fils. C'est ainsi qu'on avance, d'un air bizarrement dégagé comme si l'on était soutenu et poussé par un fil à l'épaule. En face de moi passe un charmant Arlequin bariolé, tout en losanges de couleurs et magnifique comme un bibelot de porcelaine. Il frôle le sol d'un pas léger et fantasque, tout seul dans la foule compacte, ravi. Puis deux petits enfants, la main dans la main, en brillants costumes pourpres et blancs, qui flânent calmement. Ils n'ont point le pas dansant des masques. Au bout d'un moment, c'est une fille bleu-ciel, à jupes bouffantes et grand chapeau, toute petite, qui se pavane dans un froufrou de ballerine – suivie d'un grand d'Espagne cabriolant comme un singe. Ils se faufilent parmi le lent écoulement de la foule. Voici Dante et Beatrice, apparemment au Paradis, en longues robes blanches et couronnes d'argent, qui se donnent le bras et se meuvent très lentement, très majestueusement, mais avec de lentes secousses comme s'ils étaient tirés d'en haut par des fils. Ils sont excellents; c'est la fameuse vision concrétisée: Dante blanc comme un linceul, au bras de son immortelle Beatrice aux cheveux d'étoupe, couronnés d'argent, déambulant par de sombres avenues. Il a bien son nez, ses pommettes, ses joues bandées et ce stupide regard vide. C'est la critique moderne de l'Enfer.

Il commence à faire très noir. Les lampes s'allument. Traversant la rue jusqu'au café Roma, nous y trouvons une table sur la terrasse parmi la foule. En un instant, notre thé est servi. La soirée est froide, le vent glacial. Mais la foule ondule toujours dans les deux sens, lentement. Aux tables du café sont installés surtout des hommes. Ils prennent du café, du vermouth ou de l'eau-de-vie, avec une aise et une familiarité que notre monde moderne ne connaît plus. Il y a là une certaine robustesse de style, naturelle et plaisante – une liberté d'allure qui a quelque chose de féodal. Arrive une famille avec enfants et nurse en costume régional. Tout le monde s'attable, parfaitement à l'aise, quoique la merveilleuse nurse semble légèrement à l'écart. Elle est aussi pimpante qu'un coquelicot avec sa belle robe rose-cramoisi de fin tissu, son curieux petit boléro vert émeraude et pourpre et son doux corsage de toile tissée à la main, à manches bouffantes. Elle porte une coiffure rose-cramoisi et blanche. Elle a de gros boutons en filigrane doré et des boucles d'oreilles semblables. La famille bourgeoise-féodale boit son sirop et regarde la foule. Remarquable, ce manque absolu de gêne. Ils ont tous un parfait *sangfroid** naturel. La nurse, dans son merveilleux costume régional est aussi complètement à son aise que si elle se trouvait dans la rue de son village. Elle bouge, parle, interpelle un passant sans la moindre contrainte et, mieux encore, sans la moindre suffisance. Elle est légèrement à l'écart, de l'autre côté d'une ligne invisible mais infranchissable. Et j'admire combien cette séparation est une bonne chose pour les deux clans. On reste naturel et humain des deux côtés, au lieu de s'attaquer et de se repousser diaboliquement sur la barricade.

La foule passe de l'autre côté de la rue, sous les arbres qui bordent la mer. De ce côté-ci se promènent de temps en temps quelques passants. Et j'aperçois mon premier paysan en costume. C'est un bel homme, tout droit, d'un certain âge, magnifique dans son costume noir et blanc. Il porte la chemise blanche à manches bouffantes, un corsage noir et collant de grosse frise indigène, coupé assez bas d'où sort une espèce de «kilt» court et plissé, dont une bande passe entre les jambes, entre l'ample culotte de toile grossière. Sous le genou, des molletières de frise noire serrent la culotte. Il porte un long bonnet qui pend sur sa nuque. Comme il est beau! Quelle magnifique virilité! Il se promène les mains libres derrière le dos, lentement, tout droit, hautain. Splendidement inaccessible, indomptable. Et cet étincellement du blanc et du noir, ce mouvement lent de la blanche culotte bouffante, ces molletières noires, cette cuirasse noire, puis ces grandes manches blanches, ce plastron blanc et, de nouveau, le noir du bonnet! Quel merveilleux jeu de contrastes, superbes comme sur le plumage d'une pie! Comme elle est magnifique, la virilité lorsqu'elle trouve sa véritable expression. Et comme la rendent ridicule les habits modernes!

Voici un nouveau paysan – un jeune, cette fois-ci, à l'œil vif, à la joue dure, aux cuisses dures et dangereuses. Il a rabattu son bonnet, en sorte que l'extrémité lui en tombe sur le front, comme un bonnet phrygien. Il porte des culottes serrées et un étroit gilet à manches, de grosse étoffe marron qui ressemble à du cuir. Sur le gilet, il a passé une espèce de cuirasse en peau de mouton noire, tirant sur le roux. Et il va à longues enjambées et cause avec un camarade. Comme il est fascinant, après avoir vu tous ces doux Italiens, d'apercevoir ces jambes dans leur étroite culotte, si bien dessinées, si viriles, encore fortes de l'antique violence. On se rend compte avec horreur que la race des hommes s'est presque éteinte en Europe. Il n'y reste que des héros dans le sens chrétien, des Don Juan idolâtres de la femme et des métis enragés d'égalité. L'ancien mâle, vigoureux et indomptable a disparu. La farouche authenticité s'est tarie. Elle jette ses dernières étincelles en Sardaigne et en Espagne. Il ne subsiste plus qu'un troupeau des prolétaires, un égalitarisme bâtard de troupeau, et des âmes cultivées, inquiètes, empoisonnées, toujours prêtes au sacrifice. Détestable!

Mais ce curieux costume étincelant, noir et blanc! J'ai l'impression de l'avoir déjà connu, de l'avoir même porté, de l'avoir vu en rêve. En rêve, je l'ai senti sur moi. Il appartient, en quelque sorte, à quelque chose en moi. À mon passé peut-être. Je ne sais. Mais cette familiarité avec mon sang m'inquiète et m'obsède. Je *sais* que je l'ai déjà connu. Et mon inquiétude ressemble assez à celle que j'éprouvai devant le Mont Eryx – mais elle est dépourvue d'effroi, cette fois-ci.

Le lendemain matin, le soleil brille dans un ciel très bleu, mais l'ombre est mortellement froide et le vent coupant comme une mince lame de glace. Nous allons au soleil en courant. L'hôtel ne peut pas nous donner de café au lait, mais seulement un peu de café noir. Nous descendons alors vers le front de mer, la Via Roma et notre café. C'est Vendredi. On dirait que les gens, chargés d'énormes paniers, arrivent en foule de la campagne.

Le café Roma a du café au lait mais pas de beurre. Nous nous y attablons et observons le va-et-vient de la rue. De minuscules ânes sardes – la chose la plus minuscule du monde – trottinent, à pas infiniment menus, sur la route, traînant des espèces de petites charrettes à bras. Leurs proportions sont tellement réduites qu'un enfant, à leurs côtés, semble un grand gaillard et qu'un homme normal prend des airs de Cyclope gigantesque et cruel. Il est ridicule qu'un homme adulte fasse tirer son fardeau par ces petits êtres à peine plus gros qu'une mouche. J'en vois un qui traine une commode. On dirait qu'il a tout un bâtiment derrière lui. Il chemine bravement, néanmoins, sous son fardeau, quasi lilliputien.

On me dit qu'il y avait autrefois des troupeaux d'ânes de cette race qui paissaient, à demi-sauvages, parmi les bruyères des collines de Sardaigne. Mais la guerre – et aussi le caprice imbécile des maîtres de la guerre, ont décimé ces troupeaux, si bien que ces animaux sont devenus rares. De même pour le bétail. La Sardaigne – la patrie du bétail, la petite Argentine vallonnée de la Méditerranée – est maintenant presque déserte. C'est la guerre, disent les Italiens. C'est aussi la prodigalité désordonnée, imbécile, dégoûtante des maîtres de la guerre. Ce n'est pas seulement la guerre qui a épuisé le monde. C'est le gaspillage pernicieux, délibéré des maîtres de la guerre dans leur propre patrie. C'est l'Italie qui a ruiné l'Italie.

Deux paysans, en noir et blanc, se promènent éblouissants au soleil. Et mon rêve de la veille n'était pas un rêve. Et ma nostalgie d'un certain inconnu n'était pas une illusion. Je l'éprouve, à nouveau, brusquement à la vue de ces hommes en habits de frise et de toile – et mon cœur appelle ce je ne sais quoi que j'ai connu et que je voudrais reposséder.

C'est jour de marché. Nous prenons le Largo Carlo-Felice, la deuxième trouée de l'avenue : boulevard vaste et très court, comme une impasse. Cagliari est ainsi toute de bric et de broc. Près du trottoir se trouvent plusieurs étals ; on y vend des peignes, des boutons de manchettes, des miroirs bon marché, des mouchoirs, de la camelote de Manchester, de la toile à matelas, du cirage, de la méchante vaisselle, etc., etc. Mais nous voyons aussi Madame de Cagliari qui se rend au marché accompagnée d'une servante portant un énorme panier d'alfa, ou qui revient du marché, suivie d'un petit garçon soutenant sur sa tête un de ces énormes paniers d'alfa pareils à d'énormes assiettes, où s'amoncellent le pain, les œufs, les légumes, un poulet et ainsi de suite. Nous suivons donc Madame à son marché et nous nous trouvons dans le vaste marché couvert tout illuminé du rayonnement des œufs. Ils sont placés dans ces grands paniers ronds d'alfa doré. Mais il y en a des piles, des tas, des montagnes ! Une Sierra Nevada d'une blancheur incandescente ! Comme ils rayonnent ! Je ne l'avais jamais remarqué auparavant. Il en émane un resplendissement nacré, une sorte de tiédeur. Une chaleur de nacre dorée. Des myriades d'œufs, des avenues d'œufs rayonnants !

Et ils sont taxés à 60 centimes, 65 centimes. Ah ! s'écrie la « reine-abeille ». Il faut que je vive à Cagliari. En Sicile les œufs coûtent 1 fr. 50 pièce.

C'est le marché à viande, volaille et pain. Il y a des étals de pain frais, brun et luisant, de formes variées. Il y a de minuscules étals de merveilleux gâteaux du pays que

j'ai envie de goûter. Beaucoup de viande et de chevreau.
Et des étals de fromages de toutes sortes, de toutes formes,
dans tous les blancs : du blanc-crème au jaune jonquille :
fromage de chèvre, fromage de brebis, fromage suisse,
parmesan, stracchino, caciocavallo, torolone et combien
d'autres dont j'ignore le nom ! Mais ils ont à peu près le
même prix qu'en Sicile : 16 fr., 20 fr., 25 fr. le kg. Et du
jambon délicieux à 30 et 35 fr. le kg. Mais la plus grande
partie du beurre est mise en conserve à Milan. Il coûte
aussi cher que le beurre frais. Il y a des piles splendides d'olives noires salées et d'immenses bols d'olives
vertes salées. Il y a des poulets, des canards et du gibier
sauvage, à 11, 12 et 14 fr. le kg. Il y a de la mortadelle
– l'énorme saucisson de Bologne – aussi grosse qu'une
colonne d'église, 16 fr. Et diverses espèces de saucissons,
des *Salami*, à manger en tranches. Une merveilleuse
abondance de vivres lumineux et rayonnants. Nous arrivons un peu tard pour le poisson, surtout aujourd'hui
Vendredi. Mais un homme, nu-pieds, nous propose deux
étranges choses pêchées dans la Méditerranée qui regorge
de monstres marins.

Les paysannes sont assises derrière leur marchandise
dans leurs énormes jupes bouffantes, tissées à la main et
bariolées. Les paniers jaunes luisent doucement. Nouvelle
sensation de profusion, mais hélas, pas de sensation de
bon marché, sauf pour les œufs. De mois en mois les
prix montent.

– Il faut que je vienne vivre à Cagliari pour y faire
mon marché – dit la « reine-abeille ». – Il faut que j'aie
un de ces grands paniers d'alfa.

Nous descendons vers la petite rue ; mais nous apercevons d'autres paniers fermés qui émergent au-dessus
d'une large volée de marches de pierre. Nous y allons

donc et nous nous trouvons dans le marché aux légumes.
La joie de la « reine-abeille » redouble. Des paysannes,
parfois nu-pieds, y sont assises, avec leurs petits corsages
serrés et leurs amples juges de couleur derrière des piles
de légumes. Et je n'ai jamais vu étalage plus ravissant.
L'intense vert foncé de l'épinard semble y prédominer.
Il s'en détache des monuments de choux-fleurs laiteux et
pourpre-noir ; mais des choux-fleurs merveilleux, comme
des fleurs d'exposition. Les pourpres, en particulier,
sont intensément colorés, comme de gros bouquets de
violettes. Sur ce fond vert, blanc et pourpre, vibre le vif
rose-écarlate et le bleu cramoisi des radis – de gros radis
pareils à de petits navets en piles. Puis de longs et minces
artichauts gris-pourpre, des régimes de dattes, des piles
de figues blanches, farinées, de figues sombres et noires
et de luisantes figues sèches. Des paniers et des paniers de
figues. Quelques paniers d'amandes. Des noix énormes.
Des paniers plats de raisins du pays. Des piments écarlates comme des trompettes, du magnifique fenouil si
blanc, si gros, succulent – des paniers de pommes de
terre nouvelles, des choux-raves écailleux, des asperges
sauvages en bottes, des *sparacelli* à tête jaune, de grosses
carottes propres et charnues, des salades frisées au cœur
blanc, des grands oignons brun-rouge et puis, bien
sûr, des pyramides de grosses oranges, des pyramides
de pommes pâles et des paniers de mandarines toutes
brillantes avec leurs feuilles vert foncé. Ce monde de
fruits, de verdure, de couleurs et de lumières, je ne l'ai
jamais vu aussi splendide que dans le marché couvert de
Cagliari : si frais, si fastueux ! Et tout cela si bon marché
– le meilleur marché du monde – excepté les pommes
de terre. Les pommes de terre de toutes qualités valent
1 fr. 40 ou 1 fr. 50 le kilo.

– Oh! s'écrie la « reine-abeille », si je ne vis pas à Cagliari et si je n'y fais pas mon marché, je mourrai sans avoir réalisé un de mes vœux.

Mais à l'ombre, il fait froid cependant. Nous sortons dans la rue pour essayer de nous réchauffer. Le soleil brille avec force. Mais, hélas, comme dans la plupart des villes méridionales, les rues d'ici sont aussi sombres que des puits.

La « reine-abeille » et moi nous nous attardons aux rares rayons de soleil avant d'être engloutis par l'ombre. Nous regardons les magasins. Il n'y a pas grand'chose à voir. Dans l'ensemble, ce ne sont que de petites boutiques moisies de province.

Pas mal de paysans dans les rues et de paysannes en tenue assez ordinaire, corsage serré, robes bouffantes de toile tissée à la main ou de gros coton – dont les plus jolies sont en bleu-foncé et rouge, avec des rayures et des lignes qui s'entremêlent en sorte que tout le bleu se rassemble autour de la ceinture en une seule teinte, tandis que le rose-rouge se dissimule dans les myriades de plis. Mais quand elle se met à marcher avec sa jupe bouffante, la paysanne lance autour d'elle des éclairs rouges, comme un oiseau déployant son plumage. Cela fait très joli dans la rue sombre. Elle a un corsage simple, parfois une petite veste, de grandes manches blanches et d'ordinaire un foulard ou un châle librement noués. C'est une chose charmante que cette façon de marcher à petits pas rapides. On aura beau dire et beau faire, à mes yeux, la toilette féminine la plus attirante se compose d'un petit corsage serré et d'une jupe plissée, ample et vibrante au mouvement. Cela à un charme dont l'élégance moderne est totalement dépourvue : le charme ailé d'un jeu animé.

Elles sont charmantes, ces paysannes : si alertes, si défiantes. Elles ont le dos raide comme un petit mur et des sourcils décidés, aux lignes nettes. Et toujours sur le qui-vive. Non, aucune aguicherie orientale. Comme des oiseaux aigus et alertes, elles traversent la rue en flèche. On a l'impression qu'elles aimeraient mieux vous flanquer un coup sur la tête que de vous regarder. La tendresse, grâce à Dieu, ne semble pas être une qualité sarde. L'Italie est si tendre ! Comme du macaroni bouilli, avec ses mètres et ses mètres de molle tendresse qui engluent toute chose. Ici, les hommes n'idéalisent pas les femmes, à ce qu'il paraît. Ils ne font pas les grands yeux concupiscents, l'inévitable regard « Tout-à-vos-ordres » des mâles Italiens. Quand ces paysans regardent les femmes d'ici, c'est avec un air de dire « Tiens-toi bien, ma petite dame ». Je gagerais que l'adulation rampante de la Madone n'est pas une particularité sarde. Ces femmes-ci ont à se tenir sur leurs gardes, le dos raide et les poings durs. Que l'homme soit le Seigneur mâle, s'il le peut. La femme, de son côté n'est pas prête à lui passer toutes ses fantaisies. On la trouve donc ici, la belle coupure, antique et martiale, entre les deux sexes. Elle est tonique et splendide après le méli-mélo informe et collant de l'adulation italienne. Le Sarde n'est pas en quête de la « noble femme noblement créée ». Non, merci. Ce qu'il désire, c'est cette petite madame-là, avec la nuque raide de sa race. Beaucoup plus plaisante que le genre « noble », cette camelote creuse ! Plus plaisante aussi qu'une Carmen... Il y a chez ces femmes quelque chose de timide, de défiant et d'inapprochable. La splendide coupure défiante entre les deux sexes ! Chacun absolument résolu à défendre son bord. Ce qui donne à leur rencontre une saveur sauvage, salée, tant l'un reste formidablement inconnu à l'autre. Et quand de chaque côté, avec toute sa fierté et son courage natif, on prend le dangereux élan, c'est pour revenir en hâte sur ses positions.

Donnez-moi l'antique saveur salée de l'amour! Comme je suis écœuré du sentiment et de sa noblesse et de tout le gâchis gluant et larmoyant des adorations modernes.

On aperçoit quelques visages fascinants à Cagliari: de grands yeux sombres, sans lumière. Il y a de fascinants yeux sombres en Sicile: grands, brillants, avec un impudent point lumineux, un curieux glissement et de longs cils, les yeux de la Grèce ancienne, sûrement. Mais ici, on voit des yeux pleins d'une ombre douce et inexpressive, toute veloutée, dont ne jaillit nul malin génie, nulle espiègle lueur. On y discerne une note plus étrange, plus ancienne – celle d'un temps où l'âme n'avait pas encore pris conscience de soi, où la mentalité hellénique ne s'était pas encore révélée au monde. Lointaine, infiniment lointaine, comme si l'intelligence gisait au fond de sa caverne et n'en sortît jamais. On fouille dans ces ténèbres pendant la seconde que dure le regard, mais sans réussir à y atteindre la réalité. Elle se retire, comme une créature inconnue, toujours plus profondément dans son antre. Il y existe bien une créature sombre et puissante. Mais qu'est-elle?

Velazquez parfois ou Goya ont su rendre ces grands yeux parfaitement sombres. Ils sont accompagnés de belles toisons noires, presque aussi belles que de la fourrure. Je n'en ai pas vu de pareils au nord de Cagliari.

La «reine-abeille» découvre du coton à rayures bleues et rouges dont les paysannes font leurs robes. Une grande pièce sur le seuil d'une boutique sombre. Nous y entrons et le tâtons. Ce n'est que du gros coton souple et doux.

12 fr. le mètre. Comme la plupart des modèles paysans,
il est beaucoup plus compliqué et subtil qu'il ne semble
d'abord : le curieux agencement des rayures, leurs subtiles
proportions, le filet blanc laissé d'un côté seulement
de chaque large bande bleue. Les rayures, d'autre part,
courent au travers de l'étoffe et non dans le sens de la
longueur. Mais la largeur suffira pour une jupe. Quoique
les jupes paysannes aient à leur extrémité toute une bande
à rayures circulaires.

L'homme, qui a le type Esquimau simple, franc et
aimable – dit que l'étoffe est faite en France et que c'est la
première pièce qu'il reçoit depuis la guerre. C'est l'ancien
modèle – tout à fait correct, mais le tissu n'est pas *tout
à fait* aussi bon qu'avant. La « reine-abeille » en prend de
quoi se faire une robe.

Il nous montre également des cachemires orangés,
écarlates, bleu-ciel, bleu-roi – de beaux cachemires pure
laine qui expédiés à destination de l'Inde, furent saisis sur
un sous-marin allemand. C'est ce qu'il nous dit – 50 fr. le
mètre, très, très larges. Mais ils sont trop gênants à porter
dans un sac tyrolien quoique leur brillant fascine.

Nous nous promenons donc et regardons les magasins,
les filigranes d'or des bijoux paysans, une bonne librairie.
Mais il y a peu de choses à voir. Et, par conséquent, nous
nous demandons : irons-nous plus loin ?

Il y a deux moyens de remonter au nord de Cagliari :
la voie ferrée de l'État qui passe par l'ouest de l'île et le
chemin de fer secondaire à voie étroite qui la traverse par
le centre. Mais nous arrivons trop tard pour les grands
trains. Nous nous contenterons donc du train secondaire,
où qu'il aille.

Il y a un train à 2 h 30 qui nous mènera jusqu'à
Mandas, à quelque 75 km à l'intérieur. Quand nous

le disons au curieux petit serviteur de l'hôtel, il nous apprend qu'il est de Mandas et qu'il y a là-bas deux auberges. Après le déjeuner – tout au poisson – nous réglons notre note. Elle s'élève à une soixantaine de francs : trois bons repas chacun avec vin, et le logement de la nuit. C'est bon marché, en comparaison des tarifs actuels de l'Italie.

Satisfait de la simple et amicale *Scala di Ferro*, je mets mon sac à l'épaule et nous nous rendons à la deuxième gare. Le soleil est très chaud, cette après-midi. Brûlant près de la mer. La route et les bâtiments semblent tout à fait desséchés ; le port a son air las de bout du monde.

Il y a toute une foule de paysans dans cette petite gare. Et chaque homme ou presque – porte une paire de sacoches de selle – une grande lanière de laine grossière avec, à chaque bout, des poches plates bourrées d'emplettes. Ce sont à peu près les seuls sacs où ils rangent leurs affaires. Les hommes les passent sur leurs épaules, de sorte qu'ils ont une sacoche par devant, une autre par derrière.

Ces sacoches sont tout à fait fascinantes. Elles sont grossièrement tissées en bandes de laine brute, d'un noir tirant sur le roux, coupées de différentes bandes blanches de laine brute, de chanvre ou de coton. Les bandes et les rayures, de largeurs diverses, faisant carreaux. Et sur les bandes pâles sont parfois tissées des fleurs, dans des teintes absolument ravissantes, roses, rouges, bleues et vertes, modèle paysan – et parfois des animaux et des bêtes fantastiques en laine sombre. Si bien que ces sacoches zébrées, étonnamment gaies avec les teintes florales de leurs rayures ou bien étranges avec leurs animaux fantastiques en forme de griffons composent en elles-mêmes tout un paysage.

Le train ne comprend que des premières et des troisièmes classes. Le trajet en troisième classe, d'une centaine de km., jusqu'à Mandas, nous revient environ à 30 fr. pour les deux. Mêlés à la foule des joyeuses sacoches, nous entrons dans le wagon de bois aux multiples bancs.

Et – merveille des merveilles – ponctuellement, à la seconde précise, nous démarrons, laissant Cagliari derrière nous. Encore une fois, en route !

IV

MANDAS

La voiture est quasiment pleine de gens qui reviennent du marché. Dans ces chemins de fer, les voitures de 3ᵉ classe ne sont pas divisées en compartiments. Elles ne sont pas cloisonnées, en sorte qu'on y peut voir tout le monde, comme dans une chambre. Les attrayantes sacoches – *bercole* – étant déposées un peu partout, tout le monde s'installe et entame une *conversazione* animée. Tout compte fait, il est bien plus agréable, en train, de voyager en troisième classe. On y a de l'espace, de l'air, et l'impression d'être dans une auberge animée où tous les gens sont de bonne humeur.

Dans notre coin, il y a beaucoup de place. De l'autre côté du passage, est assis un couple d'un certain âge, qui retourne chez soi avec un contentement enfantin. Lui est gros, gros des pieds à la tête ; il a une moustache blanche et un petit froncement de sourcils point dépourvu d'aménité. Elle, est une grande femme maigre et brune en énorme robe marron à jupe bouffante et tablier noir à poche immense. Elle ne porte pas de coiffure, une raie partage ses cheveux lisses couleur gris-fer. Tous deux semblent contents et impressionnés d'être en train. Elle sort tout l'argent de sa grande poche, le compte et le donne à son mari : tous les billets de 10 lires, de 5 lires, de 2 lires, d'une lire ; elle inspecte les billets d'une lire, sales et chiffonnés, à verso rose, pour voir s'ils sont bons. Puis elle lui donne les sous. Il les pousse au fond de la poche de son pantalon, debout pour les enfoncer le long de sa grosse jambe. Nous voyons alors, à notre stupéfaction, que tout le bas de sa chemise pend par derrière, comme une sorte de tablier porté sur le dos. Pourquoi ? Mystère.

C'est un de ces gros hommes, braves et distraits aux sourcils un peu dominateurs – qui ont d'ordinaire de grandes femmes aux traits durs, maigres et soumises.

Ils sont très contents. Il nous voit avec stupéfaction nous verser du thé chaud du thermos. Je crois qu'il l'a soupçonné, lui aussi, d'être une bombe. Il a des yeux bleus et des sourcils blancs relevés.

– C'est bouillant ! quelle merveille ! fait-il en voyant la vapeur du thé. C'est l'inévitable exclamation : – Est-ce que ça vous fait du bien ?

– Oui – fait la « reine-abeille » – beaucoup. Ils acquiescent complaisamment. Ils rentrent chez eux.

Le train traverse la plaine paludéenne, dépasse les palmiers nains et des espèces de mosquées. À un passage à niveau, la garde-barrière surgit vigoureusement avec son drapeau rouge. Et nous pénétrons lentement dans le premier village. Maisons de brique-adobe séchée au soleil, murs épais de jardins en adobe, avec des saillies de tuiles pour garantir de la pluie. Dans les enclos, des orangers sombres. Mais ces villages à couleur, à sécheresse d'argile, ont un air étranger. Ils ne semblent faits que de terre – comme des terriers de renards ou des repaires de coyotes.

Derrière soi, on voit Cagliari dressée sur son roc, assez belle, et la mer plate comme une lame tout autour. Vue de cette plaine d'argile pâle, il est difficile de croire la mer réelle.

Mais bientôt nous commençons à gravir les collines. Et maintenant, les cultures deviennent intermittentes. C'est extraordinaire comme ces salubres collines de bruyère peuvent être proches de la mer – extraordinaire comme les grandes étendues de la Sardaigne sont broussailleuses et désertes. Ce sont des espaces sauvages où croissent la bruyère, des fourrés d'arbousiers et une espèce de myrte, s'élevant jusqu'à poitrine d'homme. Parfois l'on aperçoit quelques têtes de bétail. Puis ce sont de nouveau les terres arables, grisâtres où pousse le blé. Cela ressemble à la Cornouaille, au Finisterre anglais. Çà et là, dans le lointain, des paysans travaillent dans le paysage solitaire. Parfois, c'est un homme tout seul dans le lointain, si nettement visible dans son costume noir et blanc, petit, distant comme une pie solitaire et curieusement distinct. Toute l'étrange magie de la Sicile tient dans ce spectacle. Parmi les landes vallonnées, dans un creux lointain du vaste paysage, une silhouette solitaire, petite mais très nette, en noir et blanc, et qui travaille, toute seule, sempiternellement, semble-t-il. Carrés et vallées de terre à blé grise et fertile. La Sardaigne était naguère un vaste grenier.

D'ordinaire, cependant, le paysan du sud a abandonné son costume pour revêtir l'invisible habit gris-vert du soldat, le kaki italien. Où que l'on aille, où que l'on soit, on voit ce kaki, ce vêtement de guerre gris-vert. Combien de millions de mètres de cette épaisse étoffe, excellente – mais haïssable – le gouvernement italien a-t-il dû fournir? Je ne sais. De quoi couvrir, en tout cas, l'Italie entière d'un tapis de feutre, je le gagerais bien. On le trouve partout. Il engaine les marmots dans des robes et des vestes rigides, il couvre et efface leurs pères et parfois même il entoure les femmes de sa chaleur. Il symbolise la brume universelle qui s'est posée sur l'humanité, l'effacement de toute brillante individualité, l'oblitération de toute farouche unicité. Oh, démocratie! Oh, démocratie kaki!

Grande différence avec le paysage italien. L'Italie est toujours quasi-dramatique et, peut-être, invariablement idyllique. Il y a du drame dans les plaines de Lombardie, de l'idylle dans les lagunes vénitiennes et une beauté pure dans presque toutes les régions vallonnées de la péninsule. Peut-être cela est-il dû à la naturelle luxuriance des formations calcaires. Mais le paysage italien est vraiment un paysage XVIIIe siècle dont le style romantico-classique rend si bien les motifs merveilleux et stéréotypés: acqueducs, ruines sur des montagnes en pain de sucre, ravins abrupts et cascades à la Wilhelm Meister – tout en accidents.

La Sardaigne est tout autre. Beaucoup plus vaste, beaucoup plus ordinaire, sans accidents, elle s'étale à l'infini. Des crêtes quelconques de landes ballonnées s'enfuient, peut-être vers un groupe de pics dramatiques au sud-ouest. Cela donne un sentiment d'espace dont on est tellement privé en Italie. Le merveilleux espace autour de soi, les distances traversées... rien de fini, rien de final. C'est la liberté même, après l'emprisonnement des pics siciliens. De la place – donnez-moi de la place – de la place pour mon âme, et je vous laisse tous les charmes et tous les vertiges de vos précipices.

Nous filons donc parmi l'or de l'après-midi, au milieu d'un vaste paysage de collines presque celtiques. Notre train se tortille agilement et lance gaiement sa fumée. Mais les bruyères et le maquis, hauts jusqu'à ceinture, jusqu'à tête d'homme, sont trop vigoureux, trop «repaire-de-brigands» pour être celtiques. Les cornes d'un bétail noir et sauvage y apparaissent parfois.

Grande secousse. Nous arrivons dans une gare après avoir parcouru une étendue déserte. On dirait chaque fois que plus loin il n'y aura rien, plus d'habitation. Et chaque fois nous arrivons dans une nouvelle gare.

Comme des hommes en cabriolet qui descendent à chaque auberge, les voyageurs vont prendre l'air à chaque gare. Notre gros ami se lève, rentre confortablement l'extrémité de sa chemise dans son pantalon – lequel pantalon nous tient tout le temps en haleine, car il menace à chaque moment de tomber. Après quoi, il descend lourdement, suivi de sa longue asperge de femme.

Le train se repose confortablement, cinq ou dix minutes, à la façon des trains. Puis nous entendons sifflets et cornes – et notre vieil ami qui court et s'agrippe comme un gros crabe tout au bout du train qui démarre! Au même instant, grand cri aigu et clameur. Nous bondissons tous et voyons, là-bas, sur la voie ferrée, sa longue asperge de femme!

Elle était allée à quelques centaines de mètres de là, dire bonjour à des gens... et voici que le train part! Regardez-la maintenant qui lance ses bras au ciel, et qui crie d'une voix sauvage «Madonna!» au-dessus de tout le brouhaha. Mais, relevant ses jupes jusqu'au genou, elle s'élance comme une folle, sur ses maigres jambes, derrière le train. En vain. Inexorablement, le train poursuit sa course. Bondissante, elle atteint un bout du quai alors que nous en quittons l'autre. Alors elle se rend compte que le train ne va pas s'arrêter pour elle. Et, horreur! elle jette ses longs bras vers le train qui s'enfuit, en un geste de supplication sauvage – puis les lance en l'air vers Dieu – et enfin, au comble du désespoir, les rabat sur sa tête. Et la dernière vision que nous avons d'elle, c'est celle d'une pauvre femme se prenant la tête de douleur et courant toujours. Elle reste derrière nous... abandonnée.

Son pauvre gros mari est resté tout le temps sur le marchepied de la dernière voiture, à lui tendre la main, à lui crier des imprécations frénétiques et à hurler frénétiquement au train de s'arrêter. Et le train ne s'est pas arrêté. Et elle reste derrière nous, abandonnée, dans cette gare perdue, sous la lumière déclinante.

Le visage tout brillant, les yeux ronds et brillants comme des étoiles, absolument transfiguré par la consternation, le chagrin, la colère et la détresse, il revient donc prendre sa place, bouillonnant, privé de voix. Il est presque beau, ainsi, dans le feu de ses émotions contradictoires. Il reste quelque temps comme inconscient, perdu au milieu de tous ses sentiments. Puis la colère et le mécontentement succèdent brusquement à sa consternation. Il se retourne en lançant des éclairs vers le contrôleur à long nez, à l'air insidieux et phénicien. Pourquoi n'a-t-on pas arrêté le train pour elle? Alors, comme sous l'effet d'une allumette, l'autre explose instantanément. «Heh! le train ne peut pas s'arrêter pour faire plaisir à tout le monde! Un train est un train – et un horaire, un horaire. Qu'est-ce que c'est que cette envie de se balader le long de la voie? Heh! La voilà punie de son étourderie. Est-ce qu'elle a payé le train, heh!», tandis que le gros homme, sans l'écouter, lui décoche des réponses qui tombent dans le vide.

« Une minute... rien qu'une minute... si lui, le receveur, l'avait dit au mécanicien ! Si lui, le receveur avait crié un peu ! Pauvre femme ! Pas d'autre train ! que va-t-elle faire ? Son billet ? Et pas d'argent. Pauvre femme... »

Il y a un train pour Cagliari ce soir, dit le receveur, ce qui manque faire éclater le gros homme hors de ses habits, comme une graine de sa gousse mûre. Il bondit sur son siège. À quoi ça l'avancerait ? À quoi ça l'avancerait de retourner à Cagliari, quand ils habitent Snelli ! C'est encore pire...

Ils bondissent donc, dansent et discutent tout leur soûl. Puis le receveur se retire avec ce sourire subtil qu'ils ont dans le métier. Notre gros ami nous regarde de ses yeux ardents, pleins de colère, de honte et de peine, et dit que c'est une honte. Oui, reprenons-nous en chœur, c'est une honte. Là-dessus, une demoiselle aux airs importants, qui prétend venir d'un collège de Cagliari, s'avance et lui pose un certain nombre de questions impertinentes sur un ton de sympathie supérieure. Après quoi notre ami, laissé seul, couvre de ses mains son visage malheureux et, tout à ses tristes réflexions, tourne le dos au monde.

Tout cela a été si dramatique que nous n'avons pu nous empêcher de rire, tandis que la « reine-abeille » verse quelques larmes.

Eh bien, le voyage dure des heures. Nous arrivons à une gare et le contrôleur nous dit de descendre : ces voitures ne vont pas plus loin. Deux wagons seulement remontent jusqu'à Mandas. Nous descendons alors avec nos hardes, et notre gros ami avec sa sacoche, tel l'image de la misère.

Le wagon dans lequel nous pénétrons est plutôt bondé. L'autre wagon est réservé en majeure partie aux premières classes, le reste du train aux marchandises. Nous ne sommes que deux insignifiants wagons de voyageurs en queue d'une longue file de fourgons.

Il y a une place libre. Nous l'occupons donc, mais pour nous apercevoir, au bout de cinq minutes, qu'une maigre vieille avec deux enfants – ses petits-enfants – ronchonne tant qu'elle peut parce que c'est sa place. Pourquoi l'a-t-elle quittée ? Elle ne nous le dit pas. Et sous mes jambes il y a son ballot de pain. Elle en perd quasiment la tête. Et au-dessus de ma tête, sur le petit filet, il y a sa *bercola*, sa sacoche. De gros soldats en rient avec bonhomie ; mais elle s'agite et bat des ailes comme une vieille poule acariâtre et déplumée. Comme elle a une autre place et qu'elle y est à l'aise, nous sourions et la laissons ronchonner. Alors, elle saisit de ses mains crochues le pain qui est sous mes pieds et, agrippant son ballot d'un côté, un gros bambin, de l'autre, se rasseoit toute crispée.

Il commence à faire très sombre. Le contrôleur arrive et nous annonce qu'il n'y a plus de pétrole. Si le contenu des lampes s'épuise, nous devrons rester dans l'ombre. Il n'y a plus de pétrole sur toute la ligne. Puis il grimpe sur les banquettes et, après s'être longuement escrimé avec la lampe, tandis que divers garçons frottent des allumettes, parvient à en tirer une lumière grosse comme un pois. Assis dans ce clair-obscur, nous regardons les visages creusés d'ombre de nos compagnons, le gros soldat avec son fusil, le beau soldat avec ses énormes sacoches, l'étrange petit homme sombre qui passe et repasse un bébé à une puissante femme qui a un linge blanc autour de la tête, une grande paysanne en costume qui descend brusquement dans une gare sombre et en rapporte, triomphante, un morceau de chocolat ; un jeune homme exalté qui nous dit le nom de toutes les gares. Et l'homme qui crache : il y en a toujours un. Peu à peu la foule s'éclaircit. À une certaine gare, nous voyons s'en aller notre gros ami, amèrement, comme une âme trahie, une grosse sacoche par devant, une autre par derrière, inconsolé... inconsolable. Le pois lumineux de la lampe à pétrole se réduit. Nous sommes assis dans une obscurité incroyable, parmi une odeur de mouton et de paysan – avec notre gros jeune homme stoïque qui nous dit chaque fois où nous sommes. Les autres visages imprécis sombrent bientôt dans un grand silence morne. Certains s'endorment. Et le petit train file dans les ténèbres de la Sardaigne inconnue. De désespoir, nous buvons notre dernière goutte de thé et nous mangeons notre dernière croûte de pain. Nous savons que nous finirons bien par arriver.

Il n'est guère plus tard que 7 h quand nous entrons à Mandas. Mandas est une gare d'embranchement où ces petits trains se reposent pour faire une bonne causette joyeuse après la montée ardue des collines. Il nous a fallu quelque chose comme 5 heures pour faire 75 km. Il est donc tout naturel que, dès que la gare apparaît enfin en vue, tout le monde bondisse du train comme des graines hors de leur gousse et s'élance en quête de quelque chose... vers le restaurant de la gare, bien sûr. Voilà pourquoi ce petit restaurant fait de bonnes affaires. On peut y trouver un lit.

Une femme très agréable derrière le petit bar : brune, avec des cheveux bruns séparés au milieu, des yeux marrons, un teint bruni, hâlé et un corsage serré, de veloutine marron. Bougie en main, elle nous conduit dans l'étroit escalier de pierre en colimaçon, pareil à un

escalier de forteresse, et nous introduit dans la chambre
à coucher. Affreuse odeur rance des chambres fermées.
Nous ouvrons d'un coup la fenêtre : de grandes étoiles
givrées grondent férocement dans les cieux.

La chambre contient un énorme lit, suffisant pour huit
personnes et tout à fait propre. Et la table sur laquelle
est posée la bougie est vraiment couverte d'une nappe.
Mais quelle nappe ! Je crois qu'elle avait dû être blanche
à l'origine, mais aujourd'hui c'est une telle collection de
trous rongés par le temps, de lamentables pâtés d'encre
et de misérables taches de vin défuntes, qu'elle ressemble
à un linge de momie de l'an 2000 avant J.-C. Je me
demande si on peut l'ôter de la table ou si elle s'y est
momifiée ! Mais en tout cas, je préfère ne point l'essayer.
Cette nappe m'impressionne pourtant ; elle me révèle
des métamorphoses que je n'aurais jamais imaginées...
une nappe !

Nous prenons les escaliers de forteresse et descendons à
la salle à manger. Il y a une longue table avec des assiettes
creuses renversées. Une lampe à acétylène jette sa flamme
mystérieuse et nue. Nous nous asseyons à la table froide
et la lumière se met aussitôt à baisser. La salle – et toute la
Sardaigne, en fait – est d'une froidure de pierre, de pierre !
Dehors, la terre gèle. Dedans, pas le moindre soupçon
de chaleur. Un sol de caveau, des murs de caveau, une
atmosphère engourdie, comme cadavérique, trop lourde
et trop glaciale pour permettre le mouvement.

La lampe s'éteint et la « reine-abeille » pousse un
cri. La femme brune passe la tête par un trou du mur.
Derrière elle, nous voyons les flammes de la cuisine et
deux silhouettes diaboliques remuant des marmites.
La femme brune entre, secoue la lampe qui ressemble à un
vase de cheminée ventru, la re-secoue, remue le carbure

et la fait marcher de nouveau. Puis elle revient avec un bol de soupe aux choux fumante où trempe du macaroni. Est-ce que nous voulons du vin? Je frissonne à l'idée du vin glacial du pays et lui demande s'il n'y a rien d'autre. Il y a de la *malvagia* – de la malvoisie – la liqueur où se noya le duc de Clarence. Nous en prenons donc une pinte – qui nous fait du bien. Du moins commençons-nous à le penser lorsque la lampe s'éteint de nouveau. La femme brune revient, la secoue, lui donne quelques tapes et la remet en marche. Mais comme pour lui dire «Tu ne m'auras pas!» l'autre rentre brusquement dans l'obscurité.

Alors vient l'hôtelier avec une bougie et une aiguille – un grand Sicilien jovial à moustaches tombantes. Et il se met à perforer la coquine de part en part avec son aiguille, à la secouer et à tourner de petites vis. La flamme jaillit alors. Nous sommes un peu nerveux. Et tout d'un coup, il nous demande, l'œil brillant, si nous sommes socialistes. Aha, il s'apprêtait à saluer en nous des citoyens et des camarades. Il nous prenait pour un couple d'agents bolchevistes. Je vois ça déjà. Et comme tels, il se préparait à nous embrasser. Mais non, la «reine-abeille» décline cet honneur. Je me contente de sourire et de secouer la tête. C'est dommage de priver les gens de leurs exaltantes illusions.

– Ah, il y a trop de socialisme partout, s'écrie la «reine-abeille».

– Ma... peut-être, peut-être... fait le discret Sicilien.

Trouvant le joint, elle ajoute:

– *Si vuole un pochettino di socialismo*, il faut un petit peu de socialisme dans le monde, un tout petit peu. Mais pas beaucoup. Pas beaucoup. À présent il y en a trop.

Notre hôtelier, médusé d'entendre parler de son credo sacré comme d'une dose de sel à verser dans le potage,

persuadé que la « reine-abeille » lui jette de la poudre
aux yeux et tout à fait intrigué par toute l'astuce qu'il
nous suppose, se retire bientôt. Il n'a pas plutôt disparu
que la flamme de la lampe jaillit de toute sa force et se
mit à siffler. La « reine-abeille » bondit en arrière. Mais
ce n'est pas tout ; voici que la lampe jette une autre
flamme autour du bec, comme un lion qui se fouetterait
de sa queue. Troublés nous nous en écartons. La « reine-
abeille » lance un nouveau cri et l'hôtelier revient avec
un sourire subtil, une aiguille, un air de bienveillance et
dompte la brute.

Qu'y a-t-il encore à manger ? Une tranche de porc frit
pour moi, des œufs à la coque pour la « reine-abeille ».
Comme nous nous y mettons, pour compléter les plaisirs
de la soirée, entrent trois employés de chemin de fer ;
deux en képi rouge, un en képi noir et or. Ils s'asseoient
à table bruyamment avec leurs képis, comme séparés de
nous par un invisible paravent. Ils sont jeunes. Le képi
noir est maigre et sardonique, l'un des deux képis rouges
est petit, rougeaud, tout jeune et porte de petites moustaches. Nous le baptisons *maialino*, le joyeux petit cochon
noir, tant il est dodu, gros-plein-de-soupe et frétillant.
Le troisième est pâle, plutôt bouffi et porte des lunettes.
Ils ne nous offrent pour ainsi dire que le côté absent de
leur visage et semblent nous faire sentir que non, ils ne
vont pas ôter leur coiffure même s'ils partagent la table
avec une signora étrangère et ils se lancent de grosses rail-
leries, toujours comme s'ils étaient de l'autre côté d'un
invisible paravent.

Pourtant, décidé à écarter ce paravent, je leur dis :
bonsoir, il fait froid. Ils marmottent : bonsoir, oui, il fait
frais. Un Italien ne dit jamais qu'il fait froid, il ne fait

jamais que *fresco*. Mais dans cette allusion au froid, ils voient une allusion à leurs képis et restent très silencieux jusqu'à ce que la femme rentre avec la soupe. Alors, ils lui demandent à grands cris – en particulier le *maialino* – ce qu'il y a à manger. Elle leur dit : des biftecks de porc. Sur quoi, leurs figures s'allongent. Ou des morceaux de porc bouilli. Ils soupirent, prennent un air mélancolique, puis, se ressaisissant, disent : des biftecks alors.

Puis ils attaquent la soupe. Et jamais je n'entendis plus joyeux trio d'avaleurs de soupe. Ils l'aspirent de leur cuillère en longues gorgées pleinement savourées. Le *maialino* fait le soprano ; il déglutit sa soupe dans une rapide vibration de trilles – interrompue par des morceaux de choux – qui font frémir de nouveau la lampe. Képi-noir fait le baryton : il rend un bon ronflement liquide. Et l'homme à lunettes fait la basse avec ses soudains engloutissements abysmaux. Le concert est mené par le long trille du *maialino*. Puis, tout à coup, pour varier un peu son thème, tenant d'une main sa cuillère dressée, il se met à bâfrer une énorme bouchée de pain et l'avale avec un clap-clap-clap de la langue contre le palais. Enfants, nous appelions ça : « clapper ».

– Maman, elle « clappe », m'écriai-je, irrité contre ma sœur. En allemand cela se dit *schmatzen*.

Le *maialino* « clappait » donc comme une paire de cymbales, tandis que le baryton et la basse l'accompagnaient de leur ronflement. Puis le clair soprano vibrant rentra dans le chœur.

À cette allure, la soupe ne devait pas faire long feu. Avec l'arrivée des biftecks de porcs, ce fut alors un trio de castagnettes et de cymbales. Le *maialino* jetait des regards triomphants autour de lui. Il battait tous les records sonores.

Le pain du pays est un pain bis assez grossier à croûte dure, très dure. Sur chaque serviette humide il y en a un gros bloc. Le *maialino* fend le sien en deux et grommelle contre le képi-noir qui a une drôle d'espèce de pain blanc à trois cornes – d'un blan d'amidon. Il fait du chiquet avec son pain blanc.

Brusquement képi-noir se tourne vers moi. D'où venons-nous, où allons-nous et pourquoi ? Mais sur un ton laconique, sardonique.

– J'aime bien la Sardaigne, s'écrie la « reine-abeille ».

– Pourquoi ? fait-il, sarcastique.

Elle essaie d'en trouver la raison.

– Oui, les Sardes me plaisent plus que les Siciliens, dis-je.

– Pourquoi ? fait-il, sarcastique.

– Ils sont plus ouverts, plus honnêtes.

Il baisse le nez, semble-t-il.

– Le padrone est Sicilien, fait le *maialino*, en se bourrant d'un énorme bloc de pain et en roulant ses yeux insouciants de joyeux petit cochon bien nourri vers le fond de la pièce.

Nous étions bien tombés !

– Vous avez vu Cagliari ? me lance le képi-noir, comme une menace.

– Oui ! oh Cagliari me plaît. Cagliari est magnifique ! s'écrie la « reine-abeille »...

– Oui, Cagliari est comme-ci, comme-ça. Cagliari n'est pas mal, dit le képi-noir. Cagliari *è discreta*.

Il en est manifestement fier.

– Est-ce que Mandas est bien ? demande la « reine-abeille ».

– Bien, dans quel sens ? font-ils, sarcastiques.

– Y a-t-il quelque chose à y voir?

– Des poules! fait laconiquement le *maialino*. La question de la «reine-abeille» les a tout hérissés.

– Et qu'est-ce qu'on y fait? continue-t-elle.

– *Niente!* À Mandas on ne fait rien. À Mandas on rentre se coucher comme des poules dès la nuit tombée. À Mandas on se promène sur la route comme un cochon qui ne sait où il va. À Mandas, une chèvre a plus d'intelligence que tous les habitants réunis. À Mandas, il faut du socialisme...

Ils crient tous à la fois. Il est évident que Mandas est un sujet qui exaspère la patience de nos trois conspirateurs.

– Alors, vous vous ennuyez ferme ici, dis-je.

– Oui.

Et la tranquille intensité de ce «oui» seul en dit plus long que des volumes.

– Vous aimeriez être à Cagliari?

– Oui.

Un silence intense, sardonique, tombe sur nous. Les trois hommes se regardent et font un amer jeu de mots sur Mandas.

Puis le képi-noir se tourne vers moi:

– Comprenez-vous le sarde? fait-il.

– Un peu. Plus que le sicilien, en tout cas.

– Mais le sarde est plus difficile que le sicilien. Il est plein de mots tout à fait inconnus de l'Italien.

– Oui, mais – lui dis-je – il se parle franchement, en mots simples, alors que le sicilien se débite tout à la fois, sans que les mots se détachent.

Il me regarde comme si j'étais un imposteur. Pourtant, c'est vrai. Je trouve très facile de comprendre le sarde. En vérité, c'est davantage pour moi une question de rapports humains que de vocabulaire. Le Sarde me semble franc, viril, entier. Le Sicilien est gluant, évasif, comme s'il ne voulait pas vous parler en face. Le fait est qu'il ne vous parle pas en face. C'est une âme surcultivée, sensible, antique, dont l'esprit a tant de facettes qu'il en perd son unité. Le Sicilien a douze esprits, il le sait et en souffre. Pour lui, se limiter à l'un d'entre eux, c'est se jouer purement et simplement de soi et de son interlocuteur. Le Sarde, par contre, semble posséder encore un esprit entier. Moi je réagis violemment contre la foi aveugle en un socialisme à tout crin ; par exemple ; le Sicilien, lui, a trop de culture derrière lui pour l'accepter tout entier. Il est trop vieux, trop *rusé** pour ne pas avoir une attitude compliquée à l'égard de n'importe quel credo. Il partira en fusée – puis nourrira de l'amertume et du scepticisme à l'égard de sa propre ardeur. On sympathise avec lui, rétrospectivement. Mais, dans la vie quotidienne, ce n'est pas tenable.

– Où trouvez-vous du pain aussi blanc ? dis-je au képi-noir, parce qu'il en est fier.

– Il vient de chez moi.

Puis il nous questionne sur le pain de Sicile. Est-ce qu'il est plus blanc que ça (le rocher de Mandas) ? Oui, un peu plus blanc. Et ils retombent dans leur mélancolie. C'est pour eux un sujet d'irritation que ce pain. Le pain représente beaucoup pour l'Italien. Il en fait réellement la base de sa nourriture. Il vit pratiquement de pain. Et au lieu de s'en rapporter à son goût, il s'en rapporte maintenant, comme tout le monde, à sa vue. Il s'est mis en tête que son pain devrait être blanc. Au point qu'il lui suffit de se l'imaginer plus foncé pour que son âme s'en assombrisse. Aussi bien, n'a-t-il pas tout à fait tort. Car, si personnellement, je n'aime plus le pain blanc, je tiens à ce que mon pain bis soit fait de pure farine non mélangée. Les paysans de Sicile qui conservent leur froment et pétrissent leur farine, ah, c'est surprenant à quel point leurs pains semblent frais, doux et *propres!* Et si parfumés! Comme le pain de maison d'avant guerre. Tandis que le pain communal réglementaire est dur, grossier, mal travaillé et râpeux au palais. On s'en lasse mortellement. Je le soupçonne d'être additionné de farine de maïs. Mais je n'en suis pas sûr. Et finalement le pain varie énormément avec les villes et les communes. La distribution soi-disant équitable est un trompe-l'œil. Tel endroit a du bon pain en abondance, tel autre se débat dans les restrictions d'un rationnement de grossière qualité. Et les pauvres souffrent beaucoup de ces restrictions, car le pain est si important pour eux. Ils disent que l'inégalité et l'injustice des distributions sont imputables à la Camorra – *la grande Camorra* – qui n'est actuellement qu'un cartel de profiteurs, que les pauvres détestent. Mais, pour ma part, je ne sais trop. Je sais seulement que telle ville – Venise par exemple – parait jouir d'un inépuisable stock de pain blanc, de sucre, de tabac, de sel – tandis que Florence est en perpétuelle effervescence au sujet du rationnement de ces denrées, qui sont pourtant le monopole du gouvernement et répartis selon les besoins.

Nous disons bonne nuit à nos trois amis et montons nous coucher. À peine sommes-nous dans la chambre que la femme brune vient frapper à notre porte, et, s'il vous plait, le képi-noir nous a envoyé un de ses petits pains blancs. Nous en sommes vraiment touchés. Ces petites générosités délicates se perdent de plus en plus.

C'est un bizarre petit pain à trois cornes, presque aussi dur qu'un biscuit de marin et fait de farine d'amidon. À proprement parler, ce n'est nullement du pain.

La nuit est froide, les couvertures plates et lourdes, mais nous dormons très bien jusqu'à l'aube. À 7 heures du matin, il fait clair et froid, le soleil ne s'est pas levé. Je vais à la fenêtre de la chambre à coucher jeter un coup d'œil dehors et je n'en puis croire mes yeux tant cela ressemble à l'Angleterre, aux régions désolées de la Cornouaille ou aux plateaux du Derbyshire. Il y a un petit jardin derrière la gare, assez délabré, avec deux moutons ; plusieurs dépendances à l'air abandonné, tout comme en Cornouaille. Puis la large route campagnarde qui s'étire, désolée, entre une bordure d'herbe et des murs bas de pierre sèche vers une ferme grise flanquée d'une touffe d'arbres et, dans le lointain, un village de pierre nue.

Un soleil jaune se lève et le pays pâle s'enveloppe d'un frémissement bleuâtre et frileux. Les pentes vertes des collines basses sont divisées en lopins par des murettes de pierre sèche et des fossés. Çà et là, une grange de pierre s'élève solitaire ou accompagnée de quelques arbres nus et venteux. Deux chevaux d'hiver à robe râpeuse paissent l'herbe râpeuse, un garçon passe sur la route large et nue bordée d'herbe, avec deux bidons de lait, surgi de l'inconnu... Et tout cela ressemble à la Cornouaille ou à un coin d'Irlande au point que ma vieille nostalgie des terres celtiques se réveille en moi. Ah ! ces vieux murs secs qui coupent les champs... pâles et granitiques ! Ah ! l'herbe triste, sombre, le ciel nu ! les chevaux perdus dans le petit matin hivernal ! L'étrangeté du paysage celtique est beaucoup plus émouvante et troublante que tous les charmes et toutes les délices de l'Italie et de la Grèce. Avant que le rideau de l'histoire ne se levât, on sent que le monde était ainsi – qu'il avait cette nudité, cette âpreté, cet air celtiques. Mais peut-être ce paysage-ci n'est-il pas celtique du tout : ibère, peut-être. Il n'y a rien de moins satisfaisant que la notion que nous nous faisons du celtique. Je pense qu'il n'y eut jamais de Celtes, en tant que race. Quant aux Ibères... !

Quelle merveille de descendre sur la route glacée, de voir l'herbe bleuâtre de gelée, dans l'ombre, ou fondant aux premiers rayons du soleil jaune d'hiver, dans un froid étincellement de rosée ! Quelle merveille que cet air froid, bleuâtre et ces choses qui se dressent dans le lointain froid. Après deux hivers méridionaux, perpétuellement fleuris de roses, cette pâleur sévère et cette touche de gelée dans le matin cristallin me montent à la tête comme une griserie. Je suis si content sur cette route solitaire et nue ; je ne me tiens plus de joie. Je descends dans les petits fossés herbeux creusés sous les murs de pierres non cimentées, je marche sur la petite crête d'herbe, le petit talus sur lequel le mur est bâti, je traverse la route parsemée de bouses de vache. Et le sol est si familier à mes *pieds*, que son simple contact me transporte comme une découverte. Et je me rends compte que je déteste le calcaire – vivre sur du marbre, des terrains calcaires, des rochers calcaires. Je les déteste. Ce sont des rochers morts, ils n'ont pas de vie, ils ne font pas frémir mes pieds. Je leur préfère même le grès. Mais le granit ! Le granit est mon préféré. Il est si vivant sous les pieds. Il a une façon si discrète de briller. J'aime sa rondeur et je déteste la sécheresse déchiquetée du calcaire qui brûle et s'effrite au soleil.

Après avoir atteint un puits profond creusé dans une pelouse parmi les vastes terrains qui bordent la route, je retourne par les hautes terres nues et ensoleillées vers la gare rose et ses dépendances. Une locomotive envoie de blancs nuages de fumée dans la lumière neuve. Au loin, il y a même, à gauche, une rangée de maisonnettes pareilles

à des habitations de cheminots. Vision étrange et familière. Et les alentours de la gare sont vagues et plutôt
misérables. Je pense à notre hôtelier sicilien.

La femme brune nous donne du café, un lait de chèvre
très fort et très riche et du pain. Après quoi, nous sortons,
une fois de plus, la « reine-abeille » et moi, vers le village.
Elle aussi tressaille et respire profondément. Elle aussi
éprouve l'espace autour d'elle et la liberté de remuer les
membres. Une sensation qu'on ne connaît pas en Italie
ni en Sicile, où tout est si classique et fixé.

Le village même n'est qu'une longue rue tortueuse
assez sombre avec des maisons, des boutiques et une
forge. Cela pourrait être un village de Cornouaille,
mais pas tout à fait. Quelque chose – je ne sais quoi –
y rappelle le grand éblouissement brûlant de l'été. Et
puis, d'ailleurs, il y manque la note intime que les roses
grimpantes, les buissons de lilas, les villas et les meules de
foin donneraient à un paysage anglais. Ici, tout est plus
dur, plus rigide, plus nu, plus morne. Un vieil homme
en blanc et noir sort d'une bicoque. Le boucher porte un
énorme quartier de viande. Les femmes nous lorgnent
– mais leur regard plus furtif et plus réticent n'a pas
l'affolante fixité que l'on rencontre en Italie.

Poursuivant notre chemin, nous descendons la rue
raboteuse et grossièrement pavée jusqu'au bout du
village. Émergeant de l'autre côté, après avoir dépassé la
dernière maisonnette, nous nous trouvons de nouveau
face à la rase campagne, sur la pente douce de la colline
ondulée. Le paysage se prolonge de la même façon :
hautes terres faiblement ondulées, vagues sous le soleil
jaune du matin de janvier ; barrières de pierre ; champ
en terre arable grise ; un homme qui laboure lentement,

lentement avec un poney et une vache rouge sombre ; la route qui serpente déserte dans le lointain, puis, l'unique note violemment inattendue : le cimetière clos, posé, à l'extérieur, sur la pente douce d'une colline – clos de tous côtés, tout enserré dans ses hauts murs. À l'intérieur de l'enceinte, les dalles de marbre pareilles à des tiroirs fermés, toutes blanches et le mur a l'air d'une commode ou d'un boulin à nicher les morts. Des touffes de cyprès plumeux s'élèvent parmi les tombes plates de l'enceinte. Dans le Sud, les cimetières sont murés et très strictement isolés. Les morts y sont pour ainsi dire parqués à l'étroit. Leurs tombes ne se disséminent pas sur la face du pays. Ils sont confinés dans un étroit bercail, où des cyprès s'engraissent de leurs os. C'est là l'unique note absolument étrangère du paysage. Mais par-dessus tout, on a le sentiment étrange que tout est stérile jusque dans les profondeurs – sentiment que donnent le Sud et l'Est inondés de soleil. Inondés de soleil et le cœur dévoré de sécheresse.

– J'aime ce pays ! je l'aime ! s'écrie la « reine-abeille ».

– Mais pourriez-vous y vivre ?

Elle aimerait dire oui, mais n'ose pas.

Nous revenons en flânant. La « reine-abeille » veut acheter une de ces espèces de sacoches. Je lui dis : pourquoi ? Elle me dit : pour mettre des choses dedans. *Ach !* mais en inspectant les boutiques nous en voyons une et nous entrons l'examiner. C'est une chose solide et bien faite – mais simple, rudimentaire –. Sur les rayures croisées, on ne trouve pas les ravissantes fleurs de couleurs rose, verte et magenta, les trois couleurs favorites des Sardes. Ni les bêtes fantastiques aux formes de griffon ; ça ne fait pas l'affaire. Combien coûte-t-elle ? 45 francs.

Il n'y a rien à faire à Mandas. Nous prendrons donc le train du matin et nous irons jusqu'au terminus, à Sorgono. Nous passerons ainsi au pied du mont central de la Sardaigne : le Gennargentu. Et Sorgono – nous le devinons – sera charmant.

De retour à la gare, nous faisons du thé sur la lampe à alcool, remplissons le thermos, bourrons le sac tyrolien, le kitchenino et nous sortons au soleil du quai. La « reine-abeille » va remercier le képi-noir de son pain blanc, pendant que je règle la note et demande de la nourriture pour le voyage. La femme brune va pêcher dans une énorme marmite noire, placée au fond de sa cuisine, divers morceaux de porc simplement bouilli et m'en donne deux tout chauds avec du pain et du sel. Voilà notre déjeuner. Je paie la note : cela fait 24 fr. tout compris (on dit indifféremment francs ou lires en Italie). À ce moment arrive le train de Cagliari : et des hommes font irruption dans la buvette en réclamant à grands cris la soupe – ou plutôt le potage.

– Voilà ! voilà ! fait-elle en allant à sa marmite noire.

V

SORGONO

Les divers trains de la gare, installés côte à côte, se racontèrent des tas d'histoire avant que nous puissions enfin démarrer. C'était merveilleux de rouler, par le clair matin, vers le cœur de la Sardaigne, dans le petit train qui nous semblait si familier. Nous étions toujours en troisième classe – ce qui nous avait valu un certain mépris de la part des employés de chemin de fer de Mandas.

Au début, le pays était assez découvert, toujours les longs éperons de collines, abrupts mais point hauts. Et de notre petit train, nous voyions à travers monts et vaux tout le pays. Dans le lointain, on aperçut une petite ville sur un versant en pente douce. N'eût été son air ramassé et fortifié, on l'eût prise pour une ville des collines du Sud de l'Angleterre. Un voyageur se pencha à la fenêtre, brandissant un mouchoir blanc pour faire signe à quelqu'un là-bas qu'il arrivait. Le vent agita le mouchoir et dans le lointain la ville luisait doucement, toute petite et solitaire, dans sa vallée. Et le petit train roulait à toute allure.

Il était assez amusant à observer : nous grimpions toujours et la voie faisait de grands lacets. Si bien que lorsqu'on regardait par la fenêtre, de temps à autre, on était tout surpris de voir un petit train courir devant soi, dans une direction différente de la nôtre, au milieu de grosses bouffées de vapeur. Mais tiens ! c'était notre propre train qui prenait ce lacet-là ! Nous faisions partie d'un très long train mais tous les fourgons étaient devant, au bout desquels n'étaient accrochées que deux voitures de voyageurs. C'est pour cette raison que notre locomotive surgissait à tout moment, affairée comme un chien qui file devant son maître et revient gambader à ses côtés, tandis que nous suivions en queue d'une mince file de fourgons.

J'admire comme la petite locomotive sait prendre les rampes abruptes et comme elle émerge bravement sur le ciel. C'est un curieux chemin de fer. J'aimerais savoir qui l'a fait. Il grimpe, dévale et vire à toute allure avec la plus grande désinvolture – à la différence des grands trains-comme-il-faut qui grognent entre les hautes tranchées ou empestent dans les tunnels –. Et il gravit la colline comme un petit chien essoufflé regarde autour de lui, part dans une autre direction et nous rejette en arrière, très désinvolte. C'est beaucoup plus amusant que le système de tunnels et de tranchées.

On me dit que la Sardaigne extrait sa propre houille. Suffisamment pour satisfaire à ses besoins ; mais, trop tendre, elle n'est pas utilisable dans l'industrie. J'en vois des tas : c'est une matière terne, menue, qui fait sale. Des wagons de houille. Des wagons de grains.

À chaque gare on nous plante là ignominieusement, tandis que les petites locomotives, qui ont de joyeux noms dorés inscrits sur leurs petits corps noirs, flânent sur les voies secondaires et flairent les différents wagons. Et nous voilà immobilisés à chaque gare, tandis que l'on congédie tel fourgon et qu'on en élit tel autre, qui, comme un mouton marqué, quitte sa voie de garage et vient s'accrocher cher à nous. Ah! certes, ça en prend du temps!

Toutes les gares jusqu'ici ont des moustiquaires aux fenêtres. À cause des moustiques de la malaria. La malaria grimpe très haut en Sardaigne. Les vallées évasées des hautes terres, les landes avec leur intense soleil d'été et leurs eaux stagnantes, engendrent fatalement ce fléau. Mais il n'est pas terrible en ce moment, pour autant qu'on puisse en juger: Août et Septembre étant les mois les plus dangereux. Les indigènes n'admettent pas volontiers qu'il y ait de la malaria chez eux: un petit peu, disent-ils, un tout petit peu. Dès que vous arrivez aux *arbres*, il n'y en a plus. C'est ce qu'ils disent. Sur plusieurs kilomètres, nous traversons un paysage de landes moutonnées, sans arbres. Mais attendez les arbres. Ah! les bois et les forêts du Gennargentu: les bois et les forêts, là-haut. Plus de malaria, alors. Le petit train prend prestement les rampes et les virages en lacets – on dirait qu'il va se mordre la queue. Puis il pique du nez à l'horizon et disparaît. Le paysage change. Au début, ce ne sont que des fourrés de noisetiers, des kilomètres de noisetiers tout sauvages parmi lesquels un bétail noir essaie de nous apercevoir derrière le myrte vert et les buissons d'arbousiers; un couple de paysans regarde le train. Ils portent la tunique noire en peau de mouton et les longs bonnets pendants. Comme le bétail, ils essaient de nous voir à travers d'épais buissons. Le myrte, ici, s'élève jusqu'à hauteur d'homme: hommes et bêtes disparaissent parmi cette végétation. Seuls dépassent les grands noisetiers nus. Il doit être difficile de circuler dans ce maquis.

Parfois, dans le lointain, on voit un paysan noir et blanc à cheval traversant, solitaire, un terrain découvert – petite silhouette bien nette. J'aime tant le fier instinct qui pousse la créature vivante à se distinguer de son arrière-plan. Je déteste le camouflage kaki, ce mimétisme de lapin. Un paysan noir et blanc sur son poney, simple tache dans le lointain au-delà des feuillages, fulgure quand même et domine le paysage. Ha ha! fière humanité! Te voilà à cheval! Mais hélas, la plupart des hommes se sont mis sous l'éteignoir kaki, qui les rend ternes comme des lapins, ignobles. Les Italiens ont un curieux air de lapins dans leur uniforme gris-vert. De même, le kaki jaunâtre de nos soldats les assimile aux chiens. On dirait qu'ils vont par meutes, humiliés, flétris. Rendez-nous la pourpre et l'or – et que le diable emporte le reste!

Le paysage commence vraiment à changer. Les versants des collines s'élèvent et se raidissent. Un homme laboure avec deux petites bêtes rouges une pente abrupte, où s'accrochent des arbres, aussi pointue qu'un toit. Il se penche sur la petite charrue de bois et secoue les guides. Les bœufs lèvent leurs naseaux vers le ciel, d'un étrange mouvement suppliant, pareil à celui des serpents, et, à petits pas menus, descendent sur leurs pattes frêles le long de la déclivité entre roches et racines d'arbres. À petits pas frêles et saccadés, les bœufs avancent, puis, rejetant leurs cornes en arrière, ils lèvent la tête vers le ciel, comme des serpents, tandis que l'homme trace toujours son sillon. C'est merveilleux de voir à quel point ils peuvent tenir sur cette pente raide. Devant un spectacle pareil, un ouvrier anglais ouvrirait des yeux grands comme des soucoupes.

Une rivière, ou plutôt une longue chevelure liquide qui s'épand dans une petite gorge. Le lit de rivière s'ouvre légèrement et découvre un merveilleux bouquet de peupliers nus, là-bas... pâles comme des fantômes. Ils dégagent une luminosité spectrale, presque phosphorescente, dans l'ombre de la vallée, près du cours d'eau. Phosphorescente... peut-être incandescente. La grise incandescence d'or pâle de membres nus et le froid rayonnement d'une myriade de rameaux aux étranges luisances. Si j'étais peintre, je les peindrais ; car ils me semblent doués d'une vie charnelle et sensitive. Et l'ombre les enveloppe.

Un autre arbre que j'aimerais peindre, c'est le luisant figuier mauve-argenté qui s'embrase d'une froide incandescence, dans un entrelacs de branches, telle une créature sensible issue du roc. Un figuier surgi dans sa nudité, brillant au-dessus de la terre noire de l'hiver ! Regardez-le, pareil à quelque blanche anémone de mer aux mille tentacules.

Ah ! s'il pouvait seulement nous répondre ! ou si nous savions le langage des arbres !

Oui, les vallées s'encaissent, se transforment presque en gorges et il y a des arbres. Non point les forêts que je m'étais imaginées, mais de malingres chênes, gris, disséminés, et quelques souples châtaigniers. Des châtaigniers à longs fouets et des chênes à courtes branches disséminés sur le versant abrupt où perce le rocher. Le train vire dangereusement, à mi-hauteur, puis traverse un pont en ouragan ou pénètre dans une gare absolument inattendue. Et, le plus étonnant, c'est que des hommes s'y pressent ; la gare est reliée à la ligne principale par une correspondance de cars.

Irruption inattendue d'hommes. Ce sont, peut-être des mineurs, des marins ou des ouvriers agricoles. Ils ont tous d'énormes sacs, quelques charmantes sacoches à fleurs roses sur fond sombre. Un vieillard porte la tenue complète noire et blanche, mais très sale, tombant en lambeaux. Les autres sont vêtus d'étroites culottes garance et de gilets à manche. Certains ont la tunique en peau de mouton et tous portent le bonnet pendant. Et comme ils sentent le mouton, l'homme et la chèvre ! Un parfum rance emplit la voiture.

Ils causent avec beaucoup d'animation. Ils ont des figures médiévales, *rusées** et restent toujours sur la défensive, comme des blaireaux ou des putois. Pas de fraternité ni de simplicité civilisées entre eux. Chaque homme sait qu'il doit prendre garde à soi et à son bien. Chaque homme sait que le diable le guette au tournant. Ils n'ont jamais connu le Jésus de l'Après-Renaissance. Ce qui vaut la peine d'être noté.

Non qu'ils soient soupçonneux ou gênés. Au contraire, ils affirment bruyamment, vigoureusement, leur présence. Mais on ne sent pas chez eux la croyance implicite – propre à notre ère – que tout le monde va être ou doit être bon avec eux. Ils ne s'attendent pas à ce que les gens soient bons avec eux, ils ne le désirent pas. Ils me rappellent ces chiens à demi-sauvages qui savent aimer et obéir, mais ne se laissent pas toucher. Ils ne se laissent pas mettre la main sur la tête. Ni caresser. On peut presque entendre leur grondement à demi-sauvage.

Leurs longs bonnets en forme de bas, ils les portent à la façon d'une crête, comme les lézards à la saison des

amours. Ils sont constamment à les déplacer et à les fixer
sur leur tête. Un gros jeune homme aux malins yeux
marron et au jeune collier de barbe plie le sien en trois,
ce qui lui donne une allure martiale. Le vieux bonhomme
rabat le sien au-dessus de son oreille gauche. Un beau
gaillard aux dents puissantes rejette son bonnet en arrière
et le laisse pendre bas dans son dos. Puis il le ramène
sur le nez et en fait saillir deux pointes, comme des
oreilles de renard, au-dessus de ses tempes. C'est merveilleux, l'expression que peuvent prendre ces bonnets.
Seuls les indigènes, dit-on, sont capables de les porter.
Ils ressemblent à de longs étuis de tricot noir, d'environ
un mètre de long.

Le contrôleur vient leur délivrer leurs tickets. Et chacun
de sortir de sa poche des liasses de coupures. Jusqu'au
petit rat miteux assis en face de moi, qui en a tout un
rembourrage. De nos jours, personne ne manque de
billets de 100 francs. Personne.

Ils discutent bruyamment avec le contrôleur. Ils sont
pleins d'une vie grossière, tellement grossière ! Le beau
gaillard a son gilet ouvert, et le devant de sa chemise est
déboutonné. À le regarder distraitement, on croirait qu'il
porte un tricot noir. Puis soudain, on s'aperçoit que ce
sont ses poils. Il est tout noir sous sa chemise, comme
une chèvre noire.

Mais il y a un gouffre entre eux et nous. Ils ne se
doutent pas le moins du monde de notre crucifixion et de
notre universalité. Chacun d'eux pivote sur soi, se limite
à soi, comme les animaux sauvages. Ils regardent à l'extérieur et y voient d'autres objets, des objets à ridiculiser,
soupçonner, ou renifler curieusement. Mais « tu aimeras
ton prochain comme toi-même » ne les a pas touchés.
Ni même effleurés. Ils pourraient aimer leur voisin d'un

amour ardent, sombre, sans réserves. Mais cet amour-là s'éteindrait probablement tout d'un coup. La fascination de ce qui est au-delà d'eux-mêmes ne les a pas encore saisis. Leur voisin n'est qu'un objet extérieur. Leur vie est centripète, pivote sur soi-même et ne court pas au-devant des autres et de l'humanité. On éprouve pour la première fois la véritable vie médiévale qui s'enferme sur soi et ne s'intéresse pas au monde extérieur.

Ils s'étendent donc sur les banquettes, jouent aux cartes, crient, dorment, fixent leurs longs bonnets, et crachent. Chose curieuse, même à cette heure du jour, ils portent leurs longs bonnets, comme une partie intégrante de leur individualité, c'est le signe d'une ténacité absolue et puissante. Ils ne vont pas se laisser envahir par la conscience universelle. Ils ne vont pas se mettre dans les habits de tout le monde. Grossiers, vigoureux, décidés, ils s'accrocheront à leur stupidité obscure et laisseront le vaste monde rouler, ainsi qu'il le veut, vers son enfer civilisé. Leur enfer leur appartient en propre – ils le préfèrent non civilisé.

Et l'on ne peut s'empêcher de se demander si la Sardaigne résistera jusqu'au bout. Les dernières vagues de la civilisation et de l'unification mondiale la découvriront-elles et balaieront-elles ces longs bonnets ? ou bien, le flux de la civilisation et de l'unification mondiale se retire-t-il déjà ?

Certainement, une réaction se dessine contre la vieille universalité, un abandon du cosmopolitisme et de l'internationalisme. La Russie, avec sa 3e Internationale, se retranche violemment, en même temps, de tout contact et se replie à l'intérieur d'un farouche russianisme inaccessible. Laquelle des deux forces l'emportera ?

l'Internationale de l'ouvrier ou le mouvement centripète nationaliste? Allons-nous nous dissoudre dans la grise homogénéité prolétarienne? ou bien allons-nous en revenir à des communautés plus ou moins isolées, séparées et méfiantes?

Les deux choses à la fois, probablement. Le mouvement international de l'ouvrier cessera de tendre vers le cosmopolitisme et la fusion mondiale et alors, brusquement, le monde retournera aux intenses séparations. Le moment est venu où l'Amérique, cette extrémiste de l'assimilation mondiale et de l'universalité, se mettra à réagir dans le sens d'un égocentrisme violent, d'un égocentrisme purement américain. C'est fatal, nous sommes à la veille de l'empire américain.

Pour ma part, j'en suis heureux. Je suis heureux que l'ère de l'amour et de la fusion soit révolue. La hideuse homogénéité de l'unification mondiale. Je suis heureux que la Russie se replonge dans un sauvage russianisme, dans un scythisme pivotant sauvagement sur soi-même. Je serai heureux lorsque les hommes se prendront à détester l'uniformité universelle de leurs vêtements, lorsqu'ils les déchireront et se vêtiront farouchement pour se distinguer du reste du monde rampant, lorsque l'Amérique jettera le melon et le col cassé aux orties et prendra son costume national, lorsque les hommes refuseront farouchement de se ressembler tous, d'être tous pareils et lorsqu'ils recourront aux vives distinctions du clan ou de la nation.

L'ère de l'amour et de l'unification est révolue. L'ère de l'uniformité universelle tire à sa fin. L'autre flux se déclenche. Les hommes se lanceront alors leurs bonnets à la tête et conquerront de haute lutte leur séparation et leurs tranchantes distinctions. Le jour de la paix et de l'unification est révolu, le jour de la grande bataille pour la multiplicité approche. Hâtez ce jour et sauvez-nous de l'homogénéité prolétarienne et de l'uniformité kaki!

J'aime chez mes indomptables montagnards de Sardaigne leurs longs bonnets et leur splendide stupidité animale. Si seulement la dernière vague de l'uniformité universelle ne balayait pas ces superbes crêtes, ces longs bonnets!

Nous grimpons péniblement parmi les éperons du Gennargentu. Pas un seul pic, pas d'Etna sarde. Le train, comme la charrue, penche sur les versants très escarpés des éperons et vire sans cesse. Au-dessus et au-dessous de nous, les pentes escarpées sont toutes boisées. Ce sont les forêts du Gennargentu. Mais ce ne sont pas des forêts dans l'acception que je donne à ce mot. Ce n'est qu'une suite clairsemée de chênes, de chênes-lièges et de châtaigniers qui poussent au-dessus des pentes abruptes. Les chênes-lièges! J'aperçois de curieux arbres élancés en forme de chênes, mais qui ont été dépouillés, mis tout nus, au-dessous des branches et dressent leurs formes brun-rougeâtre curieusement distinctes, parmi la pâleur gris-bleu des autres arbres. Ils m'évoquent chaque fois la nudité ardente, couleur de café, des aborigènes des mers du Sud. Ils ont la suavité pure et la peau intensément rouge-café de sauvages aux corps brillants. Et ce sont les chênes-lièges, dévêtus de leur écorce. Les uns le sont beaucoup, les autres peu. Certains ont tout le tronc et une partie des membres inférieurs découverts, d'autres une petite partie du tronc seulement.

L'après-midi est bien avancée. Un paysan en noir et blanc cause derrière moi avec sa jeune et belle femme en

costume rose-rouge, magnifique tablier largement bordé
de vert-végétal, petit gilet cramoisi et blanc, corsage bouffant. Les travailleurs agricoles sombrent dans le sommeil.
L'après-midi est bien avancée ; il y a longtemps que nous
avons mangé notre viande. Nous finissons le pain blanc
– notre cadeau – et le thé. Soudain, en regardant à la
fenêtre, nous voyons la masse du Gennargentu derrière
nous, pic enseveli sous la neige, qui apparaît très beau
au-delà des longs éperons abrupts au milieu desquels
nous sommes engagés. Nous perdons de vue sa masse
blanche pendant une demi-heure, quand tout à coup il
émerge, à l'improviste, en face de nous, puissante épaule
alourdie de neige.

Comme il est différent de l'Etna, de l'orgueilleuse
merveille solitaire de la Sicile ! Il est plus humain, plus
connaissable avec sa poitrine profonde, ses membres
massifs, son corps puissant de montagne qui a quelque
chose de paysan.

Les gares s'espacent. Elles sont à une heure de distance
l'une de l'autre. Ah, comme ces voyages sont fatigants,
ils sont si longs ! Nous regardons l'autre côté de la vallée :
il n'est qu'à un jet de pierre. Mais, hélas, le petit train n'a
pas d'ailes et ne peut sauter.

Il repart donc vers le Gennargentu, emprunte un long
chemin rocheux et arrive enfin à la naissance de la pauvre
vallée. Puis il la longe tout haletant et se remet gaiement
à courir sur ses traces. Or, un homme qui nous a vu faire
notre circuit a eu le temps de franchir la vallée en cinq
minutes.

Presque tous les paysans portent le costume maintenant, même les femmes dans les champs. Les vallées du

Gennargentu sont toutes à demi-peuplées – plus que les landes du Sud.

Il est trois heures passées et il commence à faire froid à l'ombre. Enfin, il n'y a plus qu'une gare avant le terminus. Les paysans se réveillent, passent leurs sacs volumineux à leurs épaules et descendent. Nous voyons Tonara là-bas, au-dessus de nous. Nous voyons notre paysan crasseux en noir et blanc accueilli par ses deux filles qui sont venues à sa rencontre avec le poney – belles dans leur costume rose vif et vert. Paysans, hommes en noir et blanc, hommes en brun-garance, aux culottes serrées sur leurs cuisses dures, femmes en rose et blanc, poneys avec sacoches de selle, tout ce monde prend la côte de la colline, et leurs charmantes silhouettes s'éloignent vers les hauteurs ensoleillées de Tonara, gros village brillant comme une Jérusalem Nouvelle.

Le train nous laisse en plan comme d'habitude, pour faire manœuvrer lourdement ses fourgons. L'eau résonne dans la vallée. Il y a des tas d'écorce à la gare et de la houille. Une idiote en jupe bouffante toute faite de carrés de couleurs nous fait des grimaces. Son espèce de gilet est incroyablement vieux et laisse deviner qu'il fut autrefois un charmant brocart pourpre et noir. La vallée et ses versants abrupts s'ouvrent devant nous. Un vieux berger conduit un charmant troupeau de délicats mérinos.

Finalement, nous démarrons. Dans une heure nous serons arrivés. Comme nous roulons parmi les pentes boisées surtout de chênes-lièges, nous tombons sur un troupeau de moutons. Deux paysans passent la tête à la portière et poussent des cris étranges, inouïs, suraigus, qu'un être normal serait absolument incapable de proférer. Les moutons comprennent et s'éparpillent.

Dix minutes après, les cris recommencent à propos de trois veaux. Ces paysans les poussent-ils par goût ? Je ne sais. En tout cas, ce sont les cris de berger les plus fous et les plus inhumains que j'aie jamais entendus.

Nous sommes samedi après-midi. Il est quatre heures. Le pays est sauvage et désert, le train presque vide. Et pourtant il flotte dans l'air une impression de fin de semaine. Ô tortueuses gorges boisées, ô furtif Gennargentu, odeur de paysans, wagon de bois éreintant, comme vous nous fatiguez ! Le voyage dure déjà près de sept heures – pour un trajet de quatre-vingt-dix kilomètres !

Mais nous y sommes presque. Voyez, voyez Sorgono, nichée merveilleusement parmi les versants boisés, en face de nous. Ô magique petite ville ! Ah ! terminus, centre routier de l'île, nous espérons que tu nous fourniras bonne auberge et joyeuse compagnie ! Peut-être resterons-nous un jour ou deux à Sorgono.

Le train pousse un dernier soupir et s'immobilise enfin dans la petite gare-terminus. Un vieux drôle, qui agite ses loques comme une poule ses ailes, me demande si je veux aller à l'Albergo, l'auberge. Je dis oui et lui laisse prendre mon sac tyrolien. Charmante Sorgono ! Tandis que nous descendons le court sentier boueux qui va, entre des haies, rejoindre la grand'rue du village, nous avons presque l'impression d'entrer dans une petite ville anglaise de l'Ouest ou du pays de Hardy, avec ses clairières de chênes adolescents, ses grands versants couverts de chênes ; à droite, une scierie bourdonnante et à gauche, la ville étroite et blanche, nichée contre une tour d'église baroque. Le sentier est boueux.

En trois minutes, nous arrivons sur la grand'route, devant un gros bâtiment peint en rose, faisant face au sentier de la gare, sur lequel est inscrit en énormes lettres : RISTORANTE-RISVEGLIO (la lettre N étant dessinée à rebours). Risveglio, s'il vous plaît – le même mot que réveil –. Notre agité s'élance déjà sur le seuil du Risveglio...

– Une minute, lui dis-je, où est l'Albergo d'Italia ? (Je me base sur le Baedeker.)

– *Non c'è più*, me répond notre oiseau. Elle n'existe plus.

Cette réponse, fréquente de nos jours, ne laisse pas d'être bien déconcertante.

– Alors, y a-t-il un autre hôtel ?

– Il n'y en a pas.

Ce sera le Risveglio ou rien. Nous y entrons. Nous pénétrons dans un grand bar affreux aux innombrables bouteilles rangées derrière le comptoir. Notre oiseau hurle. Et finalement apparaît l'hôtelier, un garçon assez jeune, au type Esquimau, mais assez gros, en affreux habit noir et jaquette (un smoking ?), le devant de la chemise maculé d'innombrables taches de vin. D'emblée, je me mets à le haïr d'être si sale. Il porte un chapeau cabossé et a une figure sale de plusieurs jours.

– Y a-t-il une chambre à coucher ?

– Oui.

Il nous fait prendre un passage tout aussi sale que la route du dehors, monter des escaliers de bois creux aussi propres que le passage, longer un couloir caverneux, sonore comme un tambour. Nous voici devant la chambre à coucher. Eh bien, elle contient un grand lit mince et plat, à couvre-pieds gris-blanc, pareil à une vaste tombe de marbre dans la nudité sordide de la chambre ; une chaise dépenaillée soutenant la bougie la plus misérablement filiforme que j'aie jamais vue ; une cuvette ébréchée sur un treillis métallique. Pour le reste, un immense parquet aussi gris-noir de saleté qu'il est possible d'imaginer et d'immenses murs piquetés de morts sanglantes de moustiques. À une hauteur de deux pieds au-dessus d'une espèce de cour d'écurie, la fenêtre donne juste sur un poulailler. On y peut voir voltiger des plumes pouilleuses et de la paille sale. Le sol est recouvert d'une épaisse couche de fientes de poules. Un âne et deux bœufs mâchent tranquillement du foin dans une étable ouverte en face de nous et en plein milieu de la cour se vautre un cochon aux soies noires qui prend les derniers rayons de soleil. Quant aux odeurs, bien sûr, il y en a toute une gamme.

Le sac tyrolien et le kitchenino sont déposés sur le plancher répugnant que j'ai horreur de toucher même de mes semelles. Je retourne les draps et je regarde les taches que les autres y ont faites.

– Il n'y a rien d'autre ?

– Niente ! fait l'individu au front étroit et bas. Et il s'en va, maussade. Je donne un pourboire à l'agité, qui fait une révérence et s'enfuit également.

Puis la « reine-abeille » et moi nous nous mettons à renifler çà et là.

– Sale cochon, dégoûtant personnage ! fais-je exaspéré. Je lui aurais pardonné n'importe quoi, je crois, mais pas cet horrible devant de chemise ni l'impudeur de sa saleté.

Nous rôdons dans les alentours et voyons d'autres chambres à coucher ; certaines sont pires, une seule est vraiment mieux que la nôtre. Mais il apparaît qu'elle est occupée. Toutes les portes sont ouvertes. L'auberge, tout à fait déserte, est ouverte sur la route. Si elle a quelque chose de remarquable, c'est son honnêteté. Il faut bien que ce soit un établissement honnête, car n'importe quel bipède ou quadrupède peut y entrer comme dans un moulin et ne daigne s'en donner la peine.

Nous descendons les escaliers. L'unique salle de l'auberge est le bar public, qui semble faire partie de la route. Un muletier, qui a laissé ses bêtes au coin du Risveglio, boit au comptoir.

Notre fameuse auberge est au bout du village. Nous nous promenons sur la route qui dévale le long de la colline, entre les maisons. Quel trou affreux que ce village glacial, désespéré, inanimé, engourdi dans la lassitude du samedi après-midi, par ailleurs assez sordide et sans intérêt. Aucun magasin digne de ce nom. Une église lasse et une couvée de maisons désolées. Nous traversons tout le village. Au milieu, nous voyons une espèce de place où stationne un grand autobus gris. Le chauffeur a l'air fatigué.

— Où va l'autobus?

— Il rejoint la voie principale.

— Quand?

— À 7 h 1/2 du matin.

— Pas avant?

— Pas avant.

— Grâce à Dieu, nous pouvons quand même sortir de là! dis-je.

Nous poursuivons notre chemin et sortons du village, toujours sur la grand'route en pente, réparée au moyen de pierres sèches. Elle est trop dure pour nous. Et puis, nous sommes hors du soleil et, comme l'altitude est considérable, il fait très froid. Nous revenons donc sur nos pas et grimpons rapidement pour atteindre le soleil.

Nous prenons une petite côte qui contourne un pâté de maisons pauvres, pour rejoindre un petit sentier abrupt passant entre deux talus. Et avant d'avoir le temps de savoir où nous sommes, nous nous trouvons en pleines latrines publiques. Dans ces villages-là, je le savais, il n'existe aucune espèce d'installation sanitaire. Les villageois et les villageoises y font leurs besoins au bord de la route, tout simplement. C'est une coutume italienne immémoriale. À quoi bon s'embarrasser de scrupules de pudeur ? Au peuple du monde, le mieux façonné à la vie sociale, il ne déplaît point de se soulager en commun.

Nous nous trouvons en plein dans ces lieux de réunion. En sortir à tout prix ! pour cela, nous escaladons de hauts talus de terre et arrivons dans un chaume. J'enrage de plus belle.

Le soir tombe, le soleil décline. À nos pieds s'étalent ces répugnantes pommes de Sodome. Autour de nous les belles collines et les vallées tapissées d'arbres bleuissent déjà dans l'ombre glacée. L'air est cruellement piquant. Dans un instant, le soleil sera couché. Nous sommes à environ 900 mètres au-dessus du niveau de la mer.

Incontestablement, le pays est très beau avec ses versants de chênes, qui dégagent une vague nostalgie, un sentiment lointain de solitude dans la nuit tombante. Mais je suis trop en colère pour l'admettre. Nous grimpons comme des fous pour nous réchauffer. Le soleil disparaît aussitôt à l'horizon et l'ombre bleue chargée de glace tombe sur nous. Le village qui commence à répandre une fumée de bois bleue ressemble plus que jamais à l'Ouest anglais au crépuscule.

Tout cela est bien beau, mais il nous faut rentrer. Et passer par la puanteur de ce sentier ? Jamais. Aveuglé de fureur – c'est déraisonnable, vous avez raison – je fais descendre à la «reine-abeille» une pente à travers bois, parcourir un champ labouré sur les traces d'une charrette. Et nous voilà sur la grand'route qui domine le village et l'auberge.

Il fait froid, le soir s'obscurcit. Sur la route, passent des silhouettes sauvages d'hommes à cheval en costume et guenilles de toutes sortes, quatre vaches aux larges yeux qui descendent la colline et tournent à l'angle, trois mérinos magnifiques et délicats qui nous fixent curieusement de leurs yeux proéminents et dorés, un très vieil homme avec son bâton, un paysan à ample poitrine qui porte une longue perche de bois, un chapelet d'alertes chèvres triomphantes, à longues cornes, longs poils, et tintinnabulantes... Chacun nous salue d'un air hésitant. Et tout le monde fait halte au coin du Risveglio où les hommes rentrent boire un coup.

J'attaque derechef Poitrail-Vineux :

– Puis-je avoir du lait ?

– Non. Il y en aura peut-être dans une heure. Peut-être pas.

– Y a-t-il quelque chose à manger ?

– Non. À 7 h et demi il y aura quelque chose à manger.

– Y a-t-il du feu ?

– Non. Le domestique n'a pas fait de feu.

Il ne reste plus qu'à rentrer dans la chambre infecte ou à marcher sur la grand'route. Nous la reprenons. Les bêtes stationnent sur la route, dans l'air alourdi de gelée, la tête pendante, passives, attendant que les hommes finissent leurs verres dans le bar ignoble. Nous montons lentement la colline.

Dans le champ de droite, un troupeau de mérinos remue dans un vague brumeux, s'agite, grimpe aux brèches du talus et fait sonner ses jolies clochettes dans un frémissement givré. Un être, que dans l'obscurité j'avais pris vraiment pour un objet inanimé, se met soudain à bouger dans le champ. C'est un vieux, un très vieux berger en loques crasseuses noires et blanches qui est resté figé comme une pierre, Dieu sait combien de temps, absolument immobile, appuyé sur sa houlette. Et maintenant, il se meut comme un somnambule et poursuit en clopinant ses brebis vaguement inquiètes, curieuses, féminines.

Le rouge se fane dans les lointains de l'ouest. Comme nous grimpons lentement, fatigués, nous manquons de nous heurter à un taureau gris solitaire qui descend la colline à pas mesurés, comme un dieu. Il écarte la tête et nous contourne. Nous atteignons un endroit que nous n'arrivons pas à distinguer. Puis nous voyons que c'est un hangar d'écorces. Il y en a des piles et des piles dans l'obscurité, pareilles à du cuir fripé.

— Maintenant je rentre, m'annonce carrément la «reine-abeille» en faisant volte-face.

Les dernières rougeurs achèvent de se consumer au-delà des hautes terres perdues, pauvrement boisées. Un floconnement de fumée bleue à demi-lumineuse flotte au-dessus du village sombre. La route serpente à nos pieds, pâle et bleue.

Et la «reine-abeille» s'emporte de me voir furieux.

— Pourquoi cette indignation! On dirait qu'on a porté atteinte à votre morale. Pourquoi en faire une question de morale? Vous pétrifiez cet aubergiste rien qu'à la façon dont vous lui parlez. En voilà une condamnation! Pourquoi ne pas prendre les choses comme elles se présentent? C'est la vie!

Mais non, ma rage est noire, noire, noire. Pourquoi – Dieu seul le sait. Peut-être parce que Sorgono me paraissait si fascinante, à distance. Oh, si fascinante! Si je n'en avais rien attendu, le choc eût été moindre. Heureux ceux qui n'escomptent rien, car ils ne connaîtront point la déception.

Je maudis les indigènes dégénérés, ce Poitrail-Vineux qui *ose* tenir une auberge pareille, les sordides villageois qui ont la bassesse de déposer leurs immondices sur cette haute vallée. Tous mes éloges des longs bonnets – vous vous en souvenez? – s'évanouissent sur mes lèvres. Je les envoie tous au diable et la « reine-abeille » avec eux, qui se mêle de ce qui ne la regarde pas.

Dans le bar, une misérable chandelle distille sa lumière; des hommes sombres, mal à l'aise, boivent leur liqueur-de-samedi-soir. Les bêtes gisent sur la route, dans l'air froid, comme désespérées.

– Le lait est-il arrivé?

– Non.

– Quand arrivera-t-il?

Il ne sait pas.

– Alors, qu'allons-nous faire? N'y a-t-il pas un endroit où s'asseoir?

– Oui, il y a la *stanza*, maintenant.

Maintenant? Saisissant la maigre chandelle de la salle, et laissant les buveurs dans le noir, il nous mène par une espèce de souterrain au sol inégal, encombré de pierres et de planches, jusqu'à la *stanza*: la salle.

La *stanza!* Elle est d'un noir d'encre, mais je vois soudain un grand feu de racines de chêne, un beau feu brillant et flambant... et ma rage tombe à l'instant même.

L'aubergiste et sa chandelle nous abandonnent sur le seuil. La stanza serait plongée dans l'obscurité complète s'il ne surgissait de sa cheminée un perpétuel bouquet de flammes neuves, telles des fleurs fraîches écloses. À la lumière du foyer, nous voyons la salle. Absolument vide, avec son sol inégal de terre battue tout sec, ses grands murs nus et mélancoliques, et, là-haut, sa lucarne grande comme la main, elle ressemble à une prison.

Aucun meuble, à l'exception d'un banc de bois haut d'un pied, placé devant le feu, et de nattes de jonc roulées et appuyées au mur. Une chaise également près du feu, sur laquelle sont étendues des serviettes mouillées. Pour le reste, c'est une vraie prison, haute, nue et sombre.

Mais il y fait tout à fait sec. Et dans la cheminée, un jeune feu somptueux jaillit comme une cascade flamboyante entre des entassements escarpés de courtes racines de chêne. Je pousse rapidement à l'écart la chaise et ses linceuls mouillés. Et nous nous asseyons sur le petit banc, côte à côte dans l'obscurité, face au riche feu qui danse dans la caverne de la cheminée et nous ne faisons plus cas de la prison ni de ses ténèbres. L'homme peut vivre sans manger, il ne peut vivre sans feu, dit un proverbe italien. Nous avons trouvé le feu, pareil à de l'or jeune. Et nous sommes assis devant lui, un peu en retrait, côte à côte sur le siège bas, les pieds sur le sol inégal de terre battue et nous sentons la chaleur des flammes qui danse vers nos visages, comme si nous baignions dans un somptueux fleuve de feu. Je pardonne tous ses défauts à Poitrail-Vineux et je me sens heureux comme un roi.

Et nous restons assis tout seuls, une demi-heure, à sourire aux flammes et à baigner nos visages dans leurs rougeoiements. De temps en temps, je perçois des pas dans le tunnel, et des présences curieuses. Mais personne n'entre. Je perçois également la faible buée que dégagent les hideuses serviettes de table qui sont, avec nous, les seuls occupants de la salle.

Vacillement d'une bougie. Un homme barbu, âgé, en velours à côtes dorées, entre avec un très bizarre objet fixé à un long épieu. Il place sa bougie sur le dessus de cheminée, s'accroupit près du feu, arrange les racines de chêne. Il fixe étrangement le feu. Puis il place le bizarre objet devant nos yeux.

C'est un chevreau qu'il vient rôtir. Mais un chevreau vidé, tout aplati comme un éventail, accroché à une longue tige de fer. C'est vraiment un curieux spectacle. Et qui représente pas mal de travail. Tout le chevreau dépouillé est là, la tête ployant contre l'épaule avec ses moignons d'oreilles, ses yeux, ses dents et les quelques poils des naseaux ; les pattes de devant curieusement arrondies, dans le geste de l'animal qui s'en recouvre la tête et les pattes de derrière incroyablement disloquées et relevées en arrière. Le tout embroché sur la longue tige de fer et aussi aplati qu'une enseigne. Cela me rappelle intensément les contorsions des animaux à longues jambes, en forme de chien, qui figurent dans les vieux ornements lombards – les contorsions dans lesquelles ils s'enroulent curieusement sur eux-mêmes. On trouve également ces créatures disloquées et recourbées dans les enluminures celtes.

Le vieil homme brandit le chevreau comme un oriflamme tout en arrangeant le feu. Puis il plante la pointe de la tige de fer dans l'une des parois du foyer, et s'accroupissant à l'autre bout de l'âtre, dans la pénombre, il garde en main l'autre extrémité de la broche. Le chevreau est étendu de tout son long devant le feu comme un pare-étincelles. Le rôtisseur peut faire tourner sa broche à volonté.

Mais le trou pratiqué dans la maçonnerie de la cheminée n'est pas satisfaisant. Le bout de la broche glisse à tous moments et le chevreau s'abat sur le feu. Le vieil homme grommelle tout seul et fait divers essais. Finalement, il redresse le chevreau-étendard, va chercher de grosses pierres dans un coin sombre et les place en sorte que l'extrémité de fer y prenne appui. Quant à lui, il reste à l'autre bout du foyer, dans la pénombre et, l'œil bizarre, comme fasciné, le visage parfaitement impassible, le manche de la broche en main, il surveille les flammes et le chevreau.

Nous lui demandons si le chevreau est pour le repas de ce soir et il nous répond : oui. Ce sera délicieux !

Il répond oui et jette un regard chagrin sur la tache de cendre que s'est faite la viande dans sa chute. C'est un point d'honneur, chez ces gens, que de ne jamais lui laisser toucher la cendre. Est-ce qu'ils préparent toute leur viande de cette façon ? Oui, dit-il. Et est-ce que ce n'est pas difficile de mettre le chevreau comme ça sur la tige de fer ? Il répond que ce n'est pas commode, observe le rôti, tâte une des pattes de devant et marmotte qu'on ne l'a pas fixé comme il faut.

Il marmotte tout doucement des réponses difficiles à saisir qu'il nous lance de côté, jamais en face. Mais il a des manières douces, discrètes, réticentes, sensibles. Il nous demande d'où nous venons, où nous allons – toujours en marmottant doucement – à quelle nation nous appartenons, si nous sommes français. Puis il dit qu'il y a une guerre... mais il espère qu'elle est finie. Il y a une guerre parce que les Autrichiens ont voulu rentrer en Italie. Mais les Français et les Anglais sont venus à l'aide de l'Italie. Une foule de Sardes est allée à la guerre. Mais espérons que tout cela est fini. Il le croit... Des jeunes Sardes y sont morts. Il espère que c'est fini.

Puis il saisit la bougie et inspecte le chevreau. Il est manifestement rôtisseur-né. Il tient la bougie et regarde longuement le côté grésillant de la viande, comme pour y lire des présages. Puis il remet sa broche au feu. Et l'on dirait que le Temps Immémorial en personne se prépare un autre rôti. Je reste assis et tiens la bougie.

Au bruit de nos voix, une jeune femme apparaît. Elle a la tête enveloppée d'un châle dont un pan est ramené sur sa bouche en sorte qu'elle ne montre que ses yeux et son nez. La «reine-abeille» pense qu'elle doit avoir mal aux dents. Mais l'autre rit et dit que non. En réalité, c'est ainsi que cette coiffure se porte en Sardaigne, même par les deux sexes. Elle rappelle l'usage du burnous arabe. Il s'agit surtout – semble-t-il – de bien se couvrir la bouche et le menton, ainsi que le front et les oreilles et de ne laisser exposés que le nez et les yeux. Il paraît que c'est pour se garantir de la malaria. Les hommes s'emmitouflent ainsi. Je crois qu'ils veulent surtout garder leur tête au chaud, sombre et secrète. Ils se sentent plus sûrs dedans.

Elle porte le costume de tous les jours : une jupe bouffante marron froncée, un corsage blanc à manches et un petit gilet ou corset, lequel corset se limite chez elle à une ceinture serrée projetant de gracieuses flèches sous les seins, pareilles à de longues feuilles raides. Joli... mais sale. Elle aussi est jolie, mais avec une pointe d'impudence qui déplaît. Elle tripote les serviettes mouillées, nous pose diverses questions, s'adresse d'une façon assez saccadée au vieil homme qui lui répond, à peine, puis disparaît. La coquetterie des femmes est faite d'afféterie et d'ostentation.

Quand elle est sortie, je demande au vieil homme si c'est sa fille. Il dit très brusquement, dans son doux murmure : non. Elle vient d'un village voisin. Quand à lui, il ne fait pas partie de l'auberge. Il est facteur, si j'ai bien compris. Mais je me trompe peut-être.

Il est laconique, n'aime pas parler de l'auberge ni de ses patrons. On dirait qu'il y a quelque chose de bizarre là-dessous. Puis il nous redemande quand nous nous en allons. Il me dit qu'il y a maintenant deux autobus, dont un nouveau qui franchit les montagnes jusqu'à Nuoro. Il vaut bien mieux aller à Nuoro qu'à Abbasanta. Nuoro est évidemment la ville vers laquelle les villageois se tournent comme vers leur capitale.

Le rôtissage avance lentement, car le chevreau n'est pas tout à fait au-dessus du feu. De temps en temps, l'homme arrange la caverne de racines rougeoyantes. Puis il en ajoute de nouvelles. Il fait très chaud. Puis il tourne la broche et je garde la bougie en main.

D'autres personnes entrent pour nous voir. Mais comme elles se meuvent derrière nous dans l'ombre, je ne puis distinguer personne nettement. Elles vont et viennent dans les ténèbres de la « prison » et nous observent. L'une d'elles s'avance : un jeune et gros soldat en uniforme. Je lui fais une place sur le banc, mais il avance la main pour décliner cette attention et s'éloigne de nouveau.

Le vieil homme pose son rôti contre la cheminée et disparaît également un moment. La mince bougie coule, le feu rougeoie sans flamme. Le rôtisseur réapparait avec un nouvel épieu, plus court, plus mince, embrochant une grosse boule de graisse de porc brute, qu'il plonge dans le feu. Elle grésille, fume, dégoutte. Je ne comprends pas : il m'explique qu'il veut lui faire prendre feu. Elle s'y refuse. Il retire du foyer des brindilles qui ont amorcé le feu. Puis il les plante dans la graisse comme des clous de girofle dans une orange et la tend au feu de nouveau. Elle s'allume enfin et se transforme en torche enflammée qui verse en s'inclinant une fine pluie de graisse fondue. Notre homme est satisfait. Il tient sa torche de graisse aux flamboiements jaunes au-dessus du chevreau qui roussit et qu'il fait tourner maintenant horizontalement. Et les gouttes enflammées arrosent tout le rôti jusqu'à ce qu'il prenne une teinte dorée et luisante. Il le remet au feu au-dessous de la graisse qui réduit et jette une lumière bleuâtre.

Tandis que l'opération se poursuit, entre un homme qui lance un retentissant bonsoir. Nous lui répondons bonsoir – et il y sent évidemment une notre étrangère car il s'approche, s'incline, me dévisage sous le bord de mon chapeau ainsi que la «reine-abeille». Nous gardons nos chapeaux et nos manteaux sur nous, comme tout le monde. Alors il se redresse brusquement, touche son chapeau et dit *Scusi :* excusez-moi. Je réponds : *Niente*, comme on fait d'ordinaire et il adresse quelques paroles joviales au rôtisseur accroupi, qui, encore une fois, lui répond à peine. L'autobus est arrivé d'Oristano, à ce que je comprends, avec quelques voyageurs.

Cet homme introduit avec lui une atmosphère de légèreté qui déplaît au rôtisseur. Je lui fais pourtant une place sur le banc et, cette fois-ci, mon attention est acceptée. S'y asseyant tout au bout, il apparait à la lumière et je vois un homme corpulent, dans la force de l'âge, à petite moustache blonde, aux yeux bleus clignotants, l'air un peu ivre. Il est vêtu de velours marron foncé. Ce doit être, j'imagine, un commerçant local ou un fermier. Il nous pose quelques questions bruyamment, familièrement, puis s'en va. Il revient tenant une petite broche de fer, à tige mince, dans une main et, dans l'autre, deux bons morceaux de chevreau, ainsi qu'une poignée de saucisses. Il embroche sa viande sur la tige. Mais notre rôtisseur tient toujours l'interminable chevreau plat devant le feu qui rougeoie maintenant. La torche de graisse est consumée. Une flamme jaillit soudain, puis c'est de nouveau un rougeoiement, un rougeoiement intense devant lequel se pose notre chevreau comme une grande main sombre.

– Eh! dit le nouvel arrivant – que j'appellerai désormais le girovago. Ça y est! Le chevreau est rôti. Ça y est.

Le rôtisseur secoue lentement la tête sans répondre. Il reste assis, tel le Temps Éternel, dans son coin, le visage empourpré par la flamme, les yeux sombres perdus dans la contemplation du feu, fixés religieusement sur le rôti.

– Na-na-na, dit le girovago – laisse nous voir le feu. Et fixant maladroitement sa viande à la tige de fer, il essaie de la fourrer près du feu, sous le chevreau officiel. Le vieil homme lui marmotte doucement d'attendre qu'on lui laisse le feu. Mais l'autre y avance toujours sa broche avec une bonne humeur impudente et déclare vivement que le chevreau officiel est rôti.

– Oui, il est sûrement rôti, dis-je, car il est déjà 8 heures moins un quart.

Le vieil officiant-rôtisseur marmotte quelque chose et tire son couteau de sa poche. Il en introduit la lame lentement, lentement à l'intérieur de la viande, aussi loin qu'un couteau peut pénétrer dans un morceau de chevreau. Il semble le tâter de l'intérieur. Et il déclare qu'il n'est pas à point. Il secoue la tête et demeure, tel le Temps Éternel, à l'autre bout de la broche.

Le girovago dit «*Sangue di Dio!*» mais il ne peut rôtir sa viande! Il essaie d'avancer sa brochette au-dessus des braises, alors son morceau tombe parmi les cendres. Les spectateurs invisibles éclatent de rire derrière son dos. Mais l'autre le tire du feu, l'essuie de la main et déclare: Aucun mal, rien de perdu!

Puis il se tourne vers moi et me pose les ordinaires questions de lieu: où et d'où, etc. Après avoir reçu les réponses, il me demande si je ne suis pas Allemand. Je lui réponds: Non, je suis Anglais. Il me regarde à plusieurs reprises, d'un air sagace, comme pour percer quelque secret. Puis il me demande où nous sommes domiciliés. Je lui dis en Sicile. Puis, très pertinemment, pourquoi nous sommes venus en Sardaigne. Je lui dis: pour le plaisir, pour voir l'île.

– Ah! *per divertimento!* répète-t-il, à demi-songeur et pas le moins du monde convaincu.

Plusieurs hommes sont entrés maintenant dans la salle, mais ils restent indistincts à l'arrière-plan. Le girovago parle et plaisante tout haut avec la compagnie et les hommes rient, dans la pénombre, d'une façon assez hostile.

Enfin le vieux rôtisseur décide que son chevreau est à point. Il le relève, le scrute en détail à la lumière de la bougie, comme si c'était un mystérieux message des flammes. Ah, certes, il est merveilleux, et il sent si bon: doré, croustillant, savoureux, brûlant, mais nullement brûlé. Il est 8 heures.

– Ça y est! ça y est! Va-t-en avec! va! dit le girovago en poussant le vieux rôtisseur. Et, finalement, le vieil homme consent à s'en aller en brandissant son chevreau comme une bannière.

– Il a l'air si bon! s'exclame la «reine-abeille» et j'ai tellement faim!

– Ha ha! ça donne faim de voir de la bonne viande, signora. Maintenant, c'est mon tour. Heh... Gino! dit le girovago en faisant un grand geste. Et un bel homme mal lavé, à moustache noire, s'avance d'un air assez gauche. Il a une tenue militaire, gris-neutre. C'est un beau garçon, grand et robuste, aux yeux sombres, d'une gaucherie méditerranéenne.

– Tiens, prends ça, – fait le girovago en lui mettant brusquement la longue broche en main. C'est ton affaire, prépare le souper, tu es la femme. Moi je garde les saucisses, je m'en charge.

La «femme» s'asseoit au bout du foyer, à la place du vieux rôtisseur et, de ses mains brunes et nerveuses, entasse les tisons qui restent. Le feu ne donne plus de flammes et baisse. L'homme au front sombre le remue afin de faire cuire sa viande. Il tient négligemment la broche au-dessus de la masse rouge. Un morceau en tombe. Les hommes rient. «Rien de perdu» fait-il en reprenant les paroles du girovago. Il l'y embroche de nouveau et l'avance sur le feu, cependant qu'il lance, de sous ses cils sombres, un regard vers nous et le girovago.

Le girovago parle sans arrêt. Il se tourne vers moi avec sa poignée de saucisses.

– Ça a du goût, fait-il.

– Oh oui... bonne *salsiccia*, dis-je.

– Vous mangez le chevreau? Vous mangez à l'auberge? Je réponds que oui.

– Non – fait-il. Restez manger avec moi. Mangez donc avec moi. La saucisse est bonne, notre chevreau sera rôti et le feu est bien agréable.

Je ris, sans trop le comprendre. Il est certainement un peu éméché.

– Signora, fait-il en se tournant vers la «reine-abeille» (il ne lui plaît pas, avec son impudence, et elle lui fait la sourde oreille autant qu'elle le peut). Signora, est-ce que vous comprenez ce que je dis?

Elle répond que oui.

– Signora, fait-il, je vends des choses aux femmes. Je leur vends des choses.

– Qu'est-ce que vous leur vendez? lui demande-t-elle étonnée.

– Des Saints, dit l'autre.

– Des Saints! s'écrie-t-elle, encore plus étonnée.

– Oui, des Saints, affirme-t-il avec une gravité d'ivrogne.

Dans son embarras, elle se tourne vers les gens de l'arrière-plan. Le gros soldat s'avance, c'est le chef des carabiniers.

– Oui, et des peignes, des savonnettes, des petits miroirs, explique-t-il sarcastique.

– Des Saints, répète le girovago. Et aussi des *ragazzini*... des gamins. Partout où je vais, il y a un petit qui accourt vers moi en criant: *Babbo! Babbo!* Papa! Papa! Partout où je vais... des gamins. Et je suis le *babbo*.

L'assemblée invisible accueille cette déclaration avec une sorte de sarcasme silencieux. La bougie s'épuise, le feu s'éteint. L'homme au front sombre essaie en vain de le refaire. La «reine-abeille» s'impatiente, elle a faim. Elle se lève, courroucée, trébuche dans le passage sombre et s'exclame: «Est-ce qu'on ne mange pas encore?»

– Eh... patience! patience, signora. Ça prend du temps, ici, dit l'homme dans la pénombre.

L'homme au front sombre lève les yeux vers le girovago et dit:

– Est-ce que tu vas cuire les saucisses avec les doigts?

Il essaie de briller et de faire de l'esprit, mais il appartient à ce genre de personnes qu'on ne remarque jamais. Le girovago continue à bavarder en dialecte et se paie notre tête, parce que nous sommes dans cette auberge. Mais je n'arrive pas à le suivre.

– Signora, dit le girovago, comprenez-vous le sarde?

– Je comprends l'italien et un peu de sarde, réplique-t-elle, assez vivement. Et je sais que vous essayez de vous moquer de nous, de vous payer notre tête.

Il fait entendre un rire gras et satisfait.

– Ah, signora, dit-il. Nous avons un langage dont vous ne sauriez même pas comprendre un mot. Personne ici ne le comprendrait, sauf moi et lui. (Et il désigne l'homme au front noir.) Tout le monde aurait besoin d'un interprète. Tout le monde.

Mais il ne dit pas interprète, il dit *interpretre* en mettant l'accent sur la pénultième, comme s'il s'agissait d'une espèce particulière de prêtre.

– Un quoi? dis-je.

Il répète avec une satisfaction d'ivrogne et je saisis.

– Alors, dis-je – c'est un dialecte? Quel est votre dialecte?

– Mon dialecte est sassari. Je viens de Sassari. Si je parlais mon dialecte, ils y comprendraient quelque chose. Mais si je parle ma langue, il leur faudrait un interprète.

– Quel langage est-ce donc?

Il s'appuie à moi et rit.

– C'est la langue que nous employons quand les femmes achètent les choses et que nous ne voulons pas qu'elles comprennent ce que nous disons, moi et lui.

– Oh, je vois. Nous avons cette langue en Angleterre. Nous l'appelons le latin des voleurs. *Latino dei furbi.*

Derrière nous les hommes éclatent de rire, contents de voir la plaisanterie se retourner aux dépens de l'impertinent girovago. Il baisse le nez et me regarde. Mais voyant que je ris sans malice, il s'appuie à moi et me dit tout bas d'un air secret :

– Qu'est-ce que vous faites comme affaires ? Quelles affaires ?

– Quoi ? Comment ? – m'exclamai-je. Je ne comprends pas.

– *Che genere di affari ?* Quel genre d'affaires ?

– Comment cela, *affari ?* dis-je. Je ne saisis toujours pas.

– Qu'est-ce que vous *vendez ?* dit-il, tout net, avec quelque dépit. Quelles marchandises ?

– Je ne vends rien, lui répliquai-je, en riant à la pensée qu'il nous prend pour des charlatans ambulants ou des commis-voyageurs.

– De l'étoffe... je ne sais pas... fait-il d'une voix cajoleuse, malicieusement, comme pour me tirer les vers du nez.

– Mais rien du tout, rien du tout, dis-je. Nous sommes venus en Sardaigne pour voir les costumes paysans.

Je pense que ma réponse fera bonne impression.

– Ah, les costumes... fait-il. Il me prend évidemment pour un malin.

Puis il se met à échanger des plaisanteries avec son compagnon au front sombre, qui, accroupi au foyer, pousse toujours son rôti dans les braises. La pièce est presque entièrement sombre. Le compagnon lui donne la répartie et tente de faire de l'esprit, lui aussi. Mais c'est le girovago qui domine. Un peu trop d'ailleurs. Trop impudent, au gré de la « reine-abeille » bien qu'au fond de moi je l'aime assez. Le camarade est un de ces beaux garçons passifs et stupides.

– Lui! – dit le girovago en se tournant brusquement
vers moi et me désignant son camarade – c'est ma femme!

– Votre femme! dis-je.

– Oui, c'est ma femme parce que nous sommes
toujours ensemble.

Il se fait brusquement un silence de mort derrière
nous. Néanmoins, son camarade le regarde sous ses cils
noirs et lui dit avec un demi-sourire.

– Tais-toi, sinon je te donnerai un gros *bacio* ce soir.

Ce qui provoque une pause fatale, puis le girovago
continue :

– Demain, c'est la *festa* de Sant'Antonio à Tonara.
Demain nous allons à Tonara. Et vous?

– À Abbasanta, dis-je.

– Ah! Abbasanta! vous devriez venir à Tonara. À Tonara,
le commerce marche bien... et il y a des costumes. Vous
devriez venir à Tonara. Venez avec lui et moi à Tonara
demain et nous ferons des affaires ensemble.

Je ris mais ne réponds pas.

– Venez, fait-il. Vous aimerez Tonara! Ah! Tonara, c'est
un bel endroit. Et il y a une auberge. Vous y mangerez
bien, vous y dormirez bien, je vous le garantis, parce que
10 fr., ça n'est rien pour vous. N'est-ce pas? 10 francs,
ça n'est rien pour vous. Bon, vous venez donc à Tonara.
Quoi? qu'est-ce que vous dites?

Je secoue la tête et ris sans répondre. À vrai dire, j'aimerais aller à Tonara avec lui et son camarade et y faire
de belles affaires : si seulement je savais de quelles affaires
il s'agit.

– Vous dormez en haut? me dit-il.

Je fais signe que oui.

– Voilà mon lit, dit-il, en prenant une des nattes de
joncs indigènes posées contre le mur.

Je ne le prends pas le moins du monde au sérieux.

— Est-ce qu'on fabrique ça à Sorgono? dis-je.

— Oui, à Sorgono. Ce sont des lits, vous voyez! Vous les roulez un peu au bout, et voilà, ça vous fait un coussin.

Il y appuie la joue.

— Pas possible, dis-je.

Il se rasseoit à côté de moi et mon attention vagabonde. La « reine-abeille » est en colère à cause du dîner. Il doit bien être 8 h et demie. Le chevreau, le parfait chevreau doit refroidir et se gâter. Le feu et la bougie se consument. Quelqu'un est allé chercher une nouvelle bougie, mais il est clair qu'il n'y a pas moyen de refaire le feu. Le camarade est toujours accroupi près de l'âtre, son beau visage éclairé par le terne rougeoiement du foyer, et il essaie patiemment de faire rôtir son chevreau en le poussant contre les braises. Il a des membres lourds et forts sous son habit kaki, mais la main qui tient la broche est brune, tendre, sensible – une vraie main méditerranéenne. Le girovago avec sa blondeur, son visage rond, sa maturité et sa vitalité agressive a davantage le type nordique. À l'arrière-plan, il y a quatre ou cinq hommes que je ne distingue pas, à part un gros soldat, probablement le chef *carabiniere*.

Juste au moment où la « reine-abeille » parvient à l'exaspération que je ressentais tout à l'heure, la fille au châle apparaît en criant: Pronto!

— Pronto! Pronto! répète tout le monde.

— C'est grand temps, aussi, dit la « reine-abeille » en bondissant de son banc. Où mange-t-on? y a-t-il une autre salle?

— Il y a une autre salle, signora, dit le *carabiniere*.

Nous sortons vivement de la prison chauffée, laissant derrière nous le girovago, son camarade et deux autres hommes, des muletiers venus de la route. Je peux voir que le girovago est fâché d'être laissé en arrière. C'est, de loin, la plus forte personnalité, l'esprit le plus pénétrant de l'auberge. C'est pourquoi il déteste être relégué au second plan, après avoir capté l'attention générale durant toute la soirée. Et moi aussi, je ressens une espèce d'affinité avec lui. Mais voilà, le destin, en établissant une mystérieuse division entre la vie respectable et la vie de bohème, nous sépare. Il y a un gouffre entre moi et lui, entre ma voie et la sienne. Et, malgré des affinités spirituelles, des différences irrémédiables. Il y a je ne sais quoi de sordide en lui – et il le sait. C'est pourquoi il est toujours éméché. Pourtant je préfère l'âme solitaire du loup à celle du mouton. Si seulement ils ne se métissaient pas entre eux. Probablement le bohème est-il appelé à devenir métis. C'est dommage qu'avec son âme indomptable de loup solitaire, il devienne toujours un paria, presque de son plein gré. Un simple bohème.

Tout compte fait, je regrette mon girovago, bien que je sache que cela ne m'avance à rien de penser à lui. Sa voie n'*est pas* la mienne. Mais je le regrette quand même.

Nous nous trouvons dans une salle à manger (longue table, assiettes creuses renversées) froide comme un tombeau, éclairée par un bec d'acétylène. Trois hommes nous accompagnent : le *carabiniere*, un petit jeune homme brun à petite moustache noire, en courte capote militaire doublée de laine et un jeune homme aux yeux bleus fatigués, portant un pardessus bleu-marine, très chic. La demoiselle au châle entre avec l'inévitable soupière de *minestrone* (soupe aux choux, choux-fleurs et autres ingrédients). Nous nous en servons et le gros *carabiniere* entame la conversation en nous posant les questions habituelles... et où allons-nous demain ?

Je demande des renseignements sur les autobus. Alors le jeune homme aux airs soucieux, aux yeux fatigués, m'apprend qu'il est le chauffeur de l'autobus. Aujourd'hui, il revient d'Oristano, qui est situé sur la ligne principale – après avoir fait un parcours d'une soixantaine de kilomètres. Demain matin, il se rend à Nuoro, au-delà des montagnes – même distance. Le garçon à petite moustache noire et aux grands yeux grecs est son camarade, le receveur. Ils font Oristano-Nuoro, soit un parcours de 140 km ou plus. Et cela, tous les jours, tous les jours. Rien d'étonnant à ce qu'il semble épuisé. Pourtant il a cette espèce de dignité, ce sérieux préoccupé et cette fierté de l'homme qui est à la tête d'une machine. Les surhommes du jour : les dieux de la machine.

Ils répètent ce qu'a dit le vieux rôtisseur : il vaut bien mieux, pour nous, aller à Nuoro qu'à Abbasanta. C'est donc à Nuoro que nous irons. Le départ aura lieu demain matin à 9 h et demie.

Toutes les deux nuits, le chauffeur et son camarade logent dans cette auberge-risveglio primitive. La chambre propre et nette que nous avons vue doit être la leur. Je demande si les repas sont toujours aussi tardifs, si tout va toujours aussi mal qu'aujourd'hui. Toujours, quand ce n'est pas pire, font-ils avec une certaine indifférence sarcastique. On passe toute sa vie au Risveglio à attendre et à se glacer, à moins qu'on ne trouve du plaisir à boire de l'eau-de-vie comme les autres là-bas. Et le chauffeur fait un signe de tête en direction de la « prison ».

– Qui sont ces gens-là ? dis-je.

Celui qui parle sans arrêt est un *mercante*, un *mercante girovago*, un colporteur. C'est un *girovago*, un colporteur qui vend des saints et des gamins ! L'autre est son camarade, il l'aide à transporter son ballot. Ils circulent ensemble. Oh ! mon girovago est un personnage fameux dans toute la région. Et où couchent-ils ? Là-bas, dans la pièce où le feu se meurt. Ils déroulent les nattes et s'y étendent, les pieds à l'âtre. Ils paient pour ça 6 sous ou 8 au maximum. Et ça leur donne le privilège de cuire leur nourriture. Le Risveglio ne leur fournit que le feu, le toit et la natte de jonc. Et, bien sûr, la boisson. Oh ! inutile d'avoir de sympathie pour le girovago et les gens de son espèce. Ils ne manquent de rien. Ils ont tout ce qu'ils veulent. Tout. Et de l'argent en abondance. Ils vivent pour la liqueur qu'ils boivent. C'est tout ce qu'ils demandent : leur ration quotidienne d'eau-de-vie. Et ils l'ont. Ah ! ils n'ont pas froid. – Et si la chambre se refroidit pendant la nuit, et s'ils n'ont pas du tout de couverture ? Bah ! ils attendent le matin et, dès le petit jour, ils avalent un grand verre d'eau-de-vie. Leur feu, leur foyer, leur famille : c'est la boisson. L'eau-de-vie, c'est leur foyer et leur famille.

Le mépris tolérant mais profond avec lequel les trois hommes de la salle à manger parlent de ceux de la *stanza* me surprend. Quel dédain, quelle amertume presque, chez le chauffeur à propos de l'alcool ! Il est évident qu'il le déteste. Nous avons tous pourtant notre bouteille de vin sombre, mortellement glacé et nous en buvons ; cependant le sentiment des trois jeunes gens sur l'ivresse déclarée est profondément hostile, mêlé d'un brûlant dégoût *moral* qui est plus nordique qu'italien. Et ils plissent la bouche de dégoût, quand ils

parlent du girovago, de son effronterie, de son impudente
agressivité.

Quant à l'auberge, elle ne vaut pas cher. Elle était
très bien du temps de ses anciens propriétaires. Mais
maintenant... ils haussent les épaules. Potrail-Vineux
et la fille-au-châle n'en sont pas les maîtres. Ce ne sont
que les directeurs de l'hôtel (ici, un pli sarcastique de la
bouche). Le propriétaire est un homme du village – un
jeune homme. Il y a une ou deux semaines de cela, vers
la Noël, toute la salle était remplie d'hommes buvant et
jurant à cette même table, quand le propriétaire entra
dans un état d'ivresse furieuse, brandissant une bouteille
d'un litre autour de la tête et hurlant : « Dehors ! dehors !
dehors ! tous sans exception ! Je suis le maître ici. Et
quand je veux vider ma maison, je la vide. Que chacun
m'obéisse. Sinon, je vous fais sauter la cervelle avec cette
bouteille. Dehors, dehors, dis-je. Tout le monde ». Et tous
les hommes vident les lieux. Mais, ajoute le chauffeur, je
lui dis qu'une fois que j'avais payé mon lit, j'étais décidé
à y dormir. Je n'acceptais pas d'être expulsé par lui ni par
un autre. Alors, il finit par céder.

Un silence général succède à ce récit. Il y a évidemment certaines choses qu'on ne nous a pas dites.
Le *carabiniere* en particulier est muet. Gros garçon, pas
très brave, quoique charmant.

– Ah ! mais – ajoute le petit receveur brun à la figure
bronzée et aux délicats traits grecs – il ne faut pas leur
en vouloir. Vrai, l'auberge n'est pas fameuse. Mais il
faut avoir pitié d'eux, car ils sont surtout ignorants. Les
pauvres, ils sont *ignoranti !* Pourquoi leur en vouloir ?

Ici s'affirme l'esprit moderne de l'Italie : la pitié sans bornes pour les ignorants. Et qui n'est que veulerie. La pitié rend l'ignorant plus ignorant et le Risveglio chaque jour plus impossible. Si quelqu'un faisait voltiger une bouteille à l'oreille de Poitrail-Vineux et, arrachant son châle à la petite dame effrontée, la renvoyait tête basse dans son tunnel, ce couple nous témoignerait peut-être quelques égards et se respecterait davantage. Mais non, ayez pitié d'eux, les pauvres *ignoranti*, pendant qu'ils ruinent la vie et la dévorent comme de la vermine! Avoir pitié d'eux! Ce qu'il leur faut, ce n'est pas de la pitié, mais une bonne raclée : à eux et à leurs milliers de semblables.

La fille au châle apparaît avec un plat de chevreau. Inutile de le dire, les *ignoranti* se sont réservé les meilleures parts. Ce qu'on nous sert, ce sont cinq morceaux de rôti froid, un pour chacun de nous. Le mien est une espèce de grand peigne de côtes avec une mince pellicule de viande. Trente grammes peut-être. Voilà tout ce que nous avons, après avoir assisté à toute l'opération du rôtissage. On y ajoute un plat de choux-fleurs bouillis que nous mangeons avec le pain grossier – par pure faim. Puis une orange bilieuse. Vraiment, aujourd'hui, on n'est pas nourri. Dans les bons comme dans les mauvais hôtels, on ne vous sert que de misérables portions d'aliments peu substantiels et vous en sortez avec la faim...

Le chauffeur – le plus grave des trois – nous parle des Sardes. Ah! les Sardes! Ils sont désespérants. Pourquoi? Parce qu'ils ne savent pas faire la grève. Eux aussi sont ignorants. Mais cette espèce d'ignorance l'ennuie davantage. Ils ne savent absolument pas ce qu'est une grève. Vous leur offrez un jour 10 fr. pour la journée – il parle maintenant des mineurs de la région d'Iglesias – non, non, non, ils ne les prennent pas, ils veulent 12 fr. Allez leur offrir 4 fr. le lendemain pour une demi-journée et oui, oui, ils les prennent. Et voilà où ils en sont : ignorants, ignorants. Ils ne savent absolument pas faire la grève. Il s'échauffe d'une façon assez sarcastique là-dessus. Le ton de ces trois jeunes hommes est le ton de l'ironie et du scepticisme comme celui de tous les jeunes gens d'aujourd'hui. Mais ils ont... le chauffeur tout au moins a quelque ferveur pour ses grèves et son socialisme, mais c'est une ferveur pathétique – la ferveur du *pis aller**.

Nous causons du pays. La guerre a pratiquement vidé la Sardaigne de son bétail, nous disent-ils. Et maintenant que le pays est désert, la terre arable va être remise en jachère. Pourquoi ? Eh bien, dit le chauffeur, parce que les propriétaires terriens ne veulent pas dépenser leur capital. Ils ont immobilisé leur capital et la terre meurt. Ils trouvent plus avantageux de remettre en jachère les terres arables et d'élever quelques têtes de bétail que de payer des salaires élevés, de faire pousser du blé et d'en tirer de maigres gains.

Oui, fait le *carabiniere*, et les paysans ne veulent plus travailler la terre. Ils détestent la terre. Ils feront n'importe quoi pour s'en délivrer. Ils veulent des salaires réguliers, peu d'heures de travail... et envoient dinguer le reste. Ils émigrent donc en France comme terrassiers, par centaines. Ils vont en foule à Rome, ils y assiègent les bureaux de placement et font les soi-disant travaux du gouvernement pour cinq francs par jour (un simple manœuvre de gare en touche au moins dix-huit). Ils préfèrent n'importe quoi au travail de la terre.

Oui, et que fait le Gouvernement ? réplique le chauffeur. Il démolit les routes de la campagne romaine afin de donner du travail aux chômeurs qui les refont. Mais en Sardaigne où les routes et les ponts font absolument défaut, qu'est-ce qu'il fait ? Rien.

Et voilà où ils en sont. Le chauffeur aux yeux creusés d'ombre fait entendre la note intelligente de la conversation. Le *carabiniere* y prend part avec assez d'intérêt, mais, trop souple, il se laisse mener où l'on veut. Quant au petit receveur à tête grecque, il s'en moque tout simplement.

Entre un retardataire qui prend place au bout de la table. La fille-au-châle lui apporte de la soupe et une croûte de chevreau. Il lance sur cette dernière un regard méprisant, et, tirant de son sac un gros morceau de porc rôti, du pain et des olives noires, se compose un repas convenable.

Comme nous n'avons pas de cigarettes, le chauffeur et son compagnon nous offrent de force leurs chères cigarettes de Macédoine. Le chauffeur dit qu'elles sont *squisitissime*, tout à fait, tout à fait exquises. Si exquises que tous les étrangers en veulent. Pour ma part, je crois qu'elles sont exportées d'Allemagne pour le moment. Et elles sont très bonnes quand il leur arrive de contenir du tabac. D'ordinaire, ce sont des tubes de papier creux qui vous flambent d'un coup sous le nez.

Nous décidons de nous offrir une tournée. Ils choisissent la précieuse eau-de-vie. La variété blanche, je crois. Elle arrive enfin. Le garçon aux yeux sombres est allé la chercher. Elle a un goût de pétrole sucré, relevé d'un soupçon d'anis : infect. La plupart des liqueurs italiennes sont sucrées et infectes.

Finalement, nous nous levons pour aller nous coucher. Nous nous retrouverons tous demain matin. Et cette pièce-ci est glaciale, il gèle dehors. En sortant, nous jetons un coup d'œil sur la fameuse *stanza*. Une forme y est étendue par terre, dans une obscurité presque complète ; quelques tisons rougeoient encore. Les autres hommes, sans doute, sont dans le bar.

Ah, l'infecte chambre à coucher ! La « reine-abeille » se noue autour de la tête un grand foulard blanc tout propre afin d'éviter le contact du coussin répugnant. Le lit est froid, dur et plat. Les deux couvertures également. Mais nous sommes très fatigués. Or, au moment où nous allons nous endormir, il s'élève d'en bas un chant très étrange, aigu, inquiétant, au refrain glapissant, pareil à un aboiement de douleur et de colère. Étrange, presque macabre, le chant se poursuit. C'est d'abord une voix, puis une autre, puis une cohue de voix. Ensuite nous sommes réveillés par un lourd martèlement de pas dans le couloir aussi creux et sonore qu'un tambour. Puis, dans l'infernale basse-cour, un coq se met à chanter. Et tout le long de la nuit – oui, tout le long des heures gelées de la nuit noire – ce volatile diabolique claironne ses chagrins de démon.

Le matin arrive tout de même. Je me débarbouille précautionneusement dans la cuvette ébréchée et me sèche avec un voile de mousseline qui, étendu sur une chaise, fait office d'essuie-mains. La « reine-abeille » se contente de faire sa toilette à sec. Et nous descendons dans l'espoir d'avoir le lait de la veille.

En bas, pas un chat. Le matin est froid, clair, durci par le gel. Personne dans le bar. Nous traversons en trébuchant le passage-tunnel. La *stanza* : on dirait que personne n'y a jamais mis les pieds : toute sombre, les nattes poussées contre le mur, et dans la cheminée une poignée grise de cendres froides. Tout à fait prison.

La salle à manger a toujours sa même table longue, son éternelle nappe... et nos serviettes toujours mouillées gisent encore à l'endroit où nous les avons jetées. Nous retournons donc au bar.

Cette fois-ci, nous y voyons un homme buvant de l'eau-de-vie et Poitrail-Vineux derrière son comptoir. Il ne porte pas de chapeau, et, chose extraordinaire, il n'a pas de front du tout – mais des cheveux noirs, plats et raides, qui lui descendent jusqu'aux sourcils; pas de front du tout.

– Y a-t-il du café?

– Non, il n'y a pas de café.

– Pourquoi?

– Parce qu'on ne peut pas avoir de sucre.

– Ha! s'exclame le paysan qui boit l'eau-de-vie. Vous faites le café avec du sucre!

– Ici, dis-je, on le fait avec rien du tout. Y a-t-il du lait?

– Non.

– Et pourquoi?

– Personne n'en apporte.

– Oui, oui, ils peuvent avoir du lait, s'ils le veulent, fait le paysan. Mais ils préfèrent que vous buviez de l'eau-de-vie.

Je me vois buvant de l'eau-de-vie! Ma rage d'hier me remonte à la tête brusquement, elle m'étouffe! Il y a quelque chose dans cet épais garçon noir, vineux, graisseux qui me révolte.

– Pourquoi – lui dis-je, tombant dans la rhétorique italienne – pourquoi tenez-vous une auberge? Pourquoi est-ce que vous y faites écrire le mot Ristorante gros comme ça, alors que vous n'avez rien à offrir aux gens? Pourquoi avez-vous l'impudence de prendre des

voyageurs? Qu'est-ce qu'elle veut dire, votre auberge?
Hein, qu'est-ce qu'elle veut dire? Allons, dites-nous le!
Qu'est-ce qu'il veut dire, votre Ristorante-Risveglio écrit
gros comme ça?

Après avoir débité toute cette tirade d'une seule
haleine, je sens que l'indignation m'étouffe. L'homme
à la chemise ne souffle mot. Le paysan rit. Je réclame
la note: 25 fr. et quelque. Je ramasse tous les centimes
qu'on me rend.

– Vous ne laissez pas de pourboire? me demande la
«reine-abeille».

– Un pourboire! dis-je suffoqué.

Nous montons alors nous faire du thé, et nous en
remplissons le thermos. Puis, sac au dos, je quitte enfin
le Risveglio.

C'est dimanche matin. La rue gelée du village est
presque déserte. Nous nous rendons à l'endroit où elle
s'évase et où stationne l'autobus. J'espère qu'ils n'ont pas
l'impudence d'appeler ça une Piazza!

– Est-ce l'autobus de Nuoro, demandé-je à un groupe
de gamins.

Et ne voilà-t-il pas qu'eux aussi se moquent de nous!
Mais je les foudroie du regard. L'un d'eux dit: oui, puis
ils s'éclipsent. Je range le sac et le kitcheno dans la partie
réservée aux premières classes. Les premières classes sont
devant. Nous y serons mieux pour voir.

Des hommes attendent là, les mains dans les poches
quand ils ne portent pas le costume. Certains sont en
noir et blanc. Tous portent les longs bonnets. Et tous ont
de grands plastrons blancs. Ils ont des gilets de tenue de
soirée. Imaginez ces beaux plastrons blancs bien dégoû-
tants et vous aurez une idée de celui de notre aubergiste.

Mais ces hommes tranquilles et immobiles sont d'une propreté neigeuse, car c'est dimanche. Ils fument leurs pipes dans l'air gelé et ne semblent pas prodigues de leur amitié.

L'autobus part à 9 h et demie. Le campanile fait retentir neuf coups. Deux ou trois jeunes filles descendent sur la route, dans leur costume de dimanche brun-pourpre. Nous remontons, dans le clair matin tout vibrant, en direction du sentier.

Et de là-haut, comme tout redevient beau dans le matin perçant ! Tout le village dort dans l'ombre bleuâtre. Les collines aussi, avec leurs chênes rares et pâles, sont plongées dans l'ombre bleuâtre ; mais dans le lointain, l'éclat gelé du soleil fait luire de merveilleuses pierreries sur les harmonieuses collines sauvages et maigrement boisées de ces hautes terres. Un miracle de beauté éclôt autour de nous. Et quelle humanité !

Revenus au village, nous trouvons une petite boutique où nous achetons des biscuits et des cigarettes. Et nous trouvons nos amis de l'autobus. Ils sont timides ce matin. Ils seront prêts dès que nous le serons. Nous nous installons donc à nos places, tout joyeux de quitter Sorgono.

Je dois dire en faveur de ce village qu'on doit y être honnête, car les gens laissent leurs sacs derrière eux sans aucune appréhension.

Nous montons la route, mais pour nous arrêter, hélas, au Risveglio. Le petit receveur prend le sentier qui descend vers la gare. Le chauffeur va boire un coup avec un camarade. Il y a foule à l'entrée de la triste auberge. Un petit groupe de gens grimpent en 2ᵉ classe derrière nous.

Nous attendons toujours. Nous voyons monter un vieux paysan en grand costume noir et blanc, qui a le sourire heureux et naïf des vieux. Derrière lui monte un jeune homme au visage frais, portant une valise.

– Na! dit le jeune homme. Vous voilà dans l'autobus. Et le vieux ouvre de grands yeux et sourit d'un air étonné, distrait, naïf.

– Ça va comme ça, eh? poursuit le jeune citoyen toujours protecteur.

Mais le vieux est trop impressionné pour lui répondre. Il regarde à droite, à gauche. Puis il se souvient tout à coup qu'il a un paquet, et le cherche, inquiet. Le jeune homme au clair visage va le lui ramasser et le lui tend.

Ah! tout va à merveille.

Je vois le petit receveur dans son mirifique par-dessus militaire doublé de mouton, qui descend alertement, à grands pas, le petit sentier avec le sac postal. Le chauffeur grimpe sur son siège, devant moi. Il a une écharpe autour du cou et le chapeau enfoncé jusqu'aux oreilles. Il donne un coup de klaxon et notre vieux paysan d'allonger le cou pour voir comment il a fait ça.

Une brusque secousse. Nous démarrons et commençons à gravir la colline.

– Eh! qu'est-ce que c'est? demande le paysan effrayé.

– On s'en va, lui explique le jeune homme au clair visage.

– On s'en va? Est-ce que nous ne sommes pas partis depuis un moment?

Le clair visage est ravi, il rit.

– Mais non, dit-il. Vous croyez que nous sommes partis depuis que vous vous êtes assis?

– Oui, lui répond le vieux, candidement – puisque la portière était fermée.

Le jeune citoyen échange avec nous un joyeux regard d'intelligence.

VI

NUORO

Ces cars italiens sont splendides. Ils prennent si facilement les côtes et les tournants ; ils paraissent filer si naturellement. Et le nôtre est confortable, en plus. Les routes italiennes m'impressionnent toujours. Elles traversent intrépidement les régions les plus abruptes avec une surprenante facilité. En Angleterre, chacune (ou presque) de ces routes – en régions montagneuses – serait trois fois signalée comme dangereuse et passerait dans tout le pays pour un casse-cou. Ici, ça n'est rien du tout. Elles grimpent, plongent, serpentent avec une parfaite aisance. On dirait que leur construction n'a donné aucun mal. Elles sont si bonnes, naturellement, qu'on remarque à peine l'œuvre splendide qu'elles représentent. Évidemment, l'empierrement en est intolérablement défectueux. Non entretenues, la plupart de ces routes tomberaient en ruine au bout de dix ans ; car elles sont taillées parmi des rocs en surplomb et creusées sur des flancs de collines. Mais je trouve merveilleuses l'audace avec laquelle les Italiens en ont percé toutes leurs régions inaccessibles (et ils en ont beaucoup !) et les parfaites communications que les autobus établissent actuellement sur ces grandes routes. Les régions les plus escarpées, les plus inabordables sont couvertes d'un véritable réseau routier. On dirait que ces Italiens ont la passion des grandes routes et des communications constantes. Et en cela ils ont un réel instinct romain, *maintenant* – car ces routes sont nouvelles.

Les chemins de fer également percent des kilomètres et des kilomètres de rocher et personne n'y fait attention. La ligne côtière de Calabre qui descend jusqu'à Reggio, nous marcherions sur la tête si nous l'avions en Angleterre. Ici, c'est chose naturelle. De même j'éprouve toujours une profonde admiration pour leur manière de conduire – que ce soit un grand autobus ou une auto. Cela semble si facile, comme si l'homme faisait corps avec sa machine. Rien de ces insupportables grincements, de ce sentiment d'insécurité qui sont familiers dans le nord. Ici l'auto se comporte sans heurt, comme une chose vivante, sensible.

Tous les paysans ont la passion de la grande route. Ils veulent que leur terre s'ouvre, s'ouvre toujours davantage. On dirait qu'ils haïssent l'ancien isolement de l'Italie. Ils veulent être capables de sortir à l'instant, de s'en aller... vite, vite. Un village, à trois kilomètres de la grand'route, même s'il est juché comme un nid d'aigle sur une aiguille, réclame impatiemment *sa* route, réclame impatiemment *sa* correspondance quotidienne avec le chemin de fer. Il n'y a pas de paix, pas de repos au cœur de la terre. Mais une fièvre, une incessante irritation.

Et pourtant, presque toutes les voies ferrées sont mal entretenues, les routes sont affreuses. C'est comme si rien n'avait été fait. Notre merveilleuse ère mécanique est-elle destinée à connaître un si bref épanouissement ?

Les merveilleuses communications, l'étonnante ouverture des terres vont-elles s'évanouir bientôt ? et les lieux isolés retomberont-ils dans leur inaccessibilité ? Qui sait ? Moi je l'espère.

Le car nous entraîne dans sa course rapide et sinueuse. Il traverse parfois des ombres froides, comme opaques, parfois des carrés de soleil. De minces couches de glace brillent dans les ornières, une épaisse gelée blanche recouvre l'herbe. Je ne puis dire à quel point me charme le spectacle de l'herbe et des buissons lourds de gelée, sauvages – dans leur sauvagerie primitive. Les abruptes collines sauvages ont des pentes hérissées et brous-sailleuses, avec des baies attardées et de longues tiges d'herbe brûlées par la gelée. Et la sombre vallée plonge comme un ravin, mais touffue, hérissée, ininterrompue. Je sens alors combien j'aime l'hiver aux ombres bleues, aux embroussaillements fauves et son immobilité gelée. Les jeunes chênes gardent leurs feuilles brunes dont une mince bordure de frimas rehausse la beauté.

Et l'on se rend compte combien la véritable Italie est vieille, flétrie, humanisée. L'Angleterre apparaît plus farouche, sauvage et solitaire dans ses campagnes. Tandis qu'ici, depuis des siècles immémoriaux, l'homme a aménagé en terrasses les terribles pentes des montagnes ; ici, il a extrait son roc, il a fait paître ses moutons parmi ces maigres bois, il s'est coupé des branches et fait du charbon, il s'est à demi domestiqué, même au cœur des forteresses les plus sauvages. Voilà ce qu'il y a de si atti-rant dans les lieux les plus reculés, comme les Abruties par exemple. La vie y est si primitive, si païenne, si étran-gement sauvage encore. Et pourtant si humaine. Et la région la plus sauvage est toujours à demi-humanisée, à demi-soumise. Consciente. Où que l'on soit, en Italie, on prend conscience des influences présentes ou médiévales ou encore des dieux lointains et mystérieux de la Méditerranée primitive. En quelque lieu que l'on soit, on y sent un génie conscient. L'homme y a vécu, y a introduit sa conscience, la lui a communiquée et, en lui donnant son expression, l'a littéralement parachevé. Que cette expression soit Proserpine, Pan ou les étranges «dieux voiles» des Étrusques ou des Sicules, elle s'y affirme toujours. La terre a été humanisée jusque dans ses profondeurs. Et nous, dans le tissu de notre conscience, nous portons les résultats de cette humanisation. En sorte que, pour nous, aller en Italie, *pénétrer* en Italie, c'est faire une fascinante découverte intérieure au travers des immenses profondeurs du passé. D'étranges cordes fabuleuses s'émeuvent en nous et se remettent à vibrer après maints siècles d'oubli total.

Et puis... et puis on aboutit finalement à un sentiment de stérilité. Tout cela est rebattu. *Connu, connu!**

Mais ce dimanche matin, à la vue du gel parmi l'enchevêtrement des buissons encore sauvages de Sardaigne, mon âme frémit de nouveau. Cela n'était pas du connu. Cela n'était pas du rebattu. La vie n'est pas qu'un processus régressif de découverte. Elle est cela aussi – et elle l'est, intensément. L'Italie m'a restitué je ne sais quelles richesses; elles sont, en tout cas, considérables. Elle m'a rendu tant de fragments de moi-même, comme à un Osiris mutilé. Mais ce matin-là je me rendis compte dans cet autobus qu'indépendamment de cette grande redécouverte régressive – que l'on *doit* faire pour être vraiment complet – il est un élan vers l'avant, il est des terres intactes, inconnues où le sel n'a point perdu sa saveur. Mais il faut commencer par s'accomplir dans le vaste passé.

On mange volontiers en voyage. Nous nous mettons aussitôt à grignoter des biscuits. Le vieux paysan au large pantalon blanc et à la cuirasse noire, un sourire étonné sur son vieux visage coiffé d'un long bonnet, a ôté la coquille d'un œuf dur qu'il tire de son paquet – bien qu'il ne se rende qu'à Tonara, à une dizaine de kilomètres d'ici. Calme et prodigue, il fait tomber presque tout le blanc de l'œuf en même temps que la coquille. Le citoyen de Nuoro – car telle est la qualité du jeune homme au clair visage – lui dit : « Regardez donc comme vous le gaspillez ! » « Ha ! » fait le vieux en faisant un geste d'indifférence. Qu'est-ce que ça peut lui faire, puisqu'il est *en voyage** et que pour la première fois de sa vie il est dans un autobus.

Le citoyen de Nuoro nous raconte qu'il a certaines affaires à Sorgono et qu'il fait la navette entre les deux villages. Le paysan lui fait tel ou tel travail ou bien lui apporte quelque chose à Tonara. C'est un jeune homme plaisant, aux yeux brillants. Il compte pour rien huit heures d'autobus.

Il nous dit qu'il y a encore du gibier parmi ces collines : des sangliers que l'on chasse au cours de grandes battues et beaucoup de lièvres. C'est une chose curieuse, dit-il, que de voir un lapin fasciné, la nuit, par les phares de l'autobus : il détale, les oreilles rejetées en arrière, file devant lui comme un fou, toujours à l'intérieur du faisceau lumineux, avant de se perdre dans l'obscurité d'une colline.

Nous descendons dans une vallée étroite et profonde. Bifurcation. Cantine. Puis nous regrimpons tout droit, à pic vers Tonara, le village ensoleillé que nous avons vu hier. Mais nous l'aborderons par derrière. Comme nous émergeons au soleil, la route dessine une grande courbe en direction d'une crête qui sépare deux vallées. Et voici qu'en face de nous scintille une tache écarlate et blanche. Elle se déplace lentement. C'est une procession lointaine, où l'on devine des silhouettes de femmes écarlates et une grande statue qui s'éloignent lentement dans le matin de dimanche. Elle passe sur l'étroit plateau ensoleillé qui domine la profonde vallée. C'est une procession serrée de femmes éclatantes dans leurs atours écarlates, blancs et noirs, qui avance lentement dans le lointain contre les maisons gris-jaune du village perché sur la crête, en direction d'une vieille église isolée : sur ce mince col élevé, elle semble franchir un pont de soleil.

N'allons-nous pas en voir davantage ? L'autobus tourne, s'engage sur la bonne route neuve, puis vire. Et, là-bas, nous voyons un peu au-dessus de nous, la procession qui vient à notre rencontre. L'autobus s'arrête doucement. Nous en descendons. Là-haut, vieille et dorée parmi les rochers lisses et les touffes d'herbe plate, l'église fait retentir sa cloche. Juste en face de nous se dressent quelques maisons de pierre à moitié démolies. Venant de deux villages nettement visibles, accrochés, l'un au-dessus de l'autre, sur le sommet abrupt du versant méridional, la route monte vers nous en serpentant doucement. Beaucoup plus bas, se creuse la vallée méridionale d'où s'élèvent les bouffées blanches d'une locomotive. Psalmodiant lentement, et maintenant proche, la procession ondule entre les herbes, sur la route blanche, dans le haut matin calme. Nous sommes debout sur cette crête qui domine le monde, par delà des abîmes de silence. Une étrange et brève monodie s'élève, psalmodiée en staccato par les hommes, puis un rapide frisson de légères voix de femme donne les répons. Et les voix d'hommes reprennent! Ce sont surtout les hommes qui sont en blanc. Le prêtre en robe et ses enfants de chœur mènent le chant. Immédiatement derrière eux vient un petit groupe de montagnards de haute taille, tête nue, bronzés, en velours doré, inclinés sous le poids de la statue grandeur naturelle de St-Antoine de Padoue assis. Puis un certain nombre d'hommes en costume, mais leurs pantalons de toile sont larges et flottants, presque jusqu'à la cheville, au lieu d'être rentrés dans leurs guêtres noires. Ils paraissent ainsi très blancs sous le noir kilt plissé. La veste de frise noire est coupée assez bas, comme celle d'un costume de soirée et les longs bonnets sont posés de diverses façons. Les hommes chantent d'une voix grave, profonde, mélodieuse. Puis vibre le chœur frissonnant et cristallin des femmes. Et la procession s'étire lentement, vaguement, au rythme du chant. La grande statue avance toute raide, assez ridicule.

Après les hommes il y a un petit vide. Puis c'est la brillante avant-garde des femmes serrées deux par deux, marchant les unes aux talons des autres et chantant machinalement quand vient leur tour. Elles ont toutes un magnifique costume. À la suite des grands paysans en noir et blanc arrivent les fillettes, deux par deux, graves et conventionnelles, en vermillon, en blanc et en vert : de longues jupes écarlates leur tombent jusqu'aux pieds, bordées de vert à leur extrémité. Elles ont des tabliers blancs ornés de vert très vif et de diverses couleurs, de petits boléros écarlates à ourlets pourpres, ouverts sur leurs chemisiers bouffants et des foulards noirs noués sur leur petit menton qui ne laissent que leurs lèvres à découvert, et encadrent toute la tête en noir. Étonnantes fillettes, parfaites et sages dans leur raide costume brillant, avec leurs foulards noirs! Altières comme des princesses de Vélasquez! Viennent ensuite les grandes filles et les femmes mûres en procession serrée. Les longues jupes vermillon à bandes vertes forment une seule masse mouvante de couleur fulgurante et lentement ballante – les tabliers blancs avec leurs brillantes bandes de vert sont tout lumineux. À la gorge, les amples chemisiers blancs se ferment au moyen de gros boutons en filigrane d'or, en forme de globes accouplés, et les manches bouffantes s'échappent des boléros écarlates à bords pourpres et verts. Les visages se rapprochent, encadrés de foulards noirs. Toutes les lèvres chantent les répons, mais tous les yeux nous observent. Le gros de la procession mouvante et bariolée arrive à notre hauteur. Le rouge-coquelicot du tissu uni se mêle rythmiquement, les bandes et les rayures vert émeraude flamboient sur la pourpre et le blanc brillants; les yeux noirs nous lancent de longs regards sous les noirs bandeaux, nous fixent avec une furieuse curiosité tandis que les lèvres, automatiquement, répètent les chants. L'autobus s'étant arrêté sur le côté abrité de la rue, la procession qui le contourne se profile contre le ciel, au-dessus de la grande vallée. Le prêtre nous fixe également; le hideux St-Antoine se bombe légèrement en dépassant l'arrière du gros car gris, les paysans en vieux velours doré et pâli transpirent sous le faix et chantent toujours, tandis que leurs pantalons blancs leur battent les jambes. Ils ont les mains derrière le dos et se retournent pour nous voir. Les dures mains puissantes nouées derrière le kilt plissé! Les femmes suivent lentement d'un pas traînant, dans une oscillation d'écarlate et de vert, et se tordent le cou pour nous voir davantage. Et la procession côtoie le car, s'étire longuement contre le ciel. Vu de derrière, l'écarlate a l'intensité du géranium ; l'on aperçoit alors la coupe curieuse et délicate du dos des boléros rouge-coquelicot, bordés de pourpre mauve et de vert, tandis que le blanc des chemisiers apparaît à la taille. Les manches se déploient, les foulards pendent longuement. Les jupes plissées oscillent doucement, les bandes vertes en soulignent le mouvement. Voilà certainement, le rôle de cette épaisse bande émeraude : c'est de faire courir d'avant en arrière ce merveilleux mouvement horizontal du vermillon suave et de donner cette splendeur statique et déméterienne à la robe paysanne déjà si magnifique dans ses teintes de géranium et de malachite.

Tous les costumes ne sont pas identiques. Les uns ont plus, les autres moins de vert. Certains comprennent des boléros d'un rouge foncé, ou bien d'humbles tabliers sans bandes. Il en est qui accusent manifestement une trentaine d'années : mais ils sont encore parfaitement entretenus. C'est la parure du dimanche et des grandes fêtes. Quelques autres sont plus foncés que le vermillon pur. La diversité des nuances accroît la beauté de cette armée de femmes en marche.

Quand tout le monde est entré en rang dans la petite église solitaire bâtie au plus haut de la crête, le car descend silencieusement se placer sur un terre-plein, tandis que nous prenons le sentier rocheux qui mène à l'église. Quand nous arrivons à la porte latérale, nous trouvons l'église toute pleine. Debout à l'entrée, nous voyons les fillettes agenouillées sur les dalles nues de l'église, et derrière elles, toutes les femmes agenouillées sur leurs tabliers, les mains négligemment jointes. Elles emplissent toute l'église jusqu'à l'autre porte latérale ensoleillée, la grande porte ouest. Dans l'ombre de l'église blanche et nue, toutes ces femmes agenouillées ressemblent, avec leurs couleurs et leurs foulards noirs, à un riche parterre de fleurs, de géraniums à chaperon noir. Elles sont toutes à genoux sur le dur dallage.

À quelques pas des fillettes géranium, les hommes en vieux velours doré courbent leur tête ronde et brune et s'agenouillent dévotement avec quelque gaucherie. Plus loin brillent les étranges cuirasses noires et les grandes manches blanches des paysans grisonnants et barbus. Devant eux, le prêtre, en chasuble blanche, bien visible, vient de commencer sans préambule son sermon. Sur l'autel trône, volumineux et important, un St-Antoine de Padoue moderne et maniéré, tenant au bras un enfançon. On dirait une espèce de madone mâle.

« Et maintenant, dit le prêtre, le bienheureux St-Antoine vous enseigne la façon d'être chrétiens. Ce n'est pas assez de ne pas être Turcs. Certains croient qu'ils sont chrétiens parce qu'ils ne sont pas Turcs. Il est vrai que personne d'entre vous n'est Turc. Mais il vous faut encore être de bons chrétiens. Et cela vous pouvez l'apprendre du bien-heureux St-Antoine. St-Antoine..., etc., etc. »

L'opposition entre Turc et Chrétien garde encore de sa force en Méditerranée où les Mahométans ont laissé une telle empreinte. Mais combien ce mot *cristiani cristiani* prononcé avec cette onction cléricale me porte sur les nerfs! La voix froide poursuit son homélie. Et les femmes nous observent intensément, la « reine-abeille » et moi, les mains très négligemment jointes.

– Allons! partons! dis-je, laissons-les à leur sermon.

Nous quittons donc l'église et la foule des fidèles agenouillés et, laissant derrière nous les maisons déla-brées, nous descendons vers l'autobus qui stationne sur une espèce d'esplanade, de terrasse unie, plantée de quelques arbres et dominant silencieusement sa vallée. Il y faudrait un piquet de soldats portant arquebuses. Et j'y verrais volontiers quelques infidèles pur-sang. Ils redonneraient du nerf à ce misérable christianisme.

Mais l'endroit est admirable. On situe d'ordinaire le niveau de la vie au niveau de la mer. Mais ici, au cœur de la Sardaigne, le niveau de la vie s'élève à ce plateau doré de soleil, le niveau de la mer se perd au loin, quelque part dans l'ombre, et ne signifie rien. Le niveau de la vie est très haut, très haut dans la douceur du soleil, parmi les rochers.

De là, nous regardons, en bas, les bouffées de vapeur qui montent des profondeurs de la vallée boisée où nous sommes arrivés hier. Il y a une vieille maison basse sur cette *piazza*, juchée en aire d'aigle. J'aimerais y vivre. Le véritable village – ou plutôt les deux villages jumeaux comme des boucles d'oreilles – est situé un peu plus loin, en face de nous. Il fait saillie, près du sommet de l'immense versant boisé qui se prolonge jusqu'au moment où il tombe à pic, dans les lointaines profondeurs ombreuses.

Et c'est sur cette pente que grimpait hier le vieux paysan avec ses deux filles brillantes et son poney chargé.

Et quelque part dans ces villages nacrés doivent se trouver mon girovago et sa «femme». J'aimerais voir leur étal et boire de l'eau-de-vie avec eux.

– Quelle magnifique procession! dit la «reine-abeille» au chauffeur.

– Ah! oui, les costumes de Tonara comptent parmi les plus beaux de la Sardaigne, répond-il d'un air pensif.

Le car repart, mais sans le vieux paysan. Nous reprenons notre route. Une femme longe l'église tirant un cheval par le licou. Elle va à grands pas et sa jupe marron s'agite comme un éventail. Apparemment, le costume rouge-géranium est réservé pour le dimanche – celui de la semaine est marron comme celui-là, puce ou garance.

Le car glisse rapidement le long de la colline et pénètre dans la vallée. Vallées sauvages, encaissées, touffues. Chênes-lièges aux jambes brunes. Sur l'autre versant, un paysan noir et blanc travaille tout seul, petite tache solitaire, au milieu d'une minuscule terrasse. Dans le lointain, on dirait absolument une pie. Ces gens-là aiment à être tout seuls. Il arrive si souvent de voir une créature toute seule, perdue dans ces déserts. Quelle différence avec la Sicile et l'Italie où les gens ne *peuvent* pas être seuls ! Il *faut* qu'ils soient toujours deux ou trois.

Mais c'est dimanche matin et rares sont ceux qui travaillent. Sur la route nous dépassons divers piétons, hommes à toison de mouton noire, garçons en vieille tenue de soldat. Ils cheminent d'un village à l'autre, par les vallées sauvages. On a une impression de liberté et de flânerie pareille à celle de la campagne anglaise du dimanche matin. Seul ce vieux paysan travaille – et un chevrier surveille ses chèvres blanches au long pelage.

Elles sont superbes, ces chèvres, et si vives ! Elles filent devant nous telles des ombres blanches, puis descendent en flèche la colline. J'en vois une debout sur une branche de chêne, au milieu des ramures : telle une énorme hamadryade blanche, elle mâche, satisfaite, des feuilles aériennes, puis se dressant sur ses membres inférieurs, si longs, elle étend ses minces pattes très loin devant elle vers une haute branche.

À chaque village nous nous arrêtons et descendons. Et notre petit receveur disparaît dans la poste pour y prendre son sac postal, une petite chose flasque d'ordinaire, contenant peut-être trois lettres. Les gens s'attroupent autour de nous, beaucoup d'entre eux en haillons. Ils ont l'air pauvres, peu attirants, légèrement dégénérés, peut-être. Et, après tout, il semble que l'instinct qui pousse l'Italien à entrer en rapide contact avec le monde soit salutaire. Car dans ces villages isolés, qui ont été loin de tout centre civilisé depuis le commencement des temps, il y a quelque chose de sordide dans le visage des gens. Nous devons nous rappeler que l'autobus est une grande nouveauté. Cela fait cinq semaines seulement qu'il fonctionne. Je me demande combien de temps il continuera à le faire.

Car, j'en suis sûr, ça ne paie pas. Un billet de 1er classe coûte, je crois 27 fr. – celui de 2e classe, à peu près les trois quarts du premier. Or, en plusieurs parties du trajet, nous sommes très peu de voyageurs. La distance couverte est si grande et la population si rare, que même en tenant compte de la passion de l'évasion qui possède aujourd'hui tous les villageois, l'autobus ne peut faire qu'une moyenne de deux à trois cents francs par jour. Somme insuffisante si l'on en déduit le salaire des deux hommes, le prix considérable de l'essence et les frais d'entretien.

Je m'en informe auprès du chauffeur. Il ne me dit pas combien il touche – je ne le lui ai pas demandé. Mais il m'apprend que la compagnie paie à ses employés le logis et la nourriture aux étapes. Aujourd'hui dimanche, il y a moins de voyageurs. Affirmation difficile à croire. Une fois, il a transporté 50 personnes sur tout le parcours Tonara-Nuoro. Une fois! Mais il proteste en vain. Et puis, dit-il, l'autobus se charge de la poste et le gouvernement verse une subvention de tant de milliers de lires par an – un joli chiffre. Apparemment le gouvernement, dans cette affaire, est le perdant, comme d'habitude. Or, il y a des centaines – sinon des milliers – de ces autobus qui parcourent les communes retirées de l'Italie et de la Sicile. La Sardaigne en possède tout un réseau. Ils sont splendides – peut-être représentent-ils une nécessité absolue pour cette population nerveuse qui ne peut tenir en place et qui trouve quelque soulagement dans la vitesse de ses *autovie*, comme on appelle les services d'autobus.

Les *autovie* sont exploitées par des compagnies privées, subventionnées par le gouvernement.

Et nous filons dans le matin... Au bout d'un moment apparaît un gros village, posé sur un sommet lointain, dont la pierre luit sur les hauteurs. Il a l'air magique des minuscules villages de sommets, perdus dans le lointain. Ils me rappellent toujours les visions que dans mon enfance je me faisais de Jérusalem, dressée contre le ciel, étincelante, avec ses cubes aux vives arêtes.

Il y a une curieuse différence entre les frais et fiers villages de hauteurs et les villages de vallées. Ceux qui couronnent le monde sont clairs et radieux comme Tonara. Ceux qui sont situés en bas, dans l'ombre, ont une atmosphère sombre, sordide, une population repoussante, comme Sorgono et les autres villages où nous avons fait halte. Ce jugement peut être parfaitement erroné. C'est en tout cas mon impression. Nous sommes maintenant au point culminant du trajet. Les hommes que nous voyons sur la route portent la toison de mouton et certains ont même le visage couvert d'un châle. En nous retournant, nous revoyons au haut des fissures de la vallée la neige du Gennargenta qui revêt de blancheur ses larges épaules.

Le car stoppe lentement dans une haute vallée près d'une rivière à l'endroit où la route de Fonni rejoint la nôtre. Il y a là un garçon qui attend avec sa bicyclette. J'aimerais aller à Fonni. On dit que c'est le plus haut village de Sardaigne.

Devant nous, sur la longue ligne de faîte, s'élèvent les tours de Gavoi. C'est la halte du milieu, l'endroit où les autobus font leur *coincidenza* et où nous allons nous arrêter une heure pour manger. Nous montons toujours le long des lacets de la route, et entrons enfin dans le village. Des femmes se mettent à leur porte pour nous regarder. Elles ont le costume garance foncé. Des hommes, pipe à la bouche, accourent au-devant de nous.

Nous voyons l'autre car... une foule de gens. Nous nous arrêtons enfin. Fatigue, faim. Nous sommes à la porte de l'auberge et nous y entrons aussitôt. Et dès l'abord, quelle surprise! Un petit bar coquet où des hommes boivent joyeusement. Une porte latérale donne sur la salle commune: quel endroit charmant! Dans une très large cheminée de pierre, blanche et nette, au rebord délicieusement incurvé, brûle un feu de longs fagots, taillés proprement et posés horizontalement sur les chenêts. Un joli feu clair et brillant devant lequel de curieuses petites chaises très basses sont placées pour que nous nous y asseyions. Ces amusantes petites chaises basses semblent être une spécialité de la région.

Le sol de la pièce est pavé de galets ronds et sombres, merveilleusement propres. Aux murs sont accrochés de brillants éventails de cuivre, étincelants sur la blancheur de la chaux. Et sous la longue fenêtre horizontale donnant sur la rue, se trouve une dalle de pierre où des cavités permettent de faire de petits feux de charbon. La large courbe du cintre de la cheminée se creuse doucement, celle de la fenêtre est encore plus large, et participant de la même délicate convexité, le toit blanc se voûte légèrement. Avec l'éclat de ses cuivres, son vaste parquet aux galets rose-sombre, ses dimensions spacieuses et ses fagots luisants et propres, cette salle est vraiment de toute beauté. Nous nous asseyons près du feu tandis que notre hôtesse grassouillette et son agréable fille nous souhaitent la bienvenue. Toutes deux sont en robe bleu-garance et en blanc chemisier bouffant. Les gens entrent et sortent au hasard par différentes portes. Ces maisons-là sont construites sans aucune espèce de plan, les chambres se succèdent n'importe comment. Une chienne émerge de l'obscurité, s'arrête devant le feu, puis me regarde avec son sourire satisfait de chienne.

Mais nous mourons de faim. Qu'y a-t-il à manger ? Et est-ce prêt ? Il y a du *cinghiale*, nous dit l'agréable fille aux dures pommettes, et il est presque prêt. Le *cinghiale* étant du sanglier, nous essayons d'en renifler l'odeur. La fille va et vient, assez désordonnément, avec une assiette ou une serviette. Finalement la table est mise. Nous traversons une espèce de couloir sombre et entrons dans une grande salle obscure et nue, pavée de galets, à table blanche et assiettes creuses renversées. Elle est glaciale. La fenêtre donne au nord sur un paysage hivernal de plateaux, de champs, du murs de pierre et de rochers. Ah ! l'air immobile et glacé de cette pièce !

Mais nous sommes toute une tablée : le chauffeur du deuxième car et son camarade, nous-mêmes, un voyageur barbu du deuxième car avec sa fille, le citoyen de Nuoro, au clair visage, et notre chauffeur. Notre petit receveur aux yeux sombres n'est pas parmi nous. L'idée me vient, par la suite, qu'il ne peut s'offrir ce repas qui n'est pas compris dans sa paie. Le citoyen de Nuoro confère avec notre chauffeur – qui a les yeux cernés – et fait apporter à la fille une boîte de sardines. On l'ouvre au moyen d'un grand couteau de poche appartenant au second receveur. C'est un garçon hardi, singulier, impétueux qui me plaît beaucoup. Mais je suis terrifié par sa manière de tailler la boîte de sardines avec son canif. Cependant nous pouvons manger et boire.

Après quoi on nous sert le *brodo*, le bouillon, dans une grande soupière. Il est fumant et très, très concentré. Simple comme tout, c'est un consommé très riche, sans légumes – mais comme il est bon, tonifiant – et copieux! Nous l'avalons en mangeant le bon pain froid. Puis on nous sert le sanglier. Hélas! ce ne sont que de gros morceaux de bouilli sombre et grossier, avec lesquels la soupe a été faite. Tout à fait secs, sans graisse. Je serais bien embarrassé de dire quelle viande c'est, si l'on ne me l'avait appris. Dommage qu'un sanglier soit si mal préparé! Nous mangeons tout de même ce bouilli avec du pain, bien contents de pouvoir nous mettre ça sous la dent. Ça bourre, au moins. Comme condiment, nous avons un bol d'olives vertes, assez amères.

Le citoyen de Nuoro produit alors une énorme bouteille de vin qu'il qualifie de *finissimo* et ne nous permet pas d'achever la bouteille qui est servie à chaque client. Nous vidons nos verres pour les faire remplir de vin de Sorgono, plus rouge, plus léger, plus délicat que l'autre. Il est excellent.

Le deuxième receveur non plus ne prend pas le repas de l'auberge. Il produit, à son tour, un énorme morceau de bon pain de maison et au moins une moitié d'agneau rôti, ainsi qu'un gros cornet d'olives. Il insiste pour que son agneau fasse le tour de la table et agite dramatiquement son couteau et sa fourchette pour contraindre chaque convive à en prendre un bon morceau. Les uns après les autres donc, nous nous servons des olives et de ce rôti froid extraordinairement bon. Puis le receveur s'y met à son tour. Il lui reste encore une bonne quantité de viande.

C'est extraordinaire à quel point ces gens sont généreux et foncièrement bien élevés. Bien sûr, le deuxième receveur agite sa fourchette et son couteau d'un air farouche, si l'on ne prend qu'une petite tranche d'agneau. Il veut que nous en prenions davantage. Mais la courtoisie *essentielle* de tous ces hommes est vraiment parfaite : virile, absolument simple. De même leur attitude vis-à-vis de la « reine-abeille ». Ils la traitent avec une simplicité sensible et virile dont on ne peut que leur savoir gré. Ils ne font aucune de ces odieuses politesses qui sont si détestables chez les gens « comme il faut ». Ils ne font pas les avances, ne présentent pas les hommages haïssables de l'adulation masculine. Ils sont tranquilles, aimables, attentifs au flux naturel de la vie, tout à fait dépourvus de manières. Ils me plaisent extrêmement. Des hommes qui peuvent être tranquillement aimables et simples avec une femme, sans chercher à briller ou à faire impression, voilà des hommes. Ils ne sont ni humbles ni suffisants. Ils n'essaient pas de briller. Oh Dieu ! quel bonheur, quel soulagement que d'être avec des gens qui ne font pas d'embarras. Nous sommes à cette table tranquillement, naturellement, comme si nous y étions seuls et nous nous mêlons à leur conversation librement. Quand nous n'avons pas envie de parler, ils ne font pas attention à nous. Voilà ce que j'appelle des bonnes manières. Des bourgeois prétentieux trouveraient ces hommes grossiers. Or, ce sont peut-être les seules personnes vraiment bien élevées que j'aie rencontrées. Ils n'essaient pas le moins du monde de se faire admirer ni de faire admirer leur simplicité. Ils savent que l'homme est éternellement seul, que son âme est seule en son essence et que tous ses attributs ne sont que néant – et cette curieuse intuition leur permet de conserver leur simplicité.

Après avoir pris le café, je trouve, en sortant, notre receveur assis sur une petite chaise auprès du feu. Il a un air légèrement pathétique. J'ai le bon sens de lui offrir du café, ce qui lui rend quelque gaîté. Mais ce n'est que plus tard, en rassemblant les faits, que je compris qu'il aurait voulu être avec nous tous à table, mais que son salaire de receveur ne lui permettait pas probablement de faire ces frais. La note de nos deux repas s'élève à une quinzaine de francs.

L'autobus est plein. Une jeune paysanne en costume de Nuoro me fait vis-à-vis, et près de moi un homme d'âge moyen à barbe sombre la couve des yeux. C'est évidemment son mari. Il ne me plaît pas. C'est le genre aigre et jaloux. Quant à elle ; elle est belle à sa façon. Mais avec une pointe de diablerie, à coup sûr. Deux villageoises sur leur trente-et-un : robe de ville, foulard de soie noire sur la tête – et qui se prennent pour des dames. Soudain, bousculade folle : et trois vigoureuses luronnes sont poussées à l'intérieur du car, éclatant de rire et folles de joie. On se vocifère des adieux et l'autobus s'éloigne de Gavoi entre des terrains désolés et des rochers, sur une espèce de plateau. Nous faisons un ou deux kilomètres. Puis nous nous arrêtons : les joyeuses filles descendent. Je présume qu'on leur a offert ce petit tour pour leur dimanche. Elles en sont ravies. Elles prennent, avec d'autres femmes, tête nue et en costume, un sentier frayé entre des rochers plats et des champs froids.

La jeune femme en face de moi a quelque chose de remarquable. Je dirais qu'elle n'a pas vingt ans – mais n'en aurait-elle pas davantage ? Le fin réseau de traits qui se dessine autour de ses yeux en accuse-t-il trente-cinq ? Quoi qu'il en soit, elle est bien la femme de l'homme en veloutine. Il est râblé ; il a des poils blancs parmi son inculte barbe noire et de petits yeux marrons irascibles sous ses sourcils ombrageux. Il la regarde tout le temps. Peut-être n'est-elle après tout qu'une nouvelle mariée. Elle a ce regard inexpressif des gens qui se savent observés et font semblant de ne pas s'en apercevoir. Elle tourne le dos au moteur.

Elle porte le foulard noir en arrière et ses cheveux sont bien tirés à partir du front assez dur, large, bien modelé. Ses sourcils sombres dessinent une belle ligne au-dessus des grands yeux gris-sombre et translucides, mais ils ont un haussement obstiné et irritant. Elle a le nez droit et petit, la bouche bien close. Et ses grands yeux hostiles ont un regard buté. Cependant, mariée et éveillée probablement depuis peu, elle me regarde d'un œil provocant, curieuse de me situer dans le clan des maris, rebelle à ses nouveaux secrets et à l'autorité du mâle, et pourtant intriguée par le fait même qu'un homme est là. Son mari en veloutine – ce tissu a pris une pâleur dorée mais lui donne un air laid et vulgaire – la regarde de ses irascibles yeux jaune-marron et sa barbe semble fumer. Elle porte le costume régional, l'ample chemisier fermé à la gorge par les deux globes de filigrane d'or, un petit boléro raide et soutaché, fermé à la taille sur la blancheur du corsage, et une jupe marron. Comme le car prend de la vitesse, elle pâlit légèrement, tout en gardant l'air pincé et obstiné d'une femme qui s'oppose à son mari. Puis elle lui lance quelques mots, que je ne saisis pas, et son front semble se durcir tandis qu'elle baisse de temps en temps ses cils sur ses larges yeux alertes, obstinés, perfides. Elle ne doit pas être très commode. Et ses genoux ballottent contre les miens chaque fois que penche l'autobus.

Nous arrivons dans un village. Le paysage s'élargit, se dégage... Le car s'arrête devant l'auberge. L'homme en veloutine et la jeune femme descendent. Il fait froid, mais je descends également. Le chauffeur me demande avec inquiétude si la « reine-abeille » est malade. La « reine-abeille » dit : non, pourquoi ? Parce qu'il y a une signora que le mouvement de l'autobus dérange. C'est la jeune femme.

L'auberge est pleine et bruyante. Dans l'arrière-salle sombre, sans meubles, un homme assis dans un coin joue de l'accordéon et des hommes à culotte serrée dansent ensemble. Puis ils en viennent à lutter follement et à se jeter les uns sur les autres en hurlant. Des hommes en noir et blanc, mais sales, leurs larges pantalons blancs pendant sur leurs guêtres noires, apparaissent çà et là. Ils sont tous excités par le vin. Ici encore, l'auberge est sordide mais elle déborde d'une rude vitalité virile. Le citoyen de Nuoro nous dit que le vin y est très bon et qu'il faut en goûter. Je n'en ai pas envie, mais il insiste. Nous buvons donc un petit verre de vin rouge tout simplement moyen. Le ciel est gris sous les nuages d'après-midi. Il fait un froid cuisant. Le vin ne donne pas de joie – il reste froid et mort – dans cette atmosphère. Le citoyen de Nuoro insiste pour payer. Il me laissera le faire, me dit-il, quand il viendra en Angleterre. On retrouve encore en lui et en nos amis de l'autobus la fameuse hospitalité sarde.

Quand le car se remet en marche, la «reine-abeille» propose à la paysanne, qui a repris son air pincé, de changer de place avec moi et de s'asseoir avec elle face au moteur. L'autre accepte avec cette dure assurance commune aux femmes de son espèce. Mais à la halte suivante, elle descend et oblige le receveur à s'asseoir dans notre coin, tandis qu'elle s'installe devant, entre le chauffeur et le citoyen de Nuoro. C'est ce qu'elle voulait depuis le début. Maintenant elle se trouve très bien. Elle tourne le dos au mari en veloutine et elle est serrée entre deux jeunes étrangers qui s'apitoient sur son sort. Veloutine lorgne son dos, et ses yeux s'aiguisent et son nez se plisse de mécontentement.

Les costumes changent de nouveau. On y retrouve l'écarlate, mais non le vert. Le vert fait place au mauve et au rose. Dans ces lieux froids, délabrés, misérables, les femmes paraissent éclatantes. Elles ont les jupes-géranium; mais leurs boléros sans manches ont un rebord étrange à la taille et sont ornés de fronces rose-rouge rayées de mauve et de bleu-lavande. Et tandis qu'elles montent entre d'affreux taudis, sous le ciel vide et glacial, le vermillon et le rose-rouge de leurs jupes se fondent dans un prodigieux claironnement visuel. Quelle dangereuse union de couleurs! Pourtant comme elle est superbe, la dure assurance de ces femmes éclatantes. Je n'aimerais pas avoir affaire à elles.

Le paysage s'élargit et se refroidit. Arrivés au sommet d'une colline nous voyons au bout d'un village une longue file de chars traînés chacun par un couple de bœufs et chargés de grands sacs, qui ondule dans la froide après-midi de dimanche. À notre vue, la procession s'arrête à un tournant. Alors ces bœufs pâles, ces sacs pâles, ces chars bas et pâles, conduits chacun par un homme de haute taille en bras de chemise, cette procession immobile qui remonte la colline dans cette lumière livide, tout cela prend l'air d'une vision, d'une gravure de Doré. Le car passe – les hommes tiennent le timon des chars, les bœufs demeurent figés comme le roc ou agitent les cornes. La « reine-abeille » demande au Velouliné ce qu'ils transportent. L'autre reste un bon moment sans faire cas de la question – puis il se décide à répondre que c'est le grain du gouvernement qui est distribué aux communes. Et un dimanche après-midi! Oh! ce blé du gouvernement! quel problème représentent ces sacs.

Nous descendons. Le pays s'élargit. Il reste décoloré et aride. Des pierres surgissent dans les larges vallons. Des hommes à cheval passent, perdus dans la distance. Des gens attendent l'autobus aux croisements, avec des ballots. Nous approchons de Nuoro. Il est trois heures passées. L'après-midi est froide, la lumière avare. Le paysage est nu, vaste, aride. Il diffère de tous ceux que nous avons déjà vus.

Nous entrons dans la vallée où un embranchement part vers Nuoro. Petites cabines roses, solitaires dans le lit de la vallée. Obliquant brusquement à droite, nous filons silencieusement au-dessus de vallonnements déserts et nous apercevons au loin la ville, un peu plus bas que nous, blottie au bout de la longue déclivité, aux pieds de montagnes soudainement surgies. C'est là qu'elle est située, comme au bout du monde, sur un fond de montagnes sombres.

Nous nous arrêtons devant le Dazio, la douane municipale. Veloutine y paie une certaine somme pour la viande et le fromage qu'il apporte avec lui. Puis nous glissons le long de la grand'rue froide de Nuoro. Cette maison-ci, est-ce la demeure de Grazia Deladda, la romancière? Non, c'est celle d'un coiffeur. Deladda. Et grâce à Dieu, nous sommes au bout de notre voyage. Il est quatre heures de l'après-midi.

L'autobus s'arrête à la porte de l'auberge – l'Étoile d'Italie, je crois. Nous y pénétrons. Personne. Entrée libre, comme toujours. Nouvelle preuve de l'honnêteté sarde. Nous lançons un coup d'œil dans une petite pièce nue et apercevons dans la chambre suivante, sombre et spacieuse, une vieille femme à cheveux blancs, à long visage d'ivoire qui repasse sur une grande table. On ne voit que la tache blanche de la nappe, la longue tête pâle et les yeux chagrins de la grande femme qui nous interrogent dans l'ombre.

– Y a-t-il une chambre, signora?

Elle me regarde de ses pâles yeux bleu-froid et appelle quelqu'un dans l'obscurité. Puis elle traverse le passage et nous examine.

– Êtes-vous mari et femme? nous demande-t-elle pleine de défiance.

– Oui, évidemment, dis-je.

Une minuscule bonne d'environ treize ans, alerte et déjà solide a répondu à l'appel.

– Mène-les au 7, dit la vieille dame qui retourne à ses ténèbres où elle reprend tristement son fer à repasser.

Nous montons deux volées de marches de pierre froides, étroites, déprimantes, à rampe de fer. Çà et là des couloirs s'ouvrent dans l'obscurité, en désordre. De l'intérieur, ces maisons donnent l'impression de n'avoir jamais été vraiment achevées, comme une porcherie où les

locataires se seraient entassés sans attendre qu'on y mette
un peu d'ordre et qu'ils auraient abandonnée ensuite,
telle quelle, misérable et chaotique.

Thumbelina, la petite bonne ouvre la porte du 7 avec
*éclat**. Et nous nous exclamons : «Mais c'est charmant!».
C'est un palace! Deux bons lits blancs et profonds, une
table, une commode, deux nattes sur le parquet carrelé ;
aux murs, de magnifiques oléographies – deux belles
cuvettes côte-à-côte. Le tout parfaitement propre et
net. Et c'est notre chambre! Nous sentons qu'il faut être
impressionnés.

Nous ouvrons les portes-fenêtres treillissées et regardons la rue, l'unique rue : c'est un fleuve de vie bruyante.
Une fanfare assez cacophonique joue au dernier coin de
la rue et d'innombrables masques en costume de carnaval vont et viennent en dansant parmi les filles qui se
promènent bras dessus, bras dessous. Et comme tout ce
monde est frétillant, pétillant, naturel!

Presque tous les masques sont des femmes. La rue
est pleine de femmes. C'est du moins notre première
impression. Mais à les regarder de plus près, nous nous
apercevons que la plupart de ces femmes sont des jeunes
hommes costumés. Tous les masques sont des jeunes
hommes. Et la plupart de ces jeunes hommes, bien
entendu, sont déguisés en femmes. En général, ils ne
portent pas de masques, mais des loups d'étoffe noire,
verte ou blanche qui leur descendent jusqu'à la bouche.
J'aime mieux ça. Car les demi-masques anciens, ceux de
Venise, par exemple, sont vraiment effroyables avec leur
trompe blanche pareille à un bec de vautour. Les têtes
modernes ne sont que repoussantes. Tandis que ces

loups roses à dentelles noires, vertes ou blanches, gardent quelque chose d'humain.

C'est un véritable jeu que de distinguer les vraies femmes des fausses. C'est quelquefois simple, quand « elles » se sont fait des rembourrages en forme de seins et de « tournures », quand « elles » se sont affublées de divers chapeaux et de diverses robes : alors « elles » se tortillent à pas menus comme de petites poupées tenues par un élastique – « elles » penchent la tête de côté, les bras ballants et sautent pour effaroucher les vraies demoiselles, et parfois « elles » reçoivent un bon soufflet qui déclenche une explosion de gestes et de cris.

Mais certains autres sont plus difficiles à identifier. Dans cette foule naïve et animée, on trouve tous les genres possibles de femmes à larges épaules et grands pieds. Le plus commun est le type mi-paysan, à forte poitrine, jupe énorme et maintien énergique. Mais on y voit aussi une veuve éplorée aux bras de sa robuste fille ; une centenaire enveloppée dans un couvre-lit au crochet, un gai luron en vieille robe et tablier, armé d'un balai et qui nettoie frénétiquement toute la rue. Il balaie avec une application narquoise devant deux demoiselles en manteau de fourrure qui avancent à petits pas maniérés, l'air très important. Il leur balaie la route, très humblement et les précède à reculons en leur faisant force courbettes tandis qu'elles avancent, le nez en l'air. Ce sont sûrement des filles de profiteur, de *pesce-cane*. Elles le dépassent enfin, fièrement. Alors, sautillant et gambadant follement à leurs trousses, il se remet furieusement à balayer derrière elles, comme pour effacer leurs traces. Et il y va si fort, si aveuglément qu'il leur touche les talons et les chevilles. Elles poussent des cris aigus, lancent autour d'elles des regards courroucés, mais l'aveugle balayeur ne les perçoit pas. Il balaie toujours et effleure leurs chevilles de soie. Les deux filles, cramoisies d'indignation, sautent rageusement comme des chats sur des briques brûlantes et s'enfuient en déroute. Il leur refait un grand salut et se remet gentiment, innocemment à balayer la rue. Un couple d'amoureux d'il y a cinquante ans passe très timidement en minaudant. La jeune fille en crinoline et cabriolet à voilette, s'appuie au bras de son ami. Je mets longtemps à m'assurer que la jeune fille est un jeune homme. Une vieille en chemise de nuit fait les cent pas avec une bougie comme si elle guettait des cambrioleurs. «Elle» s'approche des vraies jeunes femmes et leur met la bougie à la figure comme si elle les soup-çonnait de quelque chose; ce qui les fait rougir, tourner la tête et protester vaguement. La vieille scrute d'un air si inquiétant le visage d'une vigoureuse paysanne – qui dans son costume rose et écarlate a tout l'air d'un bouquet de géranium rose et rouge taché de blanc – que celle-ci, prise de panique, se met à lui donner des coups de poing furieux qui «la» mettent comiquement en fuite dans sa longue chemise de nuit blanche.

Nous voyons d'admirables robes de riche brocart ancien, de vieux châles brillants aux frissons d'argent et de bleu-lavande; de magnifiques tissus sombres et moirés aux larges bords blanc-argent et primevère, abso-lument ravissants. Je crois que deux de ces masques sont de vraies femmes; mais la «reine-abeille» prétend que non. Cependant, certain personnage à robe victorienne de lourde soie verte et à châle crème croisé nous laisse tous deux perplexes. Voici maintenant deux sœurs aux airs penchés, aux langueurs de lys et aux grands pieds. Puis une grande demoiselle très réussie à jupe-fourreau de satin noir et à toque ornée d'aigrette. Elle a une façon d'aller à petits pas, de tortiller son postérieur, de lorgner les gens par-dessus son épaule et de tenir les coudes au corps, qui est une admirable caricature. En particulier le mouvement de rebondissement de la « tournure », si caractéristique du féminisme moderne, est rendu avec une pointe d'exagération masculine qui me ravit. Au début, j'y ai même été pris.

Penchés sur la petite balustrade de notre balcon, nous contemplons ce fleuve de vie. Juste en face de nous se trouve la maison du pharmacien – et vis-à-vis de notre fenêtre, la plus belle chambre à coucher de l'appartement : énorme lit matrimonial tout blanc et rideaux de mousseline. Les filles du pharmacien sont assises au balcon, très élégantes avec leurs talons hauts et leurs cheveux relevés sur le front puis ramenés sur le côté. Oui, très élégantes. Nous nous examinons réciproquement. Mais sans intérêt. Le fleuve de vie est en bas.

Il commence à faire bien froid et le jour tombe. Nous décidons de descendre dans la rue en quête d'un café. Nous voici donc dehors frôlant les murs, passant aussi inaperçus que possible. Évidemment, il n'y a pas de trottoir. Ces masques sont très gentils et fantasques, aucun signe de brutalité chez eux. Maintenant que nous sommes au même niveau qu'eux, comme ils nous paraissent bizarres et amusants ! Un garçon porte une mince blouse blanche, les larges culottes de calicot de sa sœur, brodées à la cheville, et des bas blancs. Il marche simplement et paraît presque joli. Mais la longueur de ces culottes descendant au-delà du genou fait grimacer la « reine-abeille ». Un autre jeune homme s'est entortillé dans un drap et Dieu sait s'il pourra jamais s'en dépêtrer.

Un autre s'est ficelé dans un fouillis compliqué de voiles de fauteuil blancs. Très gênant à voir. On dirait un poisson dans un filet. Ce qui ne l'empêche pas d'avancer robustement.

Au bout de la rue, il y a une espèce de terrain vague. C'est là que la petite fanfare beugle sans arrêt. Une foule épaisse l'entoure. Un peu plus haut, sur un plan incliné, des garçons, des hommes, des masques, une ou deux filles dansent en rond, mais si serrés, formant un si petit cercle qu'ils font l'effet de rouleaux verticaux qui pivoteraient en branlant les uns contre les autres. Ils dansent une espèce de valse ardente et sautillante. Pourquoi ont-ils l'air si ardents? Peut-être parce qu'ils sont tellement serrés ensemble, comme des poissons dans un vase, qui glisseraient les uns contre les autres.

Il y a un café sur cette espèce de place informe. Mais les jeunes hommes n'y boivent que des liqueurs. Je sais bien qu'il serait inutile d'y commander autre chose que des boissons froides ou du café noir – mais nous n'en avons pas envie. Nous poursuivons donc notre chemin le long de la rue montante. Ces petites villes-là, on a tôt fait d'en voir le bout. Nous errons déjà dans la campagne. Là-haut, une famille paysanne fait un énorme feu de joie qui se dresse comme une tour orangée. De petits enfants pareils à des lutins y lancent des bouts de bois. Tout le monde est en ville. Pourquoi est-ce que ces gens font leur feu à l'écart, tout seuls?

Par-dessus le parapet, nous regardons la profonde vallée qui se creuse à nos pieds. Là-bas, en face de nous s'élève une montagne bleue au cône abrupt mais trapu. Les plateaux surgissent tout autour, bleu-foncé, ténébreux. Le soleil se couche dans une lueur pourpre. Le paysage est étrange, d'une architecture insolite. Ces collines bleu-sombre semblent sauvages, vierges. Les flancs lointains de la vallée sont tapissés de végétation. Tous ces environs semblent déserts. Rien – pas même un château. En Italie et en Sicile, il y a des châteaux partout. En Sardaigne, rien de pareil. Rien que ces vierges collines inviolées qui s'élèvent dans l'ombre, à l'écart de la vie.

Comme nous revenons, il commence à faire nuit et les cuivres de la petite fanfare expirent ; mais la foule déferle toujours et les masques dansent et se trémoussent inlassablement. Oh, la bonne vieille énergie d'autrefois, du temps où l'humanité n'était pas si consciente de soi ! Ici, elle est encore gaillarde.

Nous ne trouvons pas de café sympathique. À l'auberge, nous demandons s'il y a du feu quelque part. Il n'y en a pas. Nous montons dans notre chambre. Les filles du pharmacien ont allumé en face. On peut voir leur chambre à coucher comme si on y était. Dans l'ombre de la rue, les masques se trémoussent toujours. Tous les garçons y sont toujours joyeusement des femmes, mais moins rudement maintenant. Là-bas, au-dessus des maisons s'éteint une lueur pourpre. Et il fait très froid.

Il ne reste plus qu'à se mettre au lit. La « reine-abeille » fait sur la lampe à alcool un peu de thé que nous dégustons, assis au lit. Puis nous nous couvrons et demeurons immobiles pour nous réchauffer. Du dehors, les bruits de la rue nous parviennent toujours aussi intenses. Il fait tout à fait sombre. Les lumières se reflètent dans la chambre. Le son de l'accordéon se mêle à des voix enrouées, au tumulte de la rue. Puis des hommes entonnent à pleine voix un chant de soldat.

Quando torniamo in casa nostra...

Nous nous levons pour regarder. Sous les petites lumières électriques, un fleuve humain parcourt la rue étroite. Mais il y a moins de masques. Deux masques frappent à tour de bras contre une lourde porte close. Finalement la porte s'entrebâille à peine. Ils essaient d'y pénétrer, mais en vain. Elle s'est refermée dès qu'on les a aperçus. Déjoués, ils descendent la rue. La ville est pleine d'hommes ; beaucoup de paysans sont venus de leurs hameaux isolés. On voit maintenant le costume noir et blanc. Nous nous réfugions dans la tiédeur du lit. On frappe à la porte et Thumbelina entre en coup de vent dans l'ombre.

– *Siamo qua !* dit la « reine-abeille ».

Thumbelina fonce sur les portes-fenêtres, les ferme ainsi que les volets. Puis elle se précipite à mon chevet, allume l'ampoule, m'observe comme si j'étais un lapin dans l'herbe. Elle lance contre les cuvettes une cruche d'eau... glaciale hélas. Ensuite de quoi, petite et explosive, elle quitte la chambre en fusée et nous laisse dans l'éblouissante lumière électrique, après nous avoir répondu qu'il est un peu plus de six heures et que le dîner est à 7 h 1/2.

Nous restons donc tranquillement dans notre lit chaud. Mais nous attendons 7 h 1/2, car nous avons faim.

La « reine-abeille » n'y tient plus. Elle saute à bas du lit, bien que l'horloge du campanile vienne à peine de sonner 7 heures. Descendue en reconnaissance, elle remonte à l'instant me déclarer que les gens dévorent comme des ogres dans la salle à manger. L'instant d'après, nous y sommes. La salle est brillamment illuminée, les clients sont disposés par petite tables blanches. Atmosphère citadine. Tout le monde est jovial. La « reine-abeille » épie, en face, du poulet et de la salade... et elle a des espoirs – qui ne durent pas longtemps. En nous servant la soupe, la jeune fille nous annonce qu'il n'y a que de la *bistecca* : un bout de bœuf frit. Et c'est ce qu'on nous sert : un tout petit bout de bœuf, accompagné de quelques pommes de terre et d'un morceau de chou-fleur. C'est tout. C'est à peine suffisant pour un enfant de douze ans. Quelques mandarines composent le dessert. Et voilà le gros et le détail de ces sacrés repas. Y a-t-il du fromage ? Non. Il ne nous reste plus qu'à mâcher du pain.

Entrent trois paysans en costume noir et blanc qui s'asseoient à la table du milieu. Ils gardent sur la tête leurs longs bonnets. Comme ils semblent bizarres ! ils ont la lente démarche délibérée des hommes âgés et s'asseoient à l'écart, environnés de solitude. Ils ont je ne sais quoi de raide, de statique, d'immémorial. L'antique solitude des collines sardes les imprègne encore.

Tous les gens de notre coin – employés ou autres – se connaissent. Un grand chien à gros museau va d'une table à l'autre et nous lance un regard quémandeur de ses grands yeux topaze. Presque à la fin du repas, notre chauffeur et notre receveur arrivent, épuisés de faim, de froid, de fatigue. Ils logent ici et n'ont rien mangé depuis le bouillon au sanglier de Gavoi.

En un rien de temps, ils ont achevé leurs portions. Qu'y a-t-il d'autre ? Rien. Mais ils sont encore affamés. Ils commandent deux œufs chacun, en *padella*. Je commande du café et du brandy que je les prie de venir boire avec nous. C'est ce qu'ils font après avoir mangé les œufs.

Mais l'attention se tourne maintenant vers l'autre côté de la salle. Les hommes ont bu généreusement le bon

vin rouge de Sardaigne et parmi eux on distingue, juste
en face de nous, un personnage assez fort, aux agréables
yeux bleus, à la tête joliment modelée ; endimanché
comme n'importe quel citadin. Devant lui, le chien s'est
assis maintenant, immobile comme une statue. Et le gros
homme, un peu gai, se met à jouer avec le doux animal
puissant, à robe tachetée. Il met un bout de pain devant
le nez du chien, qui essaie de le prendre. Mais l'homme,
redevenu enfant sous l'effet de la boisson, repousse le
mâtin d'un doigt menaçant, lui dit de ne pas attraper
le pain et lui fait un petit sermon. Le chien essaie de
nouveau de le saisir, gentiment, mais l'homme sursaute,
retire le pain, effraie le chien qui recule et pousse un
glapissement aigu, maussade, comme pour lui dire : pourquoi te moques-tu de moi ?

– Maintenant, dit l'homme, faut pas l'attraper. Viens
ici. Viens ici. *Vieni qua!* – et il lui tend le morceau de
pain, l'animal approche. Maintenant, dit l'homme,
je mets ce pain sur ton nez et tu ne bouges pas... ha !
Le chien a essayé de saisir le pain ; l'homme le lui ôte
brusquement en criant ; l'animal recule et pousse un
nouveau glapissement de protestation. Le jeu se poursuit. Toute la salle l'observe en souriant. Le chien n'y
comprend rien. Il avance de nouveau, troublé. L'homme
lui met le pain près du nez, tout en le menaçant du doigt.
L'animal baisse tristement la tête et louche du côté du
pain, ému, décontenancé.

– Et maintenant, dit l'homme, attends que je dise
trois. Uno... due... mais le chien est à bout de patience.
Alors l'homme lâche brusquement son pain et hurle : e
tre ! Le chien engloutit le bout de pain avec un plaisir
résigné et l'homme prétend que tout s'est passé comme
il l'entendait, au mot : Trois.

Il recommence donc son numéro : *Vieni qua! vieni qua!* Le chien qui s'est retiré avec son pain revient hésitant, l'air piteux, fléchissant l'arrière-train comme font les chiens sous l'effet de l'appréhension, et il avance vers la nouvelle boulette de pain.

L'homme lui fait un nouveau sermon.

– Reste là, regarde le pain. Moi, je reste là, je te regarde, je tiens le pain. Tu ne bouges pas. Je ne bouge pas pendant que je compte jusqu'à trois. Attention! Uno... Mais le chien ne peut supporter d'attendre toute l'énumération, trop lente à son gré. Il essaie désespérément de saisir l'objet convoité. L'homme hurle, perd son pain, le chien l'engloutit et s'enfuit en rampant. Et tout recommence.

– Viens ici! Viens ici! Est-ce que je ne t'ai pas dit que je compterais jusqu'à trois? Già! Je t'ai dit que je compterais jusqu'à trois. Trois nombres seulement. Voyons! du calme! trois nombres. Uno... due... E TRE! Ces dernières syllabes, il les crie si fort que toute la salle en résonne. Le chien pousse un hurlement d'énervement, manque le pain et s'en va le chercher piteusement.

L'homme est tout rouge d'animation; ses yeux brillent. Il s'adresse maintenant à toute la compagnie.

– J'avais un chien, dit-il. Ah! quel chien! Je lui mettais un bout de pain sur le nez et je lui disais un vers. Alors il me regardait comme ça! (l'homme penche la tête et nous regarde sous ses sourcils). Et il me parlait comme ça : Zieu! Zieu! Mais ne bronchait pas. Non, jamais. On pouvait lui laisser le pain sur le nez toute une demi-heure... les larmes lui ruisselaient sur le museau... eh, bien, il ne bougeait pas. Pas avant que j'aie dit : trois. Mais alors... ah! (l'homme rejette la tête en arrière, happe l'air et engloutit une croûte imaginaire). AH! c'était un chien dressé. Et il secoue la tête.

– *Vieni qua!* Viens ici! Pstt! Viens ici!

Il caresse son gros genou et le chien réapparaît en rampant.

– Maintenant, lui dit-il, écoute! Écoute bien. Je vais te raconter quelque chose.

Il soldato va alla guerra...

Non, non pas encore, quand je dirai : trois...

Il soldato va alla guerra

Mangia mal, dorme in terra...

Attention! Reste tranquille. Bouge pas. UNO... DUE... E TRE... Et au moment où l'homme crie : Trois, le chien, saisi, ouvre la gueule, y laisse tomber le pain en remuant la queue d'un air malheureux et troublé.

– Ah! dit l'homme. Tu commences à apprendre. Viens! Viens ici! Viens ici! Allons! maintenant tu comprends. Là! là, regarde-moi!

Et le gros quadragénaire se penche vers son partenaire. Il est cramoisi, les veines de son cou se gonflent. Il parle au chien en l'imitant. Et il rend à merveille la douce obséquiosité inquiète et maladroite de l'animal. Le chien est son totem, la bonne bête affectueuse et dévouée.

Et il recommence à déclamer ses vers de mirliton :

Le soldat s'en va-t-en guerre

Il mange mal et dort par terre.

Allons! allons! Non, tu ne te tiens pas tranquille! Voyons!

Il soldato va alla guerra

Mangia mal, dorme in terra.

Il débite machinalement cette rengaine que tous les Italiens connaissent. Les auditeurs écoutent comme un seul homme, ou plutôt comme un seul enfant. Ces paroles retentissent dans tous les cœurs. Ils attendent impatiemment le Un, Deux et Trois. Et un cri assourdissant emporte ces deux derniers mots. Je n'oublierai jamais la force de ces syllabes : E TRE. Mais le chien fait piètre figure dans cette comédie. Il se borne à avaler le pain d'un air gêné.

Le jeu dure toute une heure, montre en main. Et pendant cette heure, la salle entière a les yeux fixés sur l'homme et le chien, au milieu d'un silence intense.

Nos amis nous disent que l'homme est inspecteur de la Compagnie. Leur inspecteur. Mais ils l'aiment bien : « *Un brav' uomo! un bravo uomo! Eh si* ». Peut-être sont-ils un peu gênés de le voir éméché et de l'entendre hurler sans façon : ET TROIS!

Leurs propos assez mélancoliques trahissent une vague insatisfaction. Les jeunes, en particulier les meilleurs d'entre eux, comme le chauffeur, sont trop tristes, trop sérieux de nos jours. Le petit receveur nous regarde de ses grands yeux marron ; il s'attriste de nous quitter. Car demain matin, ils reprennent la vieille route de Sorgono, et nous, nous poussons jusqu'au port de Terranova. Mais nous leur promettons de revenir quand il fera plus chaud, en été. Alors, nous nous reverrons.

– Peut-être nous retrouverez-vous sur la même ligne. Qui sait! dit le chauffeur amèrement.

VII

TERRANOVA LE VAPEUR

Le matin est très bleu, très clair. Nous nous levons tôt. Notre hôtesse est très amicale ce matin. Nous partons déjà? Oh! mais nous ne sommes pas restés longtemps à Nuoro. Est-ce que Nuoro ne nous plaît pas? Si, il nous plaît. Nous y reviendrons quand il fera plus chaud, en été.

Ah, oui, dit-elle, les artistes y viennent en été. Oui, elle est de notre avis. Nuoro est gentil, *simpatico, molto simpatico.*

Et c'est vrai. C'est vrai aussi qu'elle est absolument charmante, humaine et bonne, cette vieille dame. Et dire qu'hier je l'ai prise pour une sorcière en la regardant repasser.

Elle nous donne du bon café, du lait, du pain, puis nous sortons en ville. Nous y trouvons l'atmosphère-de-Lundi-matin d'une vieille ville provinciale engourdie dans sa monotonie, la vague impression du travail repris assez mollement après le repos du dimanche. Personne ne s'y est encore sérieusement mis. Pas encore de clients dans les magasins vieillots qui ont leurs portes ouvertes. Nuoro en est encore à peine au stade de la vitrine. Il faut donc pénétrer dans des caves sombres pour savoir quelles marchandises on y vend. Les boutiques des drapiers ont à l'entrée un rouleau de cette belle étoffe écarlate qui sert à faire les costumes des femmes. Derrière la grande vitrine d'un tailleur, quatre femmes assises cousent des vêtements et jettent sur les gens des regards espiègles où se lit encore l'émancipation du dimanche. Au coin des rues, des hommes isolés, dont certains en noir et blanc, semblent se dérober obstinément au courant général du travail. Après une journée de congé, tandis qu'ils ont encore aux lèvres la saveur salée de la liberté, ils ne sont pas disposés à se laisser remettre le harnais. J'éprouve toujours de la sympathie à l'égard de cette bouderie, de cette détresse masculines qui voudraient que se prolonge encore la fête de la veille. J'y vois une étincelle d'énergie, de révolte contre notre monde accablé sous son harnais.

Il n'y a rien à voir à Nuoro, et, à vrai dire, c'est un soulagement pour moi. Les «choses à voir» m'assomment. Grâce à Dieu, Nuoro ne possède pas la moindre œuvre de Perugin ou de Pisano – que je sache. Heureuse la ville qui n'a rien à faire voir. Que de simagrées et d'affectations elle évite! La vie y reste la vie et non un gavage artistique. On est libre de flâner dans l'étroite rue du Lundi matin, et l'on voit les femmes faire un brin de causette, et l'on voit une vieille avec un panier de pain sur la tête, et l'on voit les récalcitrants qui renâclent devant le travail et tout le courant de l'activité qui coule à contre-cœur. Je suis las des choses «épatantes», même de Perugin. Carpaccio et Botticelli m'ont déjà donné des sensations esthétiques. Maintenant, j'en ai assez. Mais je peux toujours regarder un vieux paysan qui s'en va tout courbé, sans veste ni manteau à côté de son char, avec sa barbe grise, son

pantalon blanc et terreux et sa ceinture noire plissée.
Je suis las des «choses», même de Pérugin.

La vue de la femme au panier de pain nous rappelle
qu'il nous faut des provisions. Nous partons en quête de
pain, mais impossible d'en trouver. Lundi matin : on a
tout mangé. On trouvera peut-être du pain au *forno*, au
four. Et où se trouve le four? au haut de la route, au bas
d'un passage. J'espère le repérer à l'odeur – mais non.
Nous revenons sur nos pas. Nos amis nous ont conseillé
de prendre nos tickets de bonne heure, car l'autobus
pourrait être plein. Nous achetons donc de la pâtisse-
rie, des petits gâteaux d'hier et des tranches de saucisson
local. Toujours pas de pain. Je vais en demander à notre
vieille hôtesse.

– Il n'y a pas de pain frais, il n'est pas encore arrivé,
fait-elle.

– Ça ne fait rien, donnez-m'en du rassis.

Elle va fouiller dans un tiroir.

– Mon Dieu, mon Dieu, les femmes ont tout mangé.
Mais peut-être que là-bas... (elle me montre la rue) on
pourrait vous en donner.

Non, on ne m'en donne pas.

Je règle la note – à peu près 28 francs, je crois – et
je vais à l'autobus. Le voici. Dans une espèce de trou
noir, on me délivre les tickets pour Terranova. Ils me
reviennent à 70 francs tous les deux. La «reine-abeille»
cherche vaguement et vainement du pain dans la rue.

– Quand vous voudrez bien... nous dit le nouveau
chauffeur, d'un ton assez bourru. C'est un jeune homme
pâle et maussade, aux yeux marron, et aux cheveux roux.
Nous nous asseyons donc à notre place et faisons un
signe d'adieu à nos vieux amis dont le car s'apprête à

rouler dans la direction opposée. Comme nous traversons la Piazza, j'aperçois Veloutine tout seul et apparemment encore écumant de colère. Je suis sûr qu'il a de l'argent. Sinon pourquoi aurait-il pris des premières classes, hier ? Et je suis sûr qu'elle l'a épousé parce qu'il a du bien.

Et voici entamée la dernière étape de notre voyage en Sardaigne. Le matin bleu est d'une pureté de cristal.

À notre droite se creuse la vallée tapissée de cultures. Dans la lumière matinale s'élèvent les hautes collines vierges aux versants sauvages et désolés. Mais la portière gauche de notre compartiment est sans vitre et le vent s'y engouffre furieusement. Je me penche vers la banquette avant, la « reine-abeille » s'écrase dans un coin et nous regardons filer le paysage. Avec son long nez, ses taches de rousseur, ses yeux maussades, comme il conduit bien, notre nouveau chauffeur. Avec quelle habileté il change de vitesse ! et la machine miaule et ronronne de satisfaction comme un animal heureux. Mais, dans son manteau de maussaderie, comme il est mort au reste du monde, tel un Hamlet-du-volant. Il répond à son camarade par monosyllabes, quand il daigne lui répondre. C'est une de ces âmes capables, soucieuses, moroses, qui font leur travail avec une silencieuse perfection et semblent toujours frôler le bord de la calamité. Dites-leur un mot, et ils versent dans l'abîme. Mais aimables *au fond**, évidemment. C'était un des caractères favoris du roman d'autrefois. Sous les traits d'un jeune mécanisme roux, c'est un M. Rochester qui aurait même perdu ses illusions sur Jane.

Peut-être n'est-il pas très loyal de l'observer d'aussi près, et de dos.

Son camarade fait un peu voyou, avec sa casquette militaire posée sur l'oreille ou rejetée en arrière. Il est en kaki italien, culottes de cheval et molletières. Il fume ses cigarettes d'un air affranchi ; cependant il en offre une, avec une gentillesse particulière, au roux Hamlet. Hamlet accepte et son camarade lui tend une allumette au milieu des trépidations du car. Ils sont ainsi comme mari et femme. Avec ses grands yeux, le jeune receveur joue assez bien le rôle de la vive Jane Eyre que M. Rochester ne veut pas gâter avant l'heure.

Le paysage diffère de celui d'hier. Comme nous descendons le long de la route sinueuse qui part de Nuoro, de chaque côté surgissent des landes broussailleuses, rocheuses, désertes. Comme elles doivent être brûlantes en été ! Les livres de Grazia Deladda nous en donnent une idée.

Un poney attelé à une petite carriole piaffe d'un air malheureux au bord de la route. Notre autobus ralentit et passe sans le frôler. Puis il dévide en sifflant les lacets de la route qui semble se lover sur elle-même comme un serpent blessé. Hamlet va à une allure folle entre les tournants, prend les virages avec une douceur d'ange, puis s'élance de nouveau vers la parabole suivante.

Nous pénétrons dans une large vallée désolée, basse et rocheuse à gauche, broussailleuse et abrupte à droite. Parfois nous voyons des groupes d'hommes noirs et blancs qui travaillent perdus dans le lointain. Une femme en costume garance mène un âne chargé de paniers parmi ce désert. Un soleil magnifique se met à briller. Il fait déjà chaud. Le paysage change. Les versants de la vallée sont orientés à l'est et au sud vers la mer, dont ils annoncent déjà la présence sauvage.

Notre première halte a lieu au bas d'un raidillon de colline. Et là, près d'une maison solitaire, apparaît la voiture la plus délabrée, la plus antique que j'aie jamais vue. Le receveur trie le courrier. Le garçon de la voiture délabrée signe le registre tandis que nous descendons tous sur la route. L'attente se prolonge : un homme apporte un autre colis. Le sac postal et les colis de la voiture en ruine sont pris en charge et rangés. Nouvelles signatures. Nous faisons les cent pas au soleil pour nous réchauffer. Le paysage est large et sauvage.

Couine ! fait péremptoirement la trompe de M. Rochester. Avec une obéissance surprenante, nous remontons en hâte. Et l'autobus démarre à toute allure vers la mer. À mi-hauteur du ciel, on sent l'éblouissement particulier, et plus bas, l'intensification lumineuse que produit la mer au soleil.

Là-bas, devant nous, trois filles en costume brun longent un côté de la grande route blanche ; elles s'en vont avec leurs paniers vers un village perché au haut d'une petite côte. Dès qu'elles nous entendent, elles se retournent et s'affolent comme des poulets. Elles traversent la route à toutes jambes, détalent l'une après l'autre, aussi prestes que des lapins, et plongent dans un fossé qui fait angle droit avec la route. Comme nous passons, elles risquent, accroupies dans leur trou, un regard effarouché de notre côté. Le receveur les salue bruyamment et nous filons vers le village du coteau.

C'est un petit village de pauvres, pierreux et insignifiant. Nous nous arrêtons, un groupe de pauvres gens nous entourent ; les femmes portent le costume brun foncé ; et le boléro a encore changé de forme. C'est une espèce de long corset curieux, fantastique qui, à l'origine, devait être de brocart très travaillé. Mais maintenant...

Altercation : un homme veut monter avec deux petits cochons noirs enveloppés chacun dans un petit sac d'où émergent leurs têtes et leurs oreilles, comme des fleurs d'une enveloppe de papier. On lui dit qu'il doit payer la place de chaque cochon, tout autant que si c'étaient des chrétiens. *Cristo del mondo!* Un cochon, un petit cochon, payer pour ça comme si c'était un chrétien! Il brandit dans chaque main ses cochons-en-forme-de-bouquet et les petits cochons ouvrent leurs gueules noires et poussent des cris perçants, conscients de l'émoi qu'ils causent. *Dio benedetto!* fait tout l'autobus en chœur. Mais le receveur est sans pitié! Tout animal, fût-ce une souris doit avoir son billet, comme un chrétien. Le maître-des-cochons bat en retraite, suffoquant d'indignation, un «bouquet» sous chaque bras. «Combien prends-tu pour les puces que tu trimballes?» demande un jeune farceur.

Une femme, assise sur une chaise, transforme une tunique militaire en veste d'enfant (c'est ainsi qu'on fait de l'épée un soc de charrue). Elle coud au soleil, indifférente à la dispute. Des demoiselles aux joues rondes, mais assez souillon, ricanent. Le maître-des-cochons, étouffant de rage, accroche ses deux cochons comme des bonbonnes de chaque côté de la selle de l'âne, dont une fille hostile tient le licou.

Et les cochons, qui se trouvent maintenant dans la situation de spectateurs, clament leur éternelle protestation contre la cruauté de l'homme.

– *Andiamo! Andiamo!* fait le roux M. Rochester de sa voix calme et intense. Le receveur remonte lestement. Et nous fonçons dans la forte lumière en direction de la mer.

Nous voici à Orosei, petite ville perdue, délabrée, écrasée de soleil, non loin de la mer. Nous descendons sur la piazza. La grande façade baroque d'une église se dresse au haut d'une multitude d'escaliers indécis; elle est flanquée d'un extraordinaire fouillis de masses rondes surmontées d'une foule désordonnée de toits ronds et pointus. Cela a dû être une espèce de couvent. Mais quel remarquable « morceau de peinture » cela pourrait faire ! Cette grande façade pâle debout au sommet de la montée, et ce bizarre bâtiment sombre avec les tuiles sombres de ses toits ronds de hauteurs inégales, pareils à des chapeaux pointus.

Arides, négligés, ces lieux ont un étrange air espagnol. Et leur importance, les vestiges de leur dignité, leur sécheresse nous replonge dans ce moyen âge où la vie était violente, où Orosei était sans doute un port, une ville considérable, avec des évêques.

Le soleil brûle la large piazza. Cette imposante façade d'un côté, les voûtes, les cours sombres et les escaliers extérieurs d'un bâtiment inconnu et lointain de l'autre, cette route qui dévale du haut des plateaux jusqu'aux marais salants, l'impression qu'un pouvoir unique tenait jadis en main ce centre et lui donna son unité architecturale, sa splendeur maintenant évanouie, tout cela confère à Orosei un cachet vraiment fascinant.

Mais ses habitants sont grossiers. Nous entrons dans une espèce de café primitif et nous demandons du pain.

— Du pain seul ? fait le rustre.

— S'il vous plaît.

— Il n'y en a pas.

— Oh... où pouvons-nous en trouver ?

— Vous n'en trouverez pas.

— Vraiment !

Et nous n'en trouvons pas. Les gens qui nous entourent sont maussades, antipathiques.

Un deuxième autobus s'apprête à partir pour Tortoli. Les deux machines se racontent des histoires. Comme nous rôdons parmi la ville morte, M. Rochester fait retentir son klaxon péremptoire. Nous regagnons en hâte nos places.

Le courrier est rangé. Un indigène en drap noir arrive tout suant et soufflant avec une valise sang-de-bœuf – et nous demande d'attendre son beau-frère qui n'est qu'à quelques pas derrière lui. Le roux M. Rochester, de son trône de chauffeur, lance un regard terrible dans la direction où le beau-frère est censé arriver. Il fronce les sourcils et son long nez ne promet guère de patience. Il fait meugler sa trompe comme une vache marine. Mais toujours pas de beau-frère.

– Je n'attends plus, dit-il.

– Oh! une minute, une minute! ça n'est rien du tout! intercède son camarade.

Hamlet ne répond pas. Il reste d'une immobilité de pierre mais ses yeux scrutent furieusement la route vide.

– *Eh, va bene*, murmure-t-il, entre les dents, et il se penche d'un air menaçant vers le frein.

– Patience! patience! patience! un moment, s'écrie son camarade.

– *Per l'amor di Dio!* – crie l'homme en drap noir qui bout et danse d'angoisse autour de la valise qu'il a déposée sur la route poussiéreuse. Ne pars pas! Pour l'amour de Dieu, ne démarre pas. Il faut qu'il prenne le bateau, il faut qu'il soit demain à Rome. Il sera ici en moins d'une seconde. Le voilà, le voilà, le voilà!

Ces mots surprennent le fatal chauffeur au nez pointu. Il lâche son levier, regarde autour de lui, de ses yeux noirs flamboyants. Personne en vue. Les indigènes maussades sont toujours plantés là, antipathiques. La foudre éclate dans les yeux orageux de Rochester. Absolument

personne en vue! Et, clic! il lâche les freins tandis que
son visage prend une expression de paix quasi-séra-
phique. Comme nous sommes sur une pente, le gros
car s'incline et insidieusement, oh si subtilement, se met
à rouler.

– *Oh, ma che!* comme tu es têtu, fait le receveur en
reprenant sa place auprès de Rochester au visage maintenant séraphique.

– Pour l'amour de Dieu! Dieu! – hurle Drap-Noir en
voyant le car glisser à une vitesse accélérée. Il lève les bras
comme pour l'arrêter, pousse un cri sauvage «Ô Beppin',
Bep*pin*... Ô».

En vain. Nous avons déjà laissé derrière nous le petit
groupe de badauds. Nous dévalons hors de la piazza.
Drap-Noir court à nos côtés, valise en main, au comble
de l'agitation. Rochester n'a pas encore mis le moteur en
marche: Si nous glissons le long de la pente, c'est par la
volonté de Dieu.

Nous allons sortir de la ville par une rue sombre,
orientée vers la mer encore invisible, lorsque nous entendons hurler:

– OO – Ahh!!!

«E qua! E qua! E qua! halète Drap-Noir. Il est là.»
Puis: «Beppin', il part! il part!» Beppin' apparaît. C'est
une homme d'âge moyen, au menton broussailleux, en
drap noir lui aussi, qui court vers nous sur ses grosses
jambes, avec un ballot. Il transpire, mais son visage à l'air
inexpressif de l'innocent. Esquissant une fugitive grimace
sardonique de dépit et de soulagement, Rochester freine
et nous nous arrêtons. Une femme arrive en chancelant,
hors d'haleine. Scène d'adieux.

– *Andiamo*, fait sèchement Rochester en jetant un
regard par-dessus son épaule, le nez malicieusement

froncé, et il desserre le frein. La grosse femme pousse Beppin' à l'intérieur du car, lui crie des adieux essoufflés, le beau-frère lui tend, en vacillant, la valise sang-de-bœuf et nous bondissons sauvagement hors d'Orosei.

En un instant nous avons quitté la ville et là-bas, nous voyons une rivière serpenter à travers des marécages jusqu'à la mer, jusqu'à cette petite frange de blanche écume qui crève sur la plage prochaine. La rivière coule rapidement entre des pierres, entre de hautes couronnes de roseaux secs, atteignant la taille d'un homme. Les grands roseaux s'avancent jusqu'au bord de la mer horizontale qui dort sous une éblouissante lumière blanche. La dense lumière de la Méditerranée. Nous descendons bientôt au niveau de la rivière et franchissons un pont. Devant nous, entre la mer et nous, s'élève maintenant une espèce de long plateau étroit, pareil à un mur parfaitement horizontal, parallèle au bord de la mer. Nous roulons quelque temps dans le large creux du lit de rivière. Orosei se dresse sur la falaise, derrière nous.

Sur la droite, les méandres marécageux de la rivière, peuplés de roseaux morts, rencontrent la mer plate et brillante ; mer et rivière se mêlent et les vagues font courir de légers frissons dans le cours d'eau. À gauche, c'est un pur ravissement. Le lit de la rivière serpente parmi des vergers, parmi la splendeur d'amandiers en pleine floraison. Comme ils sont beaux, ces arbres, dans le chatoiement rose-argenté de leurs corolles qui les transfigurent ! De quelle parfaite noblesse ils revêtent les bords de cette étrange rivière parallèle à la mer ! Amandiers fleuris au pied du gris Orosei, amandiers tout proches de la route – et chaque bouquet nous regarde de ses yeux ardents – amandiers sur le versant de la colline d'en face !

Et leur floraison est si noble, si belle ici, au bord de cette espèce d'abreuvoir, sous la magnificence du soleil, parmi l'air que pâlit l'éblouissement marin comme une présence divine! Ils offrent au ciel leur rose incandescence. C'est à peine s'ils laissent voir leurs troncs gris-fer dans cette étonnante vallée.

Mais nous la traversons et fonçons maintenant sur la grande route qui grimpe tout droit contre le flanc de la colline marine, comme un escalier extérieur. Nous obliquons donc au sud pour prendre la montée et atteindre le sommet de ce plateau tabulaire. Nous émergeons en pleine lumière et voici la Méditerranée qui clapote contre des rochers noirs, non loin de nous, à droite. Maintenant la route vire carrément vers le nord. Elle court, uniformément droite, entre des bandes de terrains sauvages et broussailleux. La mer est là, toute proche, toute bleue, palpitant de lumière, transmuée en lumière, croirait-on. Nous avons encore, à gauche, le large abreuvoir de la vallée où les aériens amandiers roses, comme des nuages au vent, semblent voguer au-dessus de la terre pâlie par le soleil. À l'arrière-plan, Orosei tasse ses maisons grises sur sa falaise perdue.

Qu'il est étonnant, cet Orosei, avec ses amandiers, sa rivière peuplée de roseaux, qui tremble, tremble sous la blanche lumière marine, – vestige d'un monde depuis longtemps oublié, qui s'attarde comme une légende! On a peine à croire qu'il est réel. Il y a si longtemps que la vie l'a quitté, si longtemps que la mémoire l'a transfiguré en un immatériel enchantement et rejeté, comme une perle abandonnée par la mer, sur la côte orientale de la Sardaigne. Et cependant on nous y a refusé une croûte de pain! La malaria doit y sévir... il serait infernal d'être obligé d'y passer un mois. Et pourtant comme il est beau, par ce matin de janvier! Ah, l'inépuisable magie de ce moyen âge où les hommes étaient orgueilleux, violents et assombris par la mort:

Timor mortis conturbat me

La route longe et domine la mer, elle ondule doucement et file vers un haut promontoire lointain. Les hautes terres ont disparu. Nous avons laissé la vallée derrière nous. Et les landes nous entourent, sauvages, désolées, inhabitées et inhabitables. Elles s'élèvent en pente douce à gauche et s'en vont mourir au bord de la mer en petites falaises. Pas une âme en vue, pas même un navire sur la mer bleu pâle. Le dôme royal du ciel d'un bleu sans tache répand sa vibrante lumière céruléenne. Au-dessus de la lande plane un grand épervier. Des rochers surgissent. Terre sauvage aux sombres buissons, terre exposée au ciel, livrée au soleil et à la mer.

Nous sommes seuls dans notre compartiment. Le receveur s'attaque maintenant à nous, et nous trouble. Il est jeune: 22 ou 23 ans, bien bâti, très beau avec sa casquette de traviole et sa tenue militaire – mais il a des yeux sombres, exigeants, des manières abruptes, insistantes, déconcertantes. Il nous a déjà demandé où nous allons, d'où nous venons, où nous habitons, quelle est notre nationalité et si je suis peintre. Il en sait déjà trop. Aussi gardons-nous nos distances. Nous mangeons les pâtisseries de Nuoro; savoureuses mais pleines... d'air; puis nous dévorons quelques tranches de saucisson de Nuoro, très épicées et nous buvons notre thé. Mais nous avons grand faim, car il est midi passé et n'avons pour ainsi dire rien dans l'estomac. Le soleil resplendit au firmament et notre machine vrombit à toute allure entre les landes, sur la route qui domine la mer.

Le receveur enjambe alors le dossier de la banquette et vient partager avec nous notre compartiment. Il pose sur nous son regard sombre, quêteur, insistant, s'asseoit carrément en face de nous, genoux écartés, et se met à nous hurler des questions maladroites d'une voix assez curieuse. Naturellement, il est très difficile de s'entendre au milieu du bruit de la machine. Il nous faut vociférer en italien – et notre interlocuteur est aussi gauche que nous.

Malgré la «défense de fumer» il nous offre des cigarettes, insiste pour que nous fumions avec lui. Mieux vaut accepter. Il essaie de nous désigner les particularités du paysage, mais il n'y en a pas. Il nous apprend seulement qu'à l'endroit où la colline s'avance sur la mer en forme de cap, il y a, sous les falaises, une maison où habitent les gardes-côtes. C'est tout.

Puis il lance une nouvelle offensive. Il me demande si je suis Anglais et si la «reine-abeille» est Allemande. Nous lui répondons que oui. Puis il nous sort la vieille histoire. Et les nations se mettent à gesticuler et culbuter comme des guignols. L'Italie – l'Italia – elle n'est pas brouillée avec la Germania. Non, jamais – non, non : bonnes amies – toutes les deux. Mais, une fois la guerre déclenchée, l'Italie devait intervenir. À cause de quoi ? L'Allemagne pouvait battre la France, l'occuper et envahir l'Italie. Il valait mieux entrer en guerre tant que l'ennemi n'envahissait que le territoire du voisin.

Quel naturel ! C'est ce que j'aime en eux. Il poursuit et nous apprend qu'il a été soldat. Il a servi huit ans dans la cavalerie italienne. Oui, il a été chasseur pendant toute la durée de la guerre. Mais il n'en fait pas grief à l'Allemagne. Non. La guerre, c'est la guerre. Et maintenant, elle est finie. N'en parlons plus.

Mais la France ! *ma la Francia !* Il se penche alors vers nous et ses yeux de chien suppliant s'allument d'une rage folle. La France ! Il n'y a pas en Italie un homme qui ne meure d'envie de sauter à la gorge de la France. La France ! qu'il y ait une guerre et chaque Italien bondira aux armes, même les vieux. Même les vieux : *anche i vecchi*. Oui, il faut qu'il y ait une guerre... avec la France. Elle arrive... elle arrive fatalement. Chaque Italien l'attend. Attend de sauter à la gorge de la France. Et pourquoi ? Pourquoi ? Il a servi deux ans sur le front français et il sait pourquoi ! Ah, les Français ! Leur arrogance, leur insolence, *Dio*, quelle plaie ! Les Français, ils se croient les seigneurs du monde – *signori del mondo !* Les seigneurs du monde et les maîtres du monde. Oui, pas moins. Et qu'est-ce qu'ils sont ? des singes ! des singes ! guère plus que des singes ! Mais qu'il y ait une nouvelle guerre et l'Italie leur montrera ! L'Italie leur en donnera, du *signori del mondo !* L'Italie brûle de faire la guerre. Rien qu'avec la France. Avec personne d'autre. L'Italie aime tout le monde... mais la France ! la France !...

Nous le laissons vociférer tout son soûl. Sa passion, sa véhémence sont stupéfiantes. On dirait qu'il est possédé. Quant à moi, je m'étonne : j'admire dans quels excès peuvent tomber ces âmes insatisfaites. Il s'est senti offensé – c'est évident. Cela le met hors de lui. Mais, mon garçon, il ne faut pas crier si fort au nom de toute l'Italie et même des vieux. La masse des Italiens aspire beaucoup trop à transformer ses baïonnettes en étuis à cigarettes et à fumer la cigarette de la paix éternelle, de la paix perpétuelle pour être d'accord avec notre ami. N'importe, il nous lance sa rage à la figure, tandis que nous filons à toute allure le long de la côte.

Puis, après un silence, il s'assombrit de nouveau et nous regarde de ses yeux bruns insatisfaits, insistants, qui sollicitent... il ne sait pas quoi, ni moi, en tout cas. Peut-être désire-t-il être à cheval dans un régiment de cavalerie, à la guerre même...

Mais non, il démasque enfin son dessein. Quand irons-nous à Londres? Y a-t-il beaucoup d'autos en Angleterre?... beaucoup, beaucoup? En Amérique aussi? Ont-ils besoin d'hommes en Amérique? Je dis que non; ils ont du chômage; ils vont arrêter l'immigration en Avril ou tout au moins la réduire. Pourquoi? fait-il brusquement. Parce qu'ils ont déjà le problème du chômage. Et la «reine-abeille» cite le nombre de millions d'Européens qui veulent émigrer aux États-Unis. Son regard s'attriste. Va-t-on empêcher tous les Européens d'émigrer? nous demande-t-il. Oui, et le gouvernement italien ne délivrera plus de passeports pour l'Amérique à des émigrants. Plus de passeports? Alors, on ne peut plus s'en aller. On ne peut plus s'en aller, dis-je.

À ce moment-là, son avidité passionnée, ses regards suppliants ont touché la «reine-abeille». Elle lui demande ce qu'il veut. La réponse part d'un coup: *Andare fuori dell' Italia...* quitter l'Italie, partir, sans aller... bien loin. C'en est devenu un besoin neurasthénique chez eux.

Où habite-t-il? Dans un petit village sur la côte à quelques kilomètres d'ici. Nous y passerons bientôt. C'est là qu'il habite. Et, à quelques kilomètres du village, il a une propriété. Lui aussi possède de la terre, mais il ne veut pas la travailler. Non, il ne veut pas s'en occuper. Il déteste la terre, il a horreur de surveiller les vignes. Il ne peut même plus se résoudre à essayer de s'y remettre.

Que veut-il donc?

Il veut quitter l'Italie, s'en aller à l'étranger, comme chauffeur. Et il nous jette un long regard suppliant d'animal égaré... Il préfèrerait être chauffeur chez un particulier – mais il conduirait un autobus, il ferait n'importe quoi... en Angleterre.

Ça y est, il a lâché le morceau. Bien sûr, dis-je, mais en Angleterre il y a plus d'hommes que d'emplois. Alors il me regarde de ses yeux suppliants – si désespérés – si jeunes aussi – si pleins d'énergie. Il est avide de se dévouer, de se dévouer. Sinon il se remettra à insulter furieusement les Français. Je m'aperçois, horrifié, qu'il fait confiance à mon bon cœur. Mais, comme pour tout moyen de locomotion je ne possède qu'une paire de chaussures, comment vais-je me permettre d'employer un chauffeur ?

Là-dessus, nous nous taisons tous. L'autre finit par reprendre sa place à côté du chauffeur. La route, toute droite, danse le long de la mer. Et notre ami se penche vers le silencieux, le rigide M. Rochester et plaide. Et finalement M. Rochester se pousse de côté et lui cède le volant. Nous voilà tous maintenant entre les mains de notre ami le receveur. Il ne conduit pas très bien ; il est évident qu'il apprend. Il a peine à maintenir l'autobus dans le tracé austère de cette route sauvage ; il coupe les gaz quand nous descendons une colline. À la remontée, quand il s'agit de changer de vitesse, c'est un vrai cafouillage. Mais M. Rochester, tassé dans son coin, attentif, silencieux, avance alors la main et actionne les leviers. Pas de danger qu'il tolère une erreur. Avec lui, j'accepterais de descendre au fond de l'enfer et même de remonter de l'autre côté. Mais son camarade suppliant tient toujours le volant. Et nous filons maintenant à une allure assez incertaine et hésitante. Tout d'un coup au bas d'une colline, nous débouchons sur un brusque virage. Mon cœur saute dans ma poitrine. Je sais qu'il ne saura pas le prendre. Il en est incapable, Seigneur!... Mais la main tranquille de M. Rochester prend le volant et nous fait obliquer. Son compagnon n'insiste pas et l'imperturbable chauffeur reprend silencieusement la direction du car.

Le receveur se sent maintenant à l'aise avec nous. Il nous rejoint de nouveau et lorsque le bruit du moteur rend la conversation trop pénible, il se contente de nous regarder de ses yeux marron suppliants.

Nous longeons le littoral sur des kilomètres et des kilomètres... et jamais un village. À peine un ou deux postes de guet solitaires et des soldats étendus près de la route. Mais aucune halte. De tous côtés, la lande déserte, inhabitée.

La fatigue et la faim nous épuisent, et aussi cette allure implacable. Oh, quand arriverons-nous enfin à Siniscola où nous devons prendre notre déjeuner? Oh, oui, dit le receveur. Il y a une auberge à Siniscola, où nous pourrons manger tout ce que nous voudrons. Siniscola, Siniscola! Nous avons envie de descendre, de manger; il est une heure passée et l'espace fuit toujours dans la lumière éblouissante.

Mais Siniscola se trouve derrière la colline d'en face. Nous voyons la colline et, là-bas, sur la plage, les Bagni di Siniscola où beaucoup de *forestieri*, d'étrangers viennent en été. Nous en concevons de grandes espérances. Les baigneurs font à dos d'âne les trois kilomètres qui séparent la ville de la mer. Coin charmant! Et nous en sommes proches, tout proches! Il y a des champs entourés de barrières de pierre qui refoulent la lande. Voici des légumes dans un petit champ clos par une murette. Voici un étrange sentier blanc qui se perd dans la lande, en direction d'une plage abandonnée. Nous approchons.

Par delà le sommet du coteau... voici le village! C'est une masse grise de maisons dominée par deux tours. Le voici, nous y sommes. Nous cahotons sur ses gros pavés et nous nous arrêtons sur un côté de la rue. C'est Siniscola. C'est là qu'on mange.

Nous descendons du car fourbus. Le receveur demande à un homme de nous montrer l'auberge. L'homme dit qu'il ne veut pas, entre ses dents. On charge un garçon de cette commission, il y consent. Voilà pour l'accueil.

Quant à Siniscola, je ne puis en dire grand'chose. C'est un village étroit, pierreux, rudimentaire, chaud au soleil, froid à l'ombre. En une ou deux minutes, nous sommes rendus à l'auberge où un gros jeune homme qui vient de mettre pied à terre attache son poney à l'anneau de la porte.

L'auberge ne paie pas de mine: l'ordinaire salle froide ouverte sur l'ombre de la rue, la grande table ordinaire recouverte cette fois-ci d'une nappe affreusement sale. Deux jeunes «madames» paysannes tiennent l'auberge. Elles ont un costume brun plutôt sordide, et un foulard blanc noué autour de la tête. La plus jeune fait le service. C'est une jeune péronnelle à poitrine opulente, aux mines de reine offensée. Elle va ricaner, croit-on, si on lui donne un ordre. Il faut quelque temps pour s'habituer à l'attitude suffisante et péremptoire de ces jeunes demoiselles et à leurs airs de: gare-au-premier-qui-marchera-sur-ma-jupe! Réaction brutale de la timidité? méfiance barbare? Sans doute, mais ce doit être aussi une tradition chez les femmes sardes de tenir bon et d'être toujours prêtes à frapper les premières.

Notre jeune reine-gueuse n'est qu'agressivité. Tortillant du croupion, elle distribue ses morceaux de pain sur la nappe sale, avec des airs d'estimez-vous-heureux-que-je-

vous-serve, et une grimace sournoise mal contenue. Non
qu'elle veuille offenser, mais c'est ainsi. À vrai dire, ce
n'est que de la sauvagerie. Mais quand on a faim et qu'on
est fatigué...

Nous ne sommes pas les seuls clients. Il y a le maître
du poney, accompagné d'une espèce de manœuvre, de
porteur ou d'employé du Dazio – un jeune homme
chic – et plus tard notre Hamlet-du-volant. Petit à
petit, la jeune donzelle distribue le pain, les assiettes, les
cuillères, les verres, les bouteilles de vin noir, tandis que
nous restons assis devant la table malpropre, dans un
silence gêné et que nous regardons le hideux portrait de
Sa Majesté Regnante d'Italie.

Finalement arrive l'inévitable soupe et, avec elle, le
chœur des glou-glous. Le petit *maialino* de Mandas était
un fort, mais le chic villageois le bat... De même que
clapote et dégouline l'eau d'une gouttière obstruée, ainsi
la soupe en pénétrant dans sa bouche fait-elle un long
bruit de succion, intensifié par les morceaux de chou,
etc., qui bouchent l'orifice.

Ces jeunes hommes sont les seuls à parler. Ils s'adressent
sèchement, insolemment, à la reine-gueuse d'un air
de dire : Pour qui se prend-elle, celle-là ? On fait fi de
ses airs ; mais elle crâne toujours. Qu'y a-t-il d'autre à
manger ? La viande qui a servi à faire la soupe. Nous
savons ce que c'est. J'aimerais autant manger la semelle
d'un bas de laine.

C'est tout, hé, reine-gueuse ? Oui, qu'est-ce que vous
voudriez encore ? Un bifteck. Mais à quoi bon demander
un bifteck un lundi. Allez voir chez le boucher.

On sert à Hamlet, à l'homme au poney et au porteur
des morceaux de viande pâlie, épuisée. Le jeune homme
chic commande des œufs en *padella* – deux œufs au plat,

beurrés. Nous également. On les sert d'abord au jeune homme chic et naturellement ils sont chauds et liquides. Les attaquant avec la fourchette, il en attire l'extrémité à sa bouche et aspire le tout, comme un long filament, d'une violente succion prolongée. C'est un véritable numéro de cirque. Puis, attaquant le pain, il produit un grand bruit de mâchoires.

Et pour dessert? une misérable petite orange.

Voilà notre repas. Du fromage? Non. Mais la reine-gueuse (ces gens-là sont très braves au fond) tient avec les jeunes hommes un colloque en dialecte que je n'essaie pas de suivre. Notre chauffeur pensif nous le traduit. Il y a du fromage, mais il n'est pas assez bon pour qu'on nous l'offre. Et l'homme au poney ajoute qu'on ne veut pas nous offrir quelque chose qui ne soit pas de la meilleure qualité. Il parle en toute sincérité... après un repas pareil! Mais ma curiosité est éveillée et je demande de ce fromage, quel qu'il soit. Et après tout, il n'est pas si mauvais. Les deux repas nous reviennent à 15 francs.

En regagnant notre autobus, nous côtoyons des badauds assez rébarbatifs. À vrai dire, les étrangers ne sont pas très bien vus de nos jours. Leur vue inspire à tout le monde une certaine réserve – qui peut se dissiper ou non à la longue.

L'après-midi est chaude comme une après-midi de Juin anglaise. Nous prenons divers voyageurs, en particulier un prêtre aux yeux sombres, au long nez, qui montre les dents quand il parle. Comme il n'y a pas beaucoup de place, on case les bagages sur le filet.

Avec ce soleil et tous ces gens (nous sommes six ou huit voyageurs), il fait étouffant dans notre compartiment. La «reine-abeille» baisse la vitre, mais le prêtre déclare que le courant d'air est dangereux, très dangereux – et la relève. C'est un grand hâbleur, de l'espèce grégaire – il a beaucoup de toupet et se montre familier avec tous les voyageurs. Et tout fait du mal, *fa malo, fa malo*.

Un courant d'air *fa malo, fa molto malo – non é vero?* demande-t-il à tous les hommes de Siniscola. Et eux d'acquiescer : oui, oui.

Le receveur passe dans notre compartiment pour prendre les billets des voyageurs de 2e classe à travers un petit guichet. Les gens s'écrasent, crient, comptent leur monnaie. Nous faisons halte, et il s'enfuit précipitamment avec le courrier, tandis que le prêtre descend boire un coup avec les autres hommes. Notre Hamlet reste assis tout raide à son volant. Il klaxonne – reklaxonne impérieusement. Les hommes remontent. Mais l'ignoble prêtre va-t-il être laissé en arrière? L'autobus démarre hargneusement quand l'autre arrive en hâte, soutane claquante, et s'essuyant la bouche.

Il se laisse tomber sur son siège avec un gloussement qui découvre ses longues dents. Il déclare qu'il est bon de boire, ça fortifie l'estomac. Voyager l'estomac brouillé, ça fait du mal, *fa malo, fa malo ; non é vero?* Et tout le monde d'acquiescer en chœur.

Le receveur se remet à distribuer les tickets à travers le petit guichet projetant ainsi son derrière parmi nous. Comme il se penche, son manteau militaire doublé de mouton tombe sur la tête de la « reine-abeille ». Il en est navré! Elle s'en servira comme d'un coussin et, pour ce, il le plie et le dispose sur la banquette oh! si délicatement. Et comme il aimerait se dévouer à un maître et à une maîtresse!

Il s'asseoit à côté de moi, en face de la « reine-abeille », nous propose un bonbon acidulé que nous acceptons ;

il envoie à la «reine-abeille» un sourire brûlant de zèle et reprend la conversation. Puis il nous offre des cigarettes, insiste pour que nous en prenions.

Le prêtre aux longues dents lance un regard de côté sur la «reine-abeille» qui fume. Puis il tire des profondeurs de ses poches un long cigare dont il mord et crache le bout. On lui offre une cigarette. Mais non, les cigarettes sont nocives: *fanno malo*. Le papier est mauvais pour la santé, oh, très mauvais. La pipe ou le cigare. Il allume donc son grand cigare et lance sans cesse de gros crachats sur le parquet.

À côté de moi est assis un gros homme aux yeux brillants, assez beau, mais stupide. Comme il m'entend parler à la «reine-abeille» il dit confidentiellement au prêtre: «Voilà deux Allemands. Eh? regardez-les. La femme qui fume. On les a internés ici avec les autres. La Sardaigne n'a plus besoin d'eux maintenant.»

Lors de la déclaration de guerre, les Allemands résidant en Italie furent internés en Sardaigne où, selon des témoignages divers, ils vécurent absolument libres et heureux, les Sardes les traitant avec la générosité propre à tous les peuples fiers. Mais maintenant notre idiot fait ricaner tout l'autobus à nos dépens – ne se doutant pas que nous le comprenons. Il ne dit rien de méchant. Mais cette exaltation niaise des gens ordinaires lorsqu'ils croient assister aux ennuis de leurs voisins m'agace. Je reste calme toutefois, afin d'entendre ce qu'ils peuvent dire. Ce ne sont que banalités: les Allemands sont presque tous partis maintenant, ils sont libres de voyager, ils reviennent en Sardaigne parce qu'ils s'y plaisent mieux qu'en Allemagne. Oh oui, ils veulent tous y revenir, ils veulent tous revenir en Sardaigne. Oh oui, ils savent où ils sont bien. Ils savent ce qui leur est avantageux.

La Sardaigne est ci et ça, les Sardes sont des gens convenables. On peut bien s'accorder quelques louanges à l'occasion. Quant à la Germania, elle est très bas, très bas : *bassa*. Combien paie-t-on le pain en Allemagne ? 5 francs le kilo, mon vieux !

L'autobus s'arrête de nouveau et toute la bande descend au soleil. Nous attendons. Un pli se creuse entre les sourcils d'Hamlet. Il a l'air fatigué, tendu. Il est à peu près trois heures. Et nous attendons un villageois qui doit apporter le courrier, mais qui ne vient pas.

— Je m'en vais, je n'attends plus, dit le chauffeur.

— Attends, attends une minute, fait son camarade qui verse de l'huile dans le moteur. Puis il va voir si l'autre arrive. Mais tout d'un coup l'autobus part d'une embardée sournoise. Le receveur n'a que le temps de bondir sur le marchepied. Pour un peu, il restait en arrière.

Le chauffeur lance autour de lui un regard sardonique pour s'assurer qu'il est là. Et l'autobus file à toute allure. Son compagnon secoue la tête en signe de désapprobation.

— Il est un peu *nervoso*, le chauffeur, dit la « reine-abeille ».

— Ah ! le pauvre garçon ! murmure le jeune receveur en se penchant vers nous avec de grands yeux suppliants, brillants d'une ardente pitié :

— Il me fait de la peine. Les gens comme lui se rendent tellement malheureux. Comment pourrait-on leur en vouloir ? *Poverino*. Nous leur devons de la sympathie.

Je ne connais pas de langue qui exprime la sympathie aussi fort que l'Italien : Poverino ! Poverino ! Ils ne sont pas contents tant qu'ils n'ont pas manifesté de sympathie apitoyée à l'égard de quelqu'un. Et j'ai l'impression d'être rangé dans la catégorie des *poverini* qui méritent d'être plaints pour être *nervosi*. Ce qui ne me met pas de meilleure humeur.

Cependant, le receveur s'asseoit soudain sur la banquette d'en face entre le prêtre et la «reine-abeille». Il retourne son registre et trace quelques lignes en dernière page, très soigneusement, avec force fioritures. Puis, les yeux étincelants, brûlant de zèle, il me tend le bout d'écrit qu'il a arraché en me disant : «Vous me trouverez une situation en Angleterre cet été ? Vous me trouverez une place de chauffeur à Londres ?...»

– Si je peux, dis-je, mais ce n'est pas facile. Il me fait un signe de tête qui exprime une entière confiance. Il est sûr d'avoir parfaitement réglé son cas.

Sur la feuille, il a écrit son nom, son adresse et précisé que si quelqu'un veut de lui comme chauffeur, il n'a qu'à le lui dire. Au verso figurent les inévitables protestations de bienveillance : *Auguri infiniti e buon viaggio!* un million de souhaits et bon voyage.

Je plie le «poulet» et le mets dans mon gousset, assez déconcerté par cette nouvelle responsabilité. Le brave garçon! et il a des yeux si brillants de confiance!

Un silence succède à cette petite scène. Le receveur délivre un ticket à un gros homme satisfait qui est monté au dernier arrêt. Puis une rapide conversation s'engage entre le receveur et le bel homme stupide qui lui demande en inclinant la tête de notre côté : «D'où sont-ils ?»

«De *Londra*», fait notre ami avec une austère satisfaction. Ces gens-là se sont dit si souvent que Londres est la plus grande ville du monde, que ce seul mot de *Londra* a sur eux un effet magique. Il aurait fallu voir l'ahurissement puéril qui se peignit alors sur le visage de notre gros voisin lorsqu'il apprit que nous étions citoyens de la plus grande ville du monde!

– Et ils comprennent l'italien? demande-t-il, assez penaud.

– *Sicuro!* lui répond dédaigneusement notre ami. Évidemment!

Ah! mon gros voisin en tombe des nues! Puis il esquisse un sourire émerveillé. Dès lors ses yeux brillants nous lancent des regards de côté; il brûle d'entrer en conversation avec les citoyens de la reine-du-monde. Son impudence a fait place à une admiration hypocrite.

Eh bien, je vous le demande, n'est-ce pas intolérable? Il y a un instant à peine, cet homme parlait de moi avec une condescendance impudente. Et maintenant le voilà qui me reluque comme si j'avais un nimbe sous mon chapeau gris! Tout cela en l'espace de 10 minutes, et uniquement parce qu'au lieu de la Germania, il s'avère que je suis l'Inghilterra. Je pourrais tout aussi bien être un point sur la carte, un produit de fabrique! Est-ce là le cas que l'on fait de ce que je suis véritablement? On ne vous juge donc que par votre étiquette! J'aimerais bien le secouer davantage, lui dire que je suis archi-allemand pour voir la tête qu'il fera!

Quant au prêtre, il déclare qu'il est allé en Amérique. Il est allé en Amérique. C'est pourquoi il ne craint pas la traversée Terranuova-Civita Vecchia. Il a traversé le grand Atlantique. Mais les indigènes, apparemment, connaissent tous la rengaine, car l'autre se contente maintenant de cracher d'abondance. Sur quoi mon gros voisin lui demande si l'église catholique devient l'église unique des États-Unis. Et le prêtre lui répond: Sans aucun doute.

La chaude après-midi s'écoule lentement. La côte est maintenant un peu plus habitée, mais nous ne voyons pratiquement aucun village. La vue est plutôt désolée. De temps en temps nous nous arrêtons devant une cantine sordide. De temps en temps nous dépassons des indigènes montés sur leurs poneys et nous assistons parfois à une parade équestre lorsque les fortes petites bêtes se cabrent et reculent pour fuir l'horreur de notre gros autobus, mais les cavaliers restent pesamment fixés à leur monture, de toute la force virile des Sardes. Tous les voyageurs rient et se retournent pour voir le poney qui se tortille toujours, mais en vain, au milieu de la grand'route solitaire bordée d'herbes.

Le receveur entre, sort, puis vient s'asseoir à côté de nous. Il est comme une colombe qui a trouvé enfin une branche d'olivier sur quoi se poser. Et c'est nous qui sommes la branche d'olivier parmi les eaux du déluge. Mais hélas, j'ai plutôt l'impression d'être un roseau brisé. Il reste donc près de nous, avec la sérénité du chien qui a trouvé un maître.

L'après-midi décline, l'autobus file à toute allure. Devant nous apparaît l'île imposante de Tavolara, magnifique masse rocheuse dont la lourde forme splendide me fascine. On dirait un promontoire, car elle semble tenir à la terre. Elle repose au bord de la mer, dans ce monde perdu de l'après-midi. C'est étrange comme ce littoral échappe à notre monde actuel. Plus loin, nous apercevons deux vapeurs cinglant vers le sud et un voilier arrivant d'Italie. Et ces vapeurs nous rappellent aussitôt au monde familier. Cependant, ce littoral est désert, oublié, loin de tout. Oui, loin de tout.

Comme ils sont fatigants, ces voyages! On dirait que nous n'arriverons jamais devant Tavolara. Nous la longeons enfin. Nous voyons les vagues qui clapotent paisiblement sur la plage et l'étroit bras de mer qui la sépare de l'île, car la route est maintenant au niveau de la mer. Nous ne sommes guère loin de Terranova. Et pourtant tout reste désert, coupé de la vie du monde.

Un soleil intense s'incline au-dessus des terres. Dans l'autobus, tout le monde se tait et cède à la somnolence du voyage. Nous fonçons sur la route plate, en direction d'une plaine. L'ombre s'épaissit sur la terre.

Puis la grand'route dessine une large courbe sur la plaine. C'est la pointe de la jetée. Un port magique, parfaitement abrité, nous apparaît avec ses mâts et la terre sombre encercle un bassin lumineux. Nous apercevons même un vapeur amarré à l'extrémité d'une langue de terre, pareil à une épave. C'est notre vapeur. Mais on dirait plutôt, dans le puissant rayonnement du crépuscule, quelque navire solitaire mouillé dans une baie bien close du Spitzberg, très loin, près du pôle nord, une baie solennelle, mystérieuse, prise dans le bleu des terres et infiniment étrangère à l'humanité.

Notre receveur revient et nous annonce qu'il nous faudra attendre dans le car qu'ils aient expédié le travail du courrier. Après quoi, nous serons menés à l'hôtel où nous pourrons manger, puis il prendra avec nous l'autobus qui va au bateau. Inutile d'y être avant 8 heures et maintenant il est un peu plus de 5 heures. Nous restons donc assis tranquillement tandis que le car file à toute allure, que la route s'incurve et que change la vue du port fabuleux avec ses mâts entremêlés qui pointent toujours dans les hauts rougeoiements du ciel, son vapeur lointain qui semble avoir échoué sur un banc de sable et le troupeau foncé de collines mystérieuses qui l'enserrent, bleu-sombre et hivernales, dans le crépuscule doré, tandis que la grande baie plate brille comme un miroir.

Nous traversons des rails. La route s'obscurcit et nous fonçons vers une ville perdue, aux bâtiments sombres, située au creux marécageux de la baie. On dirait davantage un baraquement qu'une ville. Mais c'est Terranova-Pausanias. Nous prenons une rue sombre, bizarre, désolée et nous nous arrêtons brusquement devant la poste. Des voyous des rues réclament bruyamment les bagages. Tout le monde descend et se dirige vers la mer, tandis que les gamins portent les bagages. Nous attendons.

Jusqu'au moment où je n'en peux plus. Je ne veux plus rester dans le car une minute de plus, et je n'ai pas envie, ah mais pas envie du tout, d'être accompagné au bateau par notre ami de fraîche date. Je bondis hors du car, suivi par la «reine-abeille». Elle est soulagée de fuir cet attachement, bien qu'elle ait un grand *tendre** pour notre receveur; mais en fin de compte, on a plus de mal à se détacher de ses *tendres** (sic) que de ses *durs** (sic). Les gamins s'abattent sur nous: Avons-nous d'autres bagages? allons-nous au vapeur? Je leur demande comment on s'y rend. À pied? Je pensais qu'il faudrait peut-être prendre une barque.

– À pied, en voiture, ou en avion, répond un jeune chenapan. – En sommes-nous loin? – À dix minutes. – Peut-on y monter tout de suite? – Oui, certainement.

Ainsi donc, malgré les protestations de la «reine-abeille», je tends le sac à un jeune polisson qui nous guidera. Elle préférerait que nous partions seuls; mais je ne connais pas le chemin et je ne me soucie pas de m'égarer dans un labyrinthe.

Je prie notre Hamlet, qui ne se sent plus de fatigue, de bien vouloir dire à son camarade que je n'oublierai pas la commission, et je donne une petite tape à mon gousset où le papier repose contre mon cœur. Il me le promet brièvement et nous nous esquivons.

Je demande au gamin de me conduire au bureau télégraphique, lequel, bien entendu, se trouve à une bonne distance de la poste. Après avoir mis le sac au dos et réclamé le kitchenino que la « reine-abeille » ne veut pas lâcher, il ouvre la marche. À en juger d'après sa taille, il a dix ans, mais son joli visage usé de gavroche en accuse quarante. Il porte une tunique de soldat qui lui arrive presque aux genoux et va gaiement, pieds nus, de cette allure alerte et dégagée de gavroche, qui a son élégance.

Nous descendons dans un passage, montons des escaliers et entrons dans un bureau où l'on s'attendrait plutôt à voir enregistrer des naissances et des décès. Mais le gamin nous assure que c'est le bureau télégraphique. Aucun signe de vie. Passant la tête au guichet, j'aperçois un gros individu qui écrit, là-bas, au fond. De faibles lumières coupent la monotonie du vaste local administratif. Je me demande si ce gros individu n'a pas peur d'être là, tout seul.

Il ne bronche pas. Je tambourine à la grille et réclame un imprimé. L'autre hausse les épaules jusqu'aux oreilles, nous signifiant ainsi son intention de nous faire attendre. Mais je demande bien fort au gamin : « C'est lui, l'employé ? » Le gamin répond : « Si, signore », ce qui oblige le gros individu à se déranger.

Au bout d'un temps considérable, nous nous remettons en route. L'autobus, grâce à Dieu, a disparu et il n'y a plus d'amis dans la rue noire et sauvage. J'aperçois des rails, tout près ; des mâts entremêlés, le vapeur illuminé tout au bout de la langue de terre, vers le milieu du port. Nous nous remettons donc en marche derrière le gamin qui chemine à petits pas rapides. Nous prenons la route qui traverse la langue de terre. Cette langue de terre est assez large pour contenir une route et une voie ferrée. À droite, se dresse une maison silencieuse, apparemment bâtie sur pilotis, dans le port même. Devant nous, tout là-bas, s'incline notre vapeur qui scintille faiblement ; un petit train refoule des fourgons dans des hangars avoisinants. La nuit est tombée ; les grandes étoiles étincellent. Orion s'élève au ciel, suivi de son chien. Nous avançons vers la barre sombre, entre les eaux moirées et silencieuses. Le port est lisse et brillant comme un miroir. Et les collines l'encerclent de partout ; leurs noires silhouettes hérissées s'étendent en tous sens, même vers la mer. Elles se sont secrètement serrées autour du port, semble-t-il, pour monter silencieusement la garde au-dessus de ses eaux. Cette grande masse là-bas, c'est peut-être encore Tavolara, pareille à un berg trapu faisant la sentinelle au-dessus d'une baie arctique où gisent des vaisseaux morts.

Nous suivons toujours notre gamin, laissons derrière nous la ville qui émet elle aussi quelques maigres lumières, de l'autre côté de l'eau, au creux de la baie où elle se tapit, confuse et noire. Le gamin trotte toujours et se retourne de temps en temps pour tendre une main avide et maigre vers le kitchenino – surtout lorsque nous rencontrons des hommes sur la voie ferrée. Ne point le lui donner, c'est faire insulte à ses capacités. On le lui abandonne donc et le gavroche poursuit son chemin, satisfait.

Finalement, nous arrivons aux hangars qui se tassent entre le vapeur et le terminus de la voie ferrée. Le gamin m'introduit dans l'un d'eux où un képi rouge est en train d'écrire. Celui-ci me laisse attendre quelques minutes avant de m'informer que je me trouve dans le hangar aux marchandises et que le bureau de location se trouve plus loin. Notre gamin se précipite vers lui et dit : «Alors, vous avez changé, hein?» Puis il me conduit à un autre hangar qui ferme justement. Les employés veulent bien me délivrer les billets – 150 francs les deux. Après quoi, nous suivons notre gavroche qui gravit la passerelle avec la dignité d'un Scipion l'Africain.

C'est un tout petit bateau. Le steward me donne la cabine 1 et à la «reine-abeille» la cabine 7. Chaque cabine comprend quatre couchettes. Les hommes et les femmes sont donc rigoureusement séparés. Quel coup pour la «reine-abeille» qui sait ce que peut être une compagne de traversée italienne! Enfin, c'est comme ça. Toutes les cabines sont en bas, et pour telle ou telle raison, privées de hublot. Il y fait déjà chaud et lourd. Je place mon sac sur ma couchette et le gamin m'attend à la porte, sur le tapis rouge.

Je lui donne trois francs. Il les regarde comme si c'était mon arrêt de mort. Il scrute le billet à la lumière de la lampe. Puis, étendant le bras avec une expression de superbe insolence, il me rend mon or sans un mot.

– Comment! dis-je. Trois francs, c'est bien assez.

– Trois francs! deux kilomètres et trois bagages! Non, Signore. Non, cinq francs. *Cinque franchi!*

Et détournant son visage usé de gavroche, me repoussant du geste, il se dresse devant moi, tel l'image du refus indigné.

Et pourtant, il m'arrive à peine au gilet. Ah, le sacripant! Il est si cabotin, si impudent, que j'hésite entre l'étonnement, l'amusement et l'envie de lui faire remonter tous les escaliers d'un coup de pied. Je décide de ne pas gaspiller mon énergie en colère.

– L'affreux petit garçon! L'affreux petit garçon! Ah, *l'affreux* petit garçon! Vraiment, quel petit voleur! quel petit escroc! dis-je d'un air rêveur.

– Escroc! répète-t-il en chevrotant. Il est touché. « Escroc » a porté le coup décisif. Surtout prononcé avec cette tranquille douceur.

Maintenant, il est prêt à s'en aller avec ses trois francs, mais au comble du mépris, je lui donne son reste.

Il déguerpit, rapide comme l'éclair, terrorisé à la pensée que le steward pourrait l'attraper à ses filouteries. En effet, plus tard, j'ai vu le steward chasser les gamins qui réclamaient plus de 1 fr. 50. Le sacripant!

La question qui se pose maintenant est celle de la cabine. La « reine-abeille » se refuse à admettre l'idée de partager sa cabine avec trois Italiennes qui, à force d'agitation, seraient bien capables de se rendre malades, bien que nous ayons une mer d'huile. Nous courons à la recherche du steward. Il nous déclare que toutes les cabines de 1re classe ont quatre couchettes, que celles de 2e classe n'en ont que trois mais beaucoup plus petites (comment est-ce possible?). Pourtant, si les passagers font défaut, il pourra nous réserver une cabine particulière. Notre bateau est propre, mais bien exigu. Enfin, nous y sommes.

Nous montons sur le pont. Prendrons-nous la nourriture du bateau, nous demande quelqu'un. Non, merci. Nous achetons du pain, des sardines, du chocolat et des pommes à la buvette. Puis nous montons faire notre repas sur le pont supérieur. Dans un coin abrité, j'allume la lampe à alcool et je fais chauffer de l'eau que nous avons prise dans la cabine. Nous nous asseyons tout seuls dans l'ombre, sur un banc adossé aux cabines de pont affectées au personnel. Il y circule un petit vent froid. Nous nous serrons ensemble, enveloppés dans notre unique plaid, en attendant que le thé soit bouillant. D'où nous sommes, je ne vois que l'extrémité de sa flamme qui lèche le récipient.

Les étoiles sont merveilleuses dans le ciel insondable. Si grandes qu'on les voit pendre, rondes et solitaires, chacune dans son domaine, et pourtant elles brillent par myriades. L'étoile du soir est particulièrement claire. Elle étincelle dans les régions inférieures de la nuit avec une toute-puissance qui me coupe le souffle. Prestigieuse, éblouissante, elle jette, semble-t-il, des scintillements de soleil. Et depuis les hauteurs sombres des terres, elle nous lance, à travers les eaux, un rais de lumière, une merveilleuse voie astrale. Par tout le firmament s'élèvent, à tire l'ailes, des astres palpitants au-dessus du port silencieux, nocturne, prisonnier des terres.

Au bout d'un long moment, l'eau se met à bouillir ; nous buvons notre thé bien chaud et mangeons nos sardines et les restes de saucisson de Nuoro avec du pain. Nous sommes assis tout seuls sur le pont supérieur. Je dis seuls, mais non, deux chats sataniques viennent hurler de faim devant nous. Et même quand tout a été mangé et que la boîte de sardines a été lancée à la mer, ils continuent à hurler et à rôder autour de nous.

Nous restons assis sous la profondeur somptueuse des cieux, enveloppés dans le vieux manteau de berger pour

lequel j'ai si souvent béni un ami écossais, et, à demi-
abrités du vent froid de la nuit, nous nous remettons un
peu de la fatigue du voyage (90 km aujourd'hui).

Jusqu'ici, il n'y a personne sur le bateau. Nous sommes
les tout premiers passagers. Tout au moins en 1re classe. Au-
dessus de nous, tout est silencieux et désert. Au-dessous,
tout est illuminé et désert. Mais notre petit bateau ne
prend qu'une trentaine de personnes en 1re classe et une
quarantaine en 2e. À l'avant, sur le pont inférieur, se
tiennent deux rangées de bêtes – dix-huit en tout. Elles
sont debout, côte à côte, absolument immobiles, comme
stupéfiées. Deux d'entre elles seulement se sont cou-
chées. Le reste se tient immobile, la tête baissée, la queue
baissée, comme sous l'effet d'un narcotique. Ces bêtes
fascinent la « reine-abeille ». Elle insiste pour descendre
les examiner de près. Les voici, elles sont raides comme
les vaches de l'Arche de Noé. Ce que la « reine-abeille »
ne comprend pas, c'est qu'elles ne crient pas, qu'elles ne
se débattent pas. Immobiles... terriblement immobiles.
Dans son esprit, les bêtes sont des créatures sauvages
et indomptables. Elle n'arrive pas à se rendre compte
de l'affreuse puissance d'inertie et de passivité qui fait
presque toute la force des créatures domestiquées, bêtes
et hommes. Il y a de la volaille également dans des cages,
elle bat des ailes et s'agite.

Finalement, vers 7 h 1/2, le train arrive de l'intérieur et
les gens affluent en masse. Penchés à l'extrémité du pont
supérieur, nous regardons.

Une foule compacte monte à l'assaut de la passerelle
avec toutes sortes de bagages imaginables : ballots, fourre-
tout brodés, sacs, sacoches de selle (la « reine-abeille » se

lamente de n'en avoir pas acheté une). C'est une irruption de gens et de marchandises. Il y a également des soldats ; mais, alignés sur le quai minuscule, ils attendent. Y aura-t-il d'autres passagers de 1re ? Voilà ce qui nous intéresse. Arrivé au bout de la longue planche qui sert de passerelle, chaque individu tend son billet à un marin qui le dirige d'un geste sur son secteur – celui des 2es classes d'ordinaire. Il y a trois sortes de billets : verts (1re classe), blancs (2e), roses (3e). Les passagers de 2e classe vont à l'arrière, ceux de 3e à l'avant, au-delà de nos cabines. Nous observons longtemps les gens s'agiter, monter et se diviser. Presque tous les gens vont en 2e classe ; il y a un grand nombre de femmes parmi eux. Nous voyons quelques hommes en 1re classe. Mais pas de femmes, jusqu'à présent. À chaque chapeau à aigrette, la « reine-abeille » tressaille.

Nous restons un bon moment à l'abri de toute menace. Les femmes affluent vers les 2es classes. L'une d'elles, qui a un billet de 3e, prie et supplie qu'on la laisse aller avec ses amies qui sont en seconde. Vainement d'ailleurs, je suis heureux de le dire. Mais hélas ! voici un homme d'un certain âge qui nous rejoint avec sa fille. Ils sont respectables et d'aspect agréable. Mais la « reine-abeille » gémit : « Je suis sûre qu'elle va être malade ».

Plus tard, nous voyons arriver trois forçats enchaînés ensemble. Ils ont une tenue de gros tissu brun, à rayures et n'ont pas l'air mauvais. On dirait qu'ils rient entre eux – d'un rire nullement malheureux. Les deux jeunes soldats qui les gardent avec des fusils ont l'air nerveux. Les forçats longent nos cabines et s'en vont vers les 3es classes.

Finalement, les soldats se mettent en rang et s'embarquent. À peine sur le bateau, ils commencent à dresser une tente, en passant une énorme bâche au-dessus d'une corde transversale tendue entre les 3es et les 2es classes. La large bâche bien tirée et fixée de chaque côté forme une grande tente noire. Les soldats y pénètrent en rampant et y placent leur paquetage.

Et maintenant, ce sont les soldats qui fascinent la « reine-abeille ». Elle se penche pour mieux les voir. Les soldats se disposent en deux rangées. Pour dormir, ils mettront la tête sur leur paquetage, au bord de la tente, leurs pieds se rencontrant au milieu. Mais ils doivent manger d'abord, car il est 8 heures passées.

Et voici leur souper : une belle volaille rôtie, de gros morceaux de chevreau, des gigots d'agneau, des pains énormes. La volaille est dépecée en un clin d'œil au moyen d'un canif – et partagée comme tout le reste. Assis dans leur abri étroit ouvert aux deux extrémités, entassés et heureux, ils mâchent de toute leur force, se donnent des tapes sur l'épaule tout en buvant de bons coups de vin. Nous envions leur repas.

Finalement, tout le monde est à bord. L'autobus venu de la ville est reparti. Un jeune lourdaud saute d'une voiture qui vient de surgir et se précipite à bord. L'équipage court de ça, de là. Les porteurs du quai ont monté hâtivement les derniers ballots, les derniers paquets. Tout est solidement rangé. Le vapeur mugit à plusieurs reprises ; deux hommes et une jeune fille embrassent leurs amis et descendent du bateau. La nuit répercute les mugissements du vapeur. Les hangars se sont tout assombris. Au loin, la ville jette quelques rares feux. Tout est déjà désert. On hisse la passerelle, on love les cordages... nous quittons le quai. Les quelques spectateurs agitent leurs mouchoirs blancs, minuscules silhouettes perdues sur le quai sombre, au cœur du port désert. Une femme crie, agite la main, pleure. Un homme fait de grands signaux, d'un air important. Nous dérivons et les machines se mettent en marche. Nous nous mouvons dans le port.

Tout le monde est attentif. Le capitaine et l'équipage crient des ordres. Et lentement, sans confusion aucune, à la façon d'une brouette qui franchirait le portail d'une cour, notre navire sort du port, et nous nous éloignons des collines circulaires, de la grande masse de Tavolara, des terres qui s'étendent vers le nord. Nous voici au seuil du large.

Et maintenant, occupons-nous d'avoir une cabine pour nous deux. J'aborde le steward. Oui, fait-il, il y pense, mais il y a 80 passagers de 2e classe pour 40 couchettes. Le contrôleur examine la question. Il est très probable qu'il fera passer quelques voyageuses de 2e classe dans les cabines de 1re vides. S'il ne le fait pas, le steward nous donnera satisfaction.

Je comprends ce que signifie ce langage équivoque. Nous décidons de ne plus nous soucier de la question et nous faisons le tour du bateau, regardons les soldats qui ont fini de manger et se racontent des blagues, tandis que certains autres se sont étendus dans l'ombre pour dormir. Nous regardons ensuite les bêtes qui sont rivées au pont, maintenant dégoûtant, et la volaille malheureuse dans ses cages. Puis nous jetons un coup d'œil sur les 3es classes (c'est plutôt effrayant).

Et maintenant, au lit! Les trois autres couchettes de ma cabine sont déjà occupées, lumière éteinte. En entrant, j'entends un jeune homme demander tendrement à son compagnon de la couchette inférieure: «Te sens-tu mal ? – Euh... pas trop... pas trop... », répond faiblement l'autre.

Et pourtant la mer est étale comme de l'huile. Je me faufile prestement dans ma couchette inférieure où je sens les pulsations de la machine et j'entends craquer la couchette du haut lorsque mon voisin se retourne. J'écoute les soupirs des autres, le froissement de l'eau sombre. Et c'est ainsi que s'écoule la nuit chaude, sans air, troublée par les pulsations des machines, les soupirs de mes compagnons et les cris stridents d'un coq qui prend les lumières du bateau pour l'aube... On arrive à dormir, mais mal. Ah ! s'il entrait seulement un peu d'air à l'intérieur de ce réduit étouffant !

VIII

LE RETOUR

La mer étant aussi unie qu'un billard, personne n'arrive à se rendre sérieusement malade. Mes jeunes hommes se lèvent à l'aube. Je ne suis pas long à les suivre sur le pont : Le matin est gris, la mer grise, le ciel gris ; une côte grise d'une finesse arachnéenne se profile non loin de nous. C'est l'Italie. La « reine-abeille » me rejoint, absolument ravie de sa compagne de cabine : une fille charmante, dit-elle, et quand elle dénoue sa chevelure brune – qui pourtant semble quelconque – celle-ci lui tombe tout ondulée jusqu'aux pieds ! *Voilà** ! on ne connaît jamais sa chance.

Le coq qui a chanté toute la nuit pousse encore de pénibles cocoricos enroués. Le misérable bétail a l'air plus misérablement las, mais il reste immobile comme les éponges qui poussent au fond de la mer. On fait prendre l'air aux forçats, grimaçants. Quelqu'un nous dit que ce sont des déserteurs. Étant donné le jour sous lequel ces gens-là voient la guerre, la désertion m'apparaît comme la seule forme de l'héroïsme. Mais la « reine-abeille » élevée dans une ambiance militaire les contemple comme des hommes miraculeusement vivants à l'ombre de la mort : selon son code on les a fusillés lorsqu'on les a repris. Les soldats ont défait leur tente ; leur abri de la nuit a fondu avec l'obscurité et maintenant, mêlés à la grisaille de la traversée, ils fument des cigarettes et fixent la mer. Nous approchons de Civita-Vecchia. Voici le vieux port médiéval avec son château et sa caserne ronde fortifiée, à l'entrée. Les soldats du bord crient et font des signaux aux soldats des remparts. Nous pénétrons inaperçus dans le petit port mesquin, insignifiant. Et cinq minutes plus tard, nous prenons le large boulevard désolé qui mène à la gare. Les cochers nous regardent fixement – mais, sans doute, à cause du sac tyrolien, nous prennent pour des Allemands pauvres.

Café au lait. L'express du Nord n'a que 3/4 d'heure de retard. C'est le train de nuit qui vient de Turin. Il y a beaucoup de place, et nous y montons, suivis d'une demi-douzaine de Sardes. Dans notre compartiment, nous trouvons un corpulent Turinois quasiment aveuglé de fatigue. Sur le continent, on se sent dans un monde tout nouveau. D'emblée, on y respire une curieuse impression de suspens. Et, comme avant, je lis d'un bout à l'autre le « Corriere della Sera » ; nous reprenons conscience du vieux monde actif et réel où l'air est pareil à un vin agile qui dissoudrait la perle de l'ordre ancien. J'espère, cher lecteur, que tu goûtes la métaphore. Mais je ne puis m'empêcher de redire combien l'on est sensible à la vertu dissolvante de l'atmosphère lorsqu'on revient brusquement sur le continent. En une heure on change de psyché. L'homme est une bien curieuse créature. Il croit n'avoir qu'une âme, il en a des douzaines. Je sens que ma solide âme sarde fond et s'évanouit, je me volatilise, au contact de l'Italie, en incertitude, en momentanéité. Je lis attentivement le «Corriere» tandis que s'opère la métamorphose. J'aime les journaux italiens parce qu'ils disent ce qu'ils veulent dire et pas seulement ce qu'il convient de dire. Nous appelons ça de la naïveté; pour moi, c'est de la virilité. À lire les journaux italiens, on voit qu'ils ont été écrits par des hommes et non par des eunuques circonspects.

Le train longe lourdement la Maremme. Il se met à pleuvoir. Puis nous nous arrêtons à une gare que nous devions brûler, quelque part dans la Maremme, non loin de la mer invisible, parmi le pays plat, cultivé et pourtant désolé. Oh, comme l'homme de Turin soupire et déplace lourdement ses jambes tandis que le train reste sans raison immobile sous la pluie! Oh, express!

Enfin nous repartons et zigzaguons parmi les curieuses dépressions de la Campagne Romaine. Les bergers y gardent leurs délicats mérinos. En Sardaigne, les mérinos sont d'une blancheur éblouissante qui rappelle la parole de l'Écriture «blanc comme la laine». Et les moutons noirs du troupeau y sont tout à fait noirs. Mais ceux-ci ne sont plus blancs, mais ternes. Bien que la campagne soit encore un vrai désert, c'est un désert historique et familier à la façon dont un coin de feu est familier.

Nous approchons donc de la désespérante banlieue de la Rome moderne, traversons le Tibre jaune, dépassons la fameuse pyramide tombale et après avoir longé les murs de la ville, nous plongeons finalement dans la gare familière qui nous délivre du chaos. Nous sommes en retard, il est midi moins le quart. Et je dois sortir changer de l'argent – et j'espère trouver mes deux amis. La «reine-abeille» et moi bondissons sur le quai. Aucun ami à la barrière. La gare est moyennement vide. Nous nous élançons vers les quais de départ. Le train de Naples est là, prêt à partir. Nous y casons nos bagages, demandons à un marin de ne permettre à personne de les voler, puis je me précipite en ville, tandis que la «reine-abeille» achète des provisions et du vin au buffet.

Il ne pleut plus et Rome a son air férié et parfaitement insouciant de tous les jours. On me donne 103 lires par livre sterling. J'empoche mon argent à midi deux et retourne d'une course à la gare, par la Piazza delle Terme.

Aha, voilà nos deux absents qui justement descendent vaguement d'une voiture. Le premier lance, à travers son monocle, des coups d'œil scrutateurs de l'autre côté des rails du tram; le second, un grand garçon alerte et élégant, regarde autour de lui comme s'il s'attendait à nous voir tomber du ciel pour son plaisir. C'est exactement ce qui se produit. Nous nous précipitons dans les bras les uns des autres. «Oh! vous voilà. Où est la "reine-abeille"? Pourquoi êtes-vous ici? Nous sommes allés sur le quai d'arrivée. Aucun *signe* de vous. Naturellement, il y a seulement une demi-heure que nous avons reçu votre télégramme. Nous nous y sommes *précipités*. Là! quel plaisir de vous voir! – Le cocher? qu'il attende. Quoi? vous retournez tout de suite à Naples? Est-ce nécessaire? Oh, comme vous êtes fugitifs! Des oiseaux de passage, *veramente*! Eh bien, allons vite trouver la "reine-abeille". Mais on ne nous laissera pas pénétrer sur le quai. Non, ils ne délivrent pas de billets de quai aujourd'hui. Oh! ce ne sont que les invités d'un mariage entre les maisons de Savoie et de Bavière qui reviennent du Nord... quelques duchesses royales dans le tas. Bon! tâchons de "rouler" l'employé!»

À la barrière, une jeune femme essaie en vain d'entrer dans la gare. Mais là où échoue une matrone romaine, un jeune et élégant Anglais réussit. Nos deux héros se faufilent donc sur le quai et tombent dans les bras de la « reine-abeille » qui est debout près du train de Naples.

Allons ! et maintenant racontez-nous tout ! Nous nous lançons alors éperdument dans une quadruple conversation. L'homme au monocle me parle à l'oreille du Sahara – il y a une semaine qu'il en est revenu : le soleil d'hiver sur le Sahara ! L'autre, au beau pantalon taché de peinture, esquisse en quelques traits à la « reine-abeille » le portrait de sa *grande passion** actuelle. L'entretien va bon train et l'homme au monocle décrit en détail à la « reine-abeille » le voyage au Japon qu'il compte faire dans six semaines tandis que l'homme aux taches de peinture s'étend sur les merveilles de la pointe-sèche et échafaude le plan d'un voyage d'un mois en Sardaigne, en mai – moi j'y ferais mes gribouillages et lui ses tableaux. Quelle sorte de tableaux ? On lance le nom de Goya.

Et maintenant nous brûlons de nous réunir. Ne viendront-ils pas chez nous en Sicile admirer l'amandier en fleurs dans une dizaine de jours ? – Oui, bien sûr ; qu'on leur télégraphie que l'amandier entre en scène et fait sa grande révérence et ils arriveront le lendemain. Quelqu'un donne deux grands coups de marteau contre la roue du wagon. Signe qu'il faut monter. La « reine-abeille » est terrifiée à la pensée que le train peut lui glisser entre les doigts : « J'ai peur, il faut que je monte. – Très bien ! vous êtes sûrs qu'il ne vous manque rien ? vraiment ? Un *fiasco* de *vino* ? Oh, *deux* ! Bravo ! Eh bien... dans dix jours. – C'est ça. – Sûrement. – Quel plaisir de vous avoir aperçu, ne serait-ce qu'une *seconde*. – Oui, oui, pauvre « reine-abeille » ! oui, vous êtes tranquille maintenant. Au revoir, au revoir ! »

La portière se ferme. Nous nous installons. Le train quitte la gare. Et Rome disparaît bientôt. Nous voici dans l'hivernale campagne où poussent les céréales. Là-bas, à gauche, nous voyons les collines de Tivoli et nous songeons aux chaleurs de l'été qui vient de passer, aux fontaines de la villa d'Este. Le train roule lourdement dans la campagne, approche des Monts Albains. Nous sommes sur le chemin du retour.

Nous nous jetons sur nos victuailles et dévorons les excellents petits biftecks, les petits pains, les œufs durs, les pommes, les oranges et les dattes et nous buvons le bon vin rouge, puis nous nous lançons dans de folles discussions sur l'avenir, les dernières nouvelles. Tout nous passionne. Au point que nous sommes déjà bien engagés dans les romantiques montagnes du Centre avant de nous rendre compte qu'il y a dans le compartiment d'autres voyageurs que nous. La moitié du voyage est faite. Tiens! voici le monastère sur sa hauteur. Dans un accès d'enthousiasme, je suggère à la « reine-abeille » que nous descendions passer la nuit là-haut, à Monte Cassino, où nous verrons cet autre ami le moine qui, détaché du monde, le connaît si bien. Mais elle frissonne à la pensée du froid terrible qui doit sévir dans le massif monastère de pierre, privé du moindre chauffage. J'abandonne donc mon plan et je ne descends à la gare de Cassino que pour me procurer du café et des gâteaux. On trouve toujours de bonnes choses à la gare de Cassino : en été, des sorbets, des fruits frais et de l'eau glacée ; en hiver, de savoureux gâteaux qui font un excellent dessert.

Nous sommes à mi-chemin de Naples. Après Cassino, l'exaltation du Nord commence à s'évaporer. La pesanteur méridionale descend sur nous. Le ciel également

commence à s'assombrir, et la pluie tombe. Je pense
à la nouvelle nuit en mer qui nous attend. Mais nous
pouvons aussi passer la nuit à Naples ou encore rester
dans ce train qui s'en ira tout au long de la longue nuit
vers le détroit de Messine. Nous devrons prendre une
décision aux approches de Naples.

À travers une demi-somnolence, nous apercevons les
gens qui nous entourent. Nous sommes en 2ᵉ classe.
En face de nous se trouve une petite institutrice, très
collet-monté, portant pince-nez. À côté d'elle, un soldat
pâle, aux joues creuses, la poitrine décorée. Puis un
gros homme dans le coin. Puis un officier de marine
qui revient de Fiume, mort de sommeil et peut-être
de mortification. D'Annunzio vient justement d'abandonner la partie. Deux compartiments plus loin, nous
entendons des soldats qui chantent, brisés de fatigue,
les fanfaronnades de D'Annunzio à propos de Fiume.
Ce sont les soldats de la légion de D'Annunzio. Et l'un
d'eux – dit le soldat malade – est toujours ardent républi-
cain. Les simples soldats, en raison de leurs tarifs réduits,
n'ont pas le droit de voyager en express. Mais ces légionnaires ne sont pas sans le sou : ils paient le supplément
et prennent l'express. Pour le moment, on les renvoie
dans leurs foyers. Et, la tête alourdie de fatigue, nous les
entendons là-bas qui chantent, avec un accent de défi, la
gloire de D'Annunzio. Un officier passe, il fait partie de
l'armée régulière et non de la légion de Fiume. Il entend
les chants, entre dans le compartiment. Les légionnaires
sont paisibles, mais ils restent allongés comme s'ils ne
le voyaient pas. « Debout ! » hurle l'autre, à la manière
italienne. Vaincus par cette véhémence, ils se relèvent,
mais bien à contre-cœur. « Saluez ! » Et, quoiqu'il leur
en coûte, ils portent la main au calot, tandis que l'autre

les observe, immobile. Puis, parfaitement superbe, il s'en va nonchalamment. Les légionnaires se rasseoient, furieux. Bien sûr qu'ils sont battus! Comme s'ils ne le savaient pas! Les hommes de notre compartiment font un curieux sourire amusé et légèrement méprisant.

Le train descend maintenant, les vitres se couvrent d'une épaisse buée qui nous coupe du monde. D'un bout à l'autre du train, pas très plein, on peut sentir l'épuisement, l'abattement et le découragement des pauvres légionnaires de D'Annunzio. Dans le silence de l'après-midi, par le train à moitié vide aux vitres embuées, éclatent çà et là des bribes de chansons qui s'évanouissent dans la fatigue et le découragement. Nous poursuivons lourdement notre course aveugle. Mais voici un jeune gaillard qui ne se laisse pas démonter pour si peu. Bien bâti, ses épais cheveux noirs relevés sur le sommet du crâne en forme de crête, il s'avance lentement dans le couloir et trace du doigt sur toutes les vitres, rendues opaques par la vapeur, W D'Annunzio Gabriele, W D'Annunzio Gabriele.

Le soldat malade rit faiblement et dit à l'institutrice: «Oh oui, ce sont de braves gars. Mais ç'a été une folie. D'Annunzio est un poète mondial – une gloire mondiale – mais Fiume a été une erreur, vous savez. Et ces gars avaient besoin de recevoir une leçon. Ils ont été trop présomptueux. Oh! ce n'est pas l'argent qui leur manque. D'Annunzio en avait de pleins wagons à Fiume et n'en était pas avare.» L'institutrice, fine mouche, lui fait alors un petit cours afin de lui montrer *en quoi* c'était une erreur et combien elle est mieux renseignée que le glorieux poète mondial.

Ça me rend toujours malade d'entendre les gens ruminer de la pâte à journal.

Le soldat malade n'est pas légionnaire. Il a été blessé au poumon. Mais il est guéri, dit-il. Il relève la patte de sa poche de côté et découvre une petite médaille d'argent, qui lui a été décernée pour sa blessure. Mais il la cache, juste contre l'endroit de la blessure. L'institutrice et lui se lancent un regard significatif. Puis ils parlent de pension et c'est la vieille rengaine. L'institutrice cite aussitôt des chiffres. Quoi! le contrôleur, l'homme qui poinçonne les tickets du train, gagne maintenant 12 000 lires par an! 12 000 lires! Monstrueux! Tandis qu'un *professore* diplômé, un instituteur qui a fait toutes ses études et obtenu tous ses brevets, en touche 5 000. 5 000 lires pour un *professore* diplômé et 12 000 pour un poinçonneur de tickets. Le soldat acquiesce et cite d'autres chiffres. Mais les chemins de fer constituent leur principal grief. Tous les garçons qui sortent de l'école, dit l'institutrice, veulent y travailler. – Oh! mais... dit le soldat, les cheminots...

L'officier de marine qui, aveuglé de sommeil, s'affaisse en des positions invraisemblables, descend à Capoue pour prendre un petit train qui le ramènera à sa gare, que notre express a brûlé. À Caserta, le soldat malade descend. La pluie tombe sur les arbres de la grande avenue. Un jeune homme entre. L'institutrice et le gros homme sont toujours là. Ayant vu que nous l'avons écoutée, l'institutrice nous parle du soldat. Puis (elle a dit qu'elle allait prendre cette nuit le bateau de Palerme), je lui demande si elle croit qu'il sera complet. – Oh oui, complet, dit-elle. Ainsi, elle a un des derniers numéros de cabine, et pourtant elle a retiré son billet ce matin de bonne heure. Le gros homme se joint à la conversation. Lui aussi se rend à Palerme. Le bateau est certainement complet actuellement. Comptons-nous louer des couchettes au port de Naples? – Oui. Sur quoi, l'institutrice et l'homme secouent la tête et disent que c'est bien douteux pour ne pas dire impossible. Car le bateau est le fameux *Città di Trieste*, le palais flottant, et sa renommée est telle que tout le monde désire y voyager.

– En première comme en seconde? demandai-je.

– Oh oui, en première aussi, réplique la pédagogue avec une pointe de dépit (Elle a donc un ticket blanc – de seconde).

Je maudis la *Citta di Trieste*, son luxe, et je baisse le nez. Deux possibilités s'offrent à nous : passer la nuit à Naples ou rester en train jusqu'au lendemain matin pour arriver chez nous – avec l'aide du ciel – au début de l'après-midi. Quoique ces express ne regardent pas à 6 heures de retard près. Mais nous sommes déjà fatigués. De quoi aurons-nous l'air, après une autre journée de voyage, Dieu seul le sait. Et pourtant, lutter pour avoir un lit à Naples sous la pluie, alors que tous les hôtels sont en ce moment bourrés d'étrangers, c'est une perspective qui ne nous sourit guère. Oh, mon Dieu!

Je ne veux pas, quand même, me laisser infuser si facilement leur découragement. On nous a déjà eus comme ça. Ils aiment tellement présenter les cas comme désespérés...

Sommes-nous Anglais, demande l'institutrice. Oui. Ah, c'est bien beau d'être en Italie maintenant. Et pourquoi? répliqué-je, plutôt aigrement. À cause du *cambio*, du change. Vous, les Anglais, avec votre change vous venez ici, vous achetez tout pour rien, vous prenez tout avec votre argent. Tandis que nous, pauvres Italiens, nous payons tout bien cher, à des prix exagérés et nous ne pouvons rien avoir. Ah, c'est bien agréable pour les

Anglais d'être actuellement en Italie. Vous voyagez, vous allez à l'hôtel, vous visitez tout. À combien est le change aujourd'hui : à 104,20, fait-elle d'une seule haleine.

Voilà ce qu'elle me déclare, à ma barbe! Et le gros qui murmure amèrement *già, già* : c'est ça! Cette impertinence et la tranquille amertume du gros m'échauffent la bile. Est-ce que ces gens-là ne m'ont pas rabâché de trop cette histoire!

— Vous vous trompez, dis-je à l'institutrice. Nous ne vivons pas pour rien en Italie. Loin de là. Même avec le change à 103, nous ne vivons pas pour rien. Nous payons, et nous payons drôlement tout ce que nous avons en Italie. Et vous êtes un peu là pour ça! Quoi! avec le tarif que vous appliquez aux étrangers, vous dites que nous vivons ici pour rien! Je vous le garantis, je pourrais vivre tout aussi bien en Angleterre pour le même prix, peut-être mieux. Comparez le coût de la vie en Angleterre et en Italie. Eh bien, même en tenant compte du change, il est à peu près aussi élevé en Italie qu'en Angleterre. Certaines choses coûtent moins cher ici – le train par exemple, mais il est infiniment plus misérable qu'en Angleterre. C'est une misère que de voyager en Italie, d'habitude. Mais le reste, – les vêtements, la nourriture – en grande partie – coûte encore plus cher qu'en Angleterre, compte tenu du change.

— Oh oui, dit-elle, l'Angleterre a abaissé ses prix, il y a une quinzaine de jours. Dans son propre intérêt, évidemment.

— Une quinzaine de jours! Il y a six mois, dis-je. Alors qu'ici les prix montent de jour en jour.

Ici, le calme jeune homme qui est monté à Caserta, intervient :

– Oui, dit-il, oui. Toutes les nations paient avec leur argent, quel que soit le change. Finalement, ça revient à peu près au même.

Mais je reste irrité. Va-t-on me lancer chaque fois le change à la face, comme si j'étais, moi, un voleur?

Mais la femme continue:

– Ah, dit-elle, nous autres, les Italiens, nous sommes si braves, si bons. *Noi siamo cosi buoni.* Nous avons si bon caractère. Mais les autres, ils ne sont pas *buoni*, ils ne sont pas aimables envers nous.

Et elle hoche la tête. Et vraiment, je ne me sens pas du tout aimable à son égard. Elle le sait d'ailleurs. Quant au bon caractère des Italiens, il constitue le fondement inébranlable de toutes leurs extorsions, de leurs justifications et de leur dépit.

L'obscurité tombe sur les riches plaines qui environnent Naples, sur les hautes vignes mystérieuses avec leurs longs bras sombres et les terres noires intensément cultivées. Il fait nuit quand nous arrivons dans la vaste gare traîtresse. 5 h et demie environ. Nous n'avons pas trop de retard. Allons-nous descendre au port avec l'institutrice dans ce même wagon?... tenter notre chance? Mais commençons par jeter un coup d'œil sur la voiture qui descend jusqu'à Syracuse. Nous courons la voir : Brouhaha, confusion, couloir bouché, bien sûr, pas de place. Certainement pas assez pour s'allonger un peu. Nous ne pouvons vraiment pas rester encore 24 heures assis tout serrés. Nous décidons par conséquent d'aller au port. À pied. Dieu sait quand on y acheminera notre ancien wagon. Nous reprenons le sac et annonçons notre intention à l'institutrice.

– Essayez toujours, fait-elle d'un ton glacial.

Et nous voilà donc, – la « reine-abeille », kitchenino en main, moi, sac à l'épaule – qui nous évadons de cette gare odieuse et courons le long du golfe de Naples sous une pluie fine. Les cochers nous regardent. Mais mon sac me sauve. S'ils observent un semblant de tarif, le jour, la nuit ce sont des « boa-constrictor ». Je n'en veux pas !

Un kilomètre et demi sépare la gare du quai où se trouve notre bateau. Nous avançons dans des rues profondes comme des gouffres, sur les gros pavés noirs et glissants. Les maisons, noires et massives, s'élèvent très hautes de chaque côté, mais les rues ne sont pas très étroites dans ce quartier-ci. Nous plongeons dans la pénombre sinistre de la grande ville livrée à l'abandon. Pas de lumières aux bâtiments – mais seulement les petites lampes électriques des rues.

Nous débouchons sur le port, dépassons rapidement les entrepôts, dans la nuit pluvieuse. Nous y voici. Les trams nous frôlent avec un bruit de ferraille. Nous cheminons en hâte sur le trottoir qui s'avance comme un isthme entre les noirs sables mouvants de la route du port. On sent le danger rôder autour de soi. Mais finalement nous arrivons à une grille proche des rails du port. Non, ce n'est pas ça. Allons à la suivante. Nous longeons en courant les grands hangars et les installations portuaires jusqu'au moment où nous voyons en face de nous un bateau se détacher sur le noir de la mer. Et maintenant, où se trouve le petit guichet où l'on retire les billets ? Nous sommes perdus dans la jungle sombre du port désert.

Un homme nous mène jusqu'au tournant. Et ne nous demande pas d'argent. Vraiment. À cause du sac, encore une fois. Et là, j'aperçois une poignée d'hommes – soldats

pour la plupart – qui bataillent dans une pièce nue
autour d'un minuscule guichet. Je reconnais l'endroit où
j'ai déjà bataillé.

Et tandis que la «reine-abeille» monte la garde sur les
deux sacs, je fonce dans la mêlée. Il y a là une trentaine
d'hommes qui veulent tous arriver au petit guichet creusé
dans le mur nu. Pas de queue, aucune discipline, mais
un simple trou dans un mur nu et trente types – des
militaires surtout – qui s'y écrasent. Mais j'ai déjà fait ça.
L'astuce est de se glisser insensiblement dans la cohue.
À force de pression et d'obstination acharnée, on finit par
arriver au but. Il faut serrer de près son portefeuille d'une
main et garder l'autre libre pour s'agripper au rebord du
guichet quand on y parvient. Et c'est ainsi qu'on est
broyé menu dans les moulins de Dieu : Démos bataille
pour avoir des billets. Ça n'est pas tellement agréable
d'être comprimé si fort, si extraordinairement. D'autant
plus qu'on ne doit pas cesser une seconde de veiller sur
sa montre, son argent ou même son mouchoir. Quand
j'arrivai pour la première fois en Italie, je fus volé deux
fois en trois semaines. Je nageais alors innocemment dans
la bonne vieille foi en l'humanité. Dès lors, je n'ai jamais
cessé d'être sur mes gardes. De nos jours, que l'on soit en
état de veille ou de sommeil, on ne doit jamais relâcher
sa vigilance. Je préfère ça d'ailleurs, maintenant que je
connais la règle. La foi en la bonté du genre humain est,
certes, une bien maigre protection. *Integer vitæ scelerisque
purus*, c'est une formule qui, pratiquée sur l'humanité ne
vous vaudra rien, pour efficace qu'elle puisse être avec
des lions et des loups. Ainsi donc, toujours aux aguets,
je perce peu à peu la mêlée comme une vis qui mord
dans du bois et, arrivé au guichet, je crie : deux premières
classes. L'employé feint de m'ignorer, il sert des soldats.

Mais si vous restez planté la comme le Jugement Dernier,
vous finissez par avoir gain de cause. Deux premières, dit
l'employé.

– Mari et femme, dis-je, dans le cas où il y aurait une
cabine à deux couchettes. Rigolade derrière mon dos.
J'obtiens enfin mes billets, mais impossible de mettre la
main dans la poche. Les billets me reviennent à 105 fr.
chacun. Empoignant ma monnaie et les minces tickets
verts, d'un dernier effort je me dégage de la cohue. Enfin,
ça y est. Comme je trie mon argent et le mets en sûreté,
j'entends un autre homme demander une première classe.
Plus rien, fait l'employé.

Vous voyez donc comme il faut batailler.

Quant à ces mêlées compactes, je dois dire que si elles
sont véhémentes, elles ne sont pas violentes – les hommes
n'y sont jamais brutaux. J'éprouve toujours une certaine
sympathie pour eux.

Nous bondissons vers le bateau sous l'averse. En deux
minutes nous y sommes. Et, admirez! chacun de nous
a sa cabine particulière sur le pont. Celle de la «reine-
abeille» est contiguë à la mienne. Féerique! Ce n'est plus
une cabine, mais une vraie petite chambre à coucher, avec
lit à rideaux sous les volets du hublot, sofa confortable,
chaise, table, tapis, lavabo à robinets d'argent... c'est le
grand luxe. Je pose mon sac sur le sofa en soufflant, tire
les rideaux jaunes du lit, regarde par le hublot les lumières
de Naples et pousse un soupir de soulagement.

On peut se laver complètement, changer de linge...
Quel délice!

La grande salle a l'air d'un hall d'hôtel avec ses petites
tables agrémentées de fleurs et de périodiques, ses

fauteuils, son épais tapis, son bel éclairage tamisé et ces gens assis qui bavardent. Un groupe d'Anglais bruyants, pleins d'assurance dans un coin ; deux dames anglaises bien tranquilles ; divers Italiens d'aspect très modeste... Il est possible de s'y asseoir et de se reposer en ayant l'air de lire un magazine illustré. C'est ce que nous faisons. Près d'une heure plus tard, nous voyons entrer un jeune Anglais et sa femme, que nous avons aperçus en train. Ainsi donc leur wagon a été enfin détaché vers le port. Où serions-nous si nous avions attendu ?

Les garçons commencent à lisser les nappes blanches et à dresser les tables les plus proches des parois. Le dîner commencera à 7 h et demie, dès l'instant du départ. Nous restons assis en silence jusqu'à ce que huit ou neuf tables soient mises. Puis nous laissons les gens se placer à leur guise. Après quoi, nous choisissons une table pour nous deux, ne désirant pas avoir de compagnie. Nous nous installons donc devant nos assiettes et nos bouteilles de vin, soupirant dans l'espoir d'avoir un repas convenable. À propos, la nourriture n'est pas comprise dans les 105 francs.

Hélas ! il était dit que nous ne serions pas seuls : deux jeunes Napolitains, agréables, tranquilles, plutôt blonds. Ils sont bien élevés et manifestement d'origine nordique. Nous découvrons qu'ils sont bijoutiers. Mais j'aime bien leurs manières douces et tranquilles. Le dîner commence. Nous en sommes à la soupe quand s'amène un jeune gaillard, assez tape-à-l'œil, un commis-voyageur pour sûr. Il a l'air faraud et assuré de ceux qui ne sont pas sûrs de leurs manières – le front assez haut, les cheveux brillamment ramenés sur le côté et une grande bague au doigt (une bague ici ne signifie rien. La plupart des hommes en portent plusieurs – toutes serties de grosses pierres. Si l'on devait se fier aux bijoux, l'Italie serait plus fabuleuse que l'Inde légendaire). Mais notre rastaquouère est très chic. On sent qu'il est plein aux as.

Je vois tout de suite ce qui nous guette quand il nous tend le sel et nous dit en anglais : « *Salt, thenk you* ». Je fais la sourde oreille. Mais nous ne perdons rien pour attendre... La « reine-abeille » voit les lumières du port bouger lentement par les fenêtres du salon et s'écrie : « Oh ! partons-nous ? », puis en italien « Partiamo ? ». Tout le monde regarde les lumières, le rastaquouère parmi nous. Il a un beau dos de rastaquouère.

– Oui, dit-il, *we... going* :

– Oh, dit la « reine-abeille », vous parlez anglais ?

– Ou-i – un peu.

En réalité, il en connaît, en tout et pour tout, une quarantaine de mots hétéroclites ; mais il les prononce avec un si bel accent. Il ne parle pas anglais, il imite une voix anglaise qui produirait des bruits.

L'effet est saisissant. Il a servi sur le front italien avec les gardes écossaires, nous dit-il en italien. Il est de Milan. Oh, il en a passé, du bon temps, avec les gardes écossaires. « *Wheesky ? eh wheesky ?* ».

« *Come along, bhoys !* » fait-il d'une voix tonnante et si véritablement écossaise que je manque tomber à la renverse. Nous en recevons un coup, tous les deux.

Après quoi, il se met à pérorer imperturbablement. Il représente un certain type de machine et fait la Sicile. Bientôt il compte se rendre en Angleterre et il nous interroge copieusement sur les hôtels de premier ordre. Puis il demande si la « reine-abeille » est Française. Est-elle Italienne ? Non, elle est Allemande. Ah, Allemande. Et aussitôt, il nous sert le mot allemand : *Deutsch ! Deutsch !*

eh? de *Deutschland*? Oh oui! *Deutschland über alles!* Ah,
je sais. Pas plus? quoi? *Deutschland unter alles* maintenant? *Deutschland unter alles*. Et il frétille sur son siège,
ravi de son vocabulaire. D'allemand et d'anglais, il connait
une demi-douzaine d'expressions.

– Non, dit la « reine-abeille » pas *Deutschland unter
alles*. Pas pour longtemps en tout cas.

– Comment? pas pour longtemps? Vous le croyez?
Moi aussi, fait notre compère. Et en italien: la Germania
ne sera pas très longtemps au-dessous de tout. Non,
non. Pour le moment c'est l'Angleterre qui est *über alles*.
England über alles. Mais l'Allemagne se relèvera.

– Bien sûr, dit la « reine-abeille ». C'est forcé.

– Ah, dit le rastaquouère, tant que l'Angleterre gardera
l'argent dans sa poche, aucun de nous ne se relèvera.
L'Italie a gagné la guerre, l'Allemagne l'a perdue. Or,
l'Italie et l'Allemagne sont par terre, alors que l'Angleterre
est debout. Toutes deux sont par terre et l'Angleterre est
debout. L'Angleterre et la France. Étrange, hein? Ah! les
Alliés? À quoi servent les Alliés? À maintenir l'Angleterre
et la France debout, l'Allemagne et l'Italie par terre.

– Ah, elles ne resteront pas toujours par terre, dit la
« reine-abeille ».

– Vous croyez que non? Ah! nous verrons bien. Nous
verrons comment ça marche en Angleterre.

– Après tout, ça ne marche pas si merveilleusement
que ça en Angleterre, dis-je.

– Comment? Vous voulez parler de l'Irlande?

– Non, pas seulement de l'Irlande. De l'industrie en
général. L'Angleterre est aussi ruinée que les autres pays.

– *Ma!* avec tout son argent, alors que nous n'en avons
pas! Comment peut-elle être ruinée?

– Et à quoi cela vous avancerait-il si elle l'était?

– Oh!... qui sait? Si l'Angleterre était ruinée...

À cette pensée, un sourire se répand lentement sur son visage. Comme il aimerait ça! Comme tout le monde aimerait que l'Angleterre soit ruinée! À vrai dire, le commerçant, en lui, ne le voudrait peut-être pas. Mais l'homme... oui! L'homme-individu se lèche les babines à cette idée – quoique le commerçant le nie énergiquement. Et voilà! Les journaux n'expriment la plupart du temps que la voix du commerce. Mais l'individu, quand il vous saisit en train ou en bateau, comme maintenant, c'est alors que vous entendez sa voix et que vous apprenez combien il vous aime. C'est une chose inévitable, sans doute. Quand le change est à 106, les hommes ne voient plus clair, encore qu'ils essaient de garder ouvert leur œil commercial. Et, aveugles, ils se cognent à vous d'une façon détestable. Vous apprenez alors à quel point ils vous haïssent. Au fond d'eux-mêmes ils nous détestent – et c'est en tant qu'êtres humains que nous sommes sujets à leur envie et à leur malice. Ils nous haïssent à force de nous envier et nous méprisent par jalousie. Si les heurts ne se produisent pas dans le monde du commerce, je les trouve, entre individus, parfaitement désagréables.

Le dîner terminé, notre compère prodigue autour de lui des cigarettes : des Muratti, s'il vous plaît. Nous avons bu, à nous tous, deux bouteilles de vin. Deux autres commis-voyageurs ont rejoint le rastaquouère à notre table. Deux jeunes hommes élégants, le premier assez vulgaire, le second aimable et charmant.

Nos deux bijoutiers restent bien tranquilles, parlent quand il le faut, mais posément et avec tant de sensibilité qu'on ne peut s'empêcher de les estimer. Nous sommes donc sept en tout, dont six hommes.

– *Wheesky ?* voulez-vous un *wheesky, Mister ?* demande notre compère. Oui, un petit Scotch !

Tout à fait la voix d'un Écossais qui commande une boisson à un bar. C'en est comique au point que nous en rions. Mais c'est aussi bien impertinent.

Il appelle le garçon, le prend par la boutonnière et l'attirant contre lui, lui demande s'il y a du whisky. Le garçon lui répond, sur un ton de nous-nous-comprenons-très-bien-tous-les-deux, qu'il ne croit pas qu'il en reste mais qu'il va voir.

Le rastaquouère fait le tour de la table pour nous inviter tous à prendre du whisky et nous force avec beaucoup d'assurance à accepter ses précieuses cigarettes anglaises.

On nous sert le whisky. Cinq petits verres. C'est une espèce de drogue huileuse qui emporte la bouche. Dieu sait d'où elle sort. Notre compère pérore toujours, émaillant ses propos de bribes d'anglais et de ses quatre mots d'allemand. Tout guilleret, il frétille de ses grosses hanches et gesticule. Il a une façon toute particulière de se tortiller : pétulante et pleine de toupet. C'est mon tour d'offrir le whisky.

Je profite d'un instant d'accalmie pour regarder à travers les fenêtres les douces lumières de Capri, les faibles scintillements d'Anacapri au sommet d'une masse noire et le phare. Du milieu de notre brouhaha, j'envoie là-bas quelques pensées vers certains amis. Puis je retourne à ma place.

Le compère traite déjà le thème éternel de l'Inghilterra, de l'Italia et de la Germania. Il vante effrontément l'Angleterre. Naturellement. L'Angleterre est le grand favori et s'il peut baragouiner en anglais, parler à des Anglais et si, comme il le dit, il compte se rendre en Angleterre vers

Avril, il a plus de chances en main que tous ses compagnons. Et dès lors, il commence à me taper sur les nerfs.

Où allons-nous, où sommes-nous allés, où habitons-nous? Et, ah oui, les Anglais vivent en Italie. Des milliers et des milliers d'Anglais vivent en Italie. Oui, c'est bien agréable. Il y avait autrefois beaucoup d'Allemands aussi, mais maintenant les Allemands sont fichus. Mais les Anglais! Quoi de mieux pour eux en ce moment que l'Italie?: du soleil, de la chaleur, des gens charmants autour de soi... et puis le *cambio! Ecco!* Les autres commis-voyageurs acquiescent. Ils en appellent à la «reine-abeille»: n'est-ce pas vrai? Pour le coup, je n'y tiens plus.

– Oh oui, dis-je. C'est charmant d'être en Italie. Surtout quand on ne vit pas à l'hôtel et qu'on doit faire ses courses soi-même. C'est charmant d'être «écorché» puis insulté si l'on fait une observation. C'est charmant de s'entendre lancer le *cambio* à la figure dès que l'on dit deux mots à un Italien, même si c'est un parfait étranger. C'est charmant de voir les serveurs, les commis et les porteurs nous railler s'ils sont de mauvaise humeur – quand ils ne vous vexent pas de mille manières. C'est charmant de sentir leur animosité générale et, si vous comprenez l'italien, c'est charmant d'entendre ce qu'ils disent quand vous avez le dos tourné. Oh, c'est charmant! Tout à fait!

Je suppose que c'est le whisky qui a provoqué cette explosion. Un silence mortel y succède. Puis notre rastaquouère s'excuse platement, de sa voix sucrée:

– Mais non! mais non! ce n'est pas vrai, signore. Non, ce n'est pas vrai. Voyons, l'Angleterre est la première nation du monde.

– Et vous voulez la faire payer en conséquence.

– Mais non, signore, mais non. Qu'est-ce qui vous fait dire ça? Nous autres Italiens, nous avons si bon caractère. *Noi Italiani siamo cosi buoni. Siamo cosi buoni.*

Exactement les mots de l'institutrice.

– *Buoni*, dis-je. Oui, peut-être. *Buoni* quand il n'est pas question de change et d'argent. Mais comme il est toujours question de *cambio* et de *soldi* maintenant, on est toujours en butte à mille petites vexations.

Ce doit-être le whisky... Mais les Italiens ne peuvent supporter d'entendre des paroles amères. Les bijoutiers ont l'air navré, les rastaquouères baissent le nez, mi-exultants encore, mi-gênés d'avoir été pris. Le troisième *commis-voyageur**, le gentil, ouvre de grands yeux, il a bien peur d'être malade. Il est représentant d'une certaine liqueur italienne et nous demande modestement d'en prendre un verre. Il accompagne le garçon pour qu'il nous serve de *sa* marque. Nous buvons, et c'est bon. Mais il ouvre toujours de grands yeux hagards. Puis il nous dit qu'il va se coucher. Notre compère lui donne divers conseils concernant le mal de mer. La mer s'enfle doucement et l'homme à la liqueur s'en va.

Notre compère tambourine sur la table, murmure quelque chose et demande à la « reine-abeille » si elle connaît le *Rosenkavalier*. Il s'adresse toujours à elle. Elle répond que oui – et, ah! il est passionné de musique, nous dit-il. Puis il nous gazouille un air d'une voix de tête. Il ne connaît que de la musique classique. Puis il nous miaule une phrase de Moussorgsky. La « reine-abeille » dit que Moussorgsky est son compositeur préféré, pour l'opéra. Ah, s'écrie le rastaquouère, s'il y avait seulement un piano! – Il y a un piano, dit son camarade. – Oui, réplique l'autre, mais il est dans le salon fermé.

– Qu'à cela ne tienne! demandons la clef, dit son camarade, sans s'émouvoir. Les garçons, qui-comprennent-
très-bien nos deux compères, leur donneraient n'importe
quoi. Ils nous promettent la clef. Nous payons la note.
La mienne s'élève à 60 francs environ. Le bateau roule
faiblement. Nous prenons l'escalier tournant qui mène
au salon. Notre rastaquouère en ouvre la porte, allume
l'électricité.

La pièce est fort agréable avec ses divans profonds,
tendus d'étoffes pâles, ses palmiers nains, ses petites tables
et son piano droit de bois noir. Notre compère s'asseoit
sur le tabouret et nous offre un récital. Il fait jaillir du
piano des éclaboussures sonores de seau d'eau qu'on
renverse. Il redresse la tête, agite sa touffe de cheveux
noirs, vocifère des fragments d'opéra, remue son large
dos de rastaquouère et se tortille sur ses larges hanches.
Il est évident qu'il a un fort sentiment musical – mais des
moyens très pauvres. Il continue à hurler, à se tortiller, à
nous éclabousser de notes. Son ami, un homme calme et
vigoureux en habit clair, plus âgé que notre impétueux
artiste, s'appuie au piano et l'écoute. De l'autre côté du
tapis, les deux frères bijoutiers sont assis au creux d'un
divan; leurs minces visages blonds restent impénétrables.
La «reine-abeille» assise près de moi demande au virtuose
tel ou tel morceau, qu'il est bien empêché d'exécuter.
Il ne connaît que quatre bribes de chant et quelques
éclaboussures de piano et c'est tout. Son aîné le soutient,
l'encourage et l'admire calmement, comme un amoureux
ferait de sa fiancée *ingénue**. Et la «reine-abeille» tout
animée, les yeux brillants, admire qu'un homme puisse
se trémousser et s'abandonner consciemment avec tant
de naturel. Pour moi, vous vous en doutez, je suis loin de
partager cette admiration. J'en ai assez. Je me lève, salue

et pars. La «reine-abeille» me suit. «Bonne nuit», leur dis-je, à l'embrasure de la porte. La «reine-abeille» rentre chez elle, tandis que je vais faire le tour du bateau pour admirer la nuit sur la mer.

Le matin arrive avec des lambeaux de nuages ensoleillés. Et la côte sicilienne se dresse bleu-pâle dans le lointain. Quel ravissement ce dut être pour Ulysse de s'aventurer dans cette Méditerranée et d'ouvrir les yeux à toute la beauté de ces côtes altières! Quelle merveille de glisser sur son bateau dans un de ces ports magiques. Il flotte un éternel enchantement sur ces terres matinales surgies de la mer. Et c'est toujours l'Odyssée qui vous revient à l'esprit lorsque vous les regardez. Ah! l'admirable fraîcheur matinale du monde, au temps d'Homère!

Notre compère promène déjà ses élégances sur le pont; il a un de ces imperméables bouffants et serrés à la ceinture. Il me salue en criant: « *It's a long, long way to Tipperary*». – Bien long, lui dis-je.

– *Good bye, Piccadilly*, poursuit-il. – *Ciau*, lui dis-je comme il descend les escaliers d'un air dégagé. Bientôt nous revoyons également les autres. Mais c'est le matin et je n'ai nulle envie de leur parler. Un simple bonjour. Pour rien au monde, je ne leur dirais deux mots de plus, ce matin. Je me borne à demander à l'aimable représentant s'il a été malade. Il me dit que non.

Nous attendons que le fameux *Citta di Trieste* pénètre dans le port de Palerme. Il semble si proche: voici la ville, la grande courbe du port et toutes ces collines qui se pressent alentour. Panorme: le port total.

J'aimerais que le gros vapeur se hâte davantage, car je me prends maintenant à le détester. Je déteste son clinquant: on le croirait fait pour commis-voyageurs aux poches bourrées de billets de banque. Je déteste le grand tableau qui décore toute l'extrémité du grand salon : une élégante paysanne – idéale : une manière d'Italia, se promenant au bord d'une délicieuse falaise, idéale aussi, parmi des myriades de fleurs et tenant au bras d'un air très affecté une branche d'amandier fleuri et une gerbe d'anémones. Je déteste les garçons, cette élégance à bon marché, ce luxe ordinaire. Je hais ces gens, farcis de billets de banque graisseux. Ce vulgaire mercantilisme d'après guerre, ces profiteurs puants. Il me tarde de débarquer. Et ce gros navire bouffi qui pénètre si lentement dans le port et présente encore plus lentement au quai sa lourde poupe. Même alors, il nous faut attendre que quelqu'un fixe la passerelle des premières. Les passagers de deuxième classe, naturellement, se répandent déjà comme neige au soleil parmi la foule des spectateurs bien avant que nous soyons autorisés à descendre.

Quel plaisir de quitter ce bateau ! et pourtant il était propre, confortable et le service y était irréprochable. Quel plaisir tout de même que de ne plus partager le pont avec tous ces commis-voyageurs, de se trouver sur ses pieds, indépendant ! Non, je *ne veux pas* prendre une voiture. Je porte mon sac sur l'épaule jusqu'à l'hôtel et je jette un coup d'œil fatigué sur le mouvement léthargique du port. Il est près de neuf heures.

Plus tard, après avoir dormi, je trouve – comme toujours – que les Italiens ne sont pas à blâmer du dépit qu'ils nous témoignent. L'Angleterre a depuis si longtemps assumé le rôle de guide... Or, si pendant ou après la guerre, elle les a conduits dans un vrai cloaque – malgré toutes les hypocrisies de l'Entente – ils sont bien

fondés à lui en tenir rigueur. Si l'on se mêle de guider des
gens, on doit s'attendre à recevoir de la boue à la figure,
quand on les conduit dans un bourbier infect. Surtout
si, une fois dans la gadoue, on ne pense qu'à s'en sortir
sur le dos des pauvres diables qu'on y a fourrés. La noble
attitude des grandes nations!

Et pourtant, malgré tout, j'y insiste : je ne suis qu'un
être humain indépendant, un individu et non une unité
nationale, une rognure d'Inghilterra ou de Germania.
Je ne suis pas la rognure d'un vieux bloc pourri. Je suis
moi-même.

Dans la soirée, la «reine-abeille» insiste pour que nous
allions aux marionnettes, auxquelles elle voue une véritable passion. Et nous voilà tous les trois (car nous avons
retrouvé notre amie américaine) nous voilà déambulant
dans le noir à travers les tortueuses rues sombres et les
marchés de Palerme, jusqu'à ce qu'un homme serviable
s'offre à nous montrer l'endroit. Les rues secondaires de
Palerme ont un caractère accueillant, alors que celles
de Naples sont affreuses surtout aux environs du port.

Le théâtre est une petite baraque ouvrant, un peu en
retrait, sur la rue. Comme il n'y a personne à la caisse,
nous passons de l'autre côté du paravent qui sert de
porte. Un vieillard minable, tenant à la main une tige de
fenouil arrive en hâte, nous place sur un banc du fond
et nous fait baisser la voix quand nous lui parlons des
billets. Le spectacle a commencé. On voit justement un
dragon aux prises avec un chevalier en brillante armure
de cuivre. J'en frémis d'angoisse. Le public se compose
surtout de garçons, fascinés par la scène éclatante. Çà et
là des soldats et des hommes adultes. C'est bondé. Il y a
là une cinquantaine de personnes, entassées sur de minces

rangées de bancs étroits et si rapprochés les uns des autres que le postérieur de l'homme qui est devant moi avance jusque sur mes genoux.

Je lis sur une pancarte que le prix d'entrée est de 40 centimes. Arrivés vers la fin de la représentation, nous sommes assez déroutés et incapables de la suivre. L'histoire est inévitablement celle des Paladins de France. On entend à plusieurs reprises le nom de Rinaldo, d'Orlando ; mais elle est contée en dialecte assez difficile à saisir.

Les personnages me charment. La scène, très simple, représente l'intérieur d'un château. Mais les personnages – qui atteignent aux deux tiers de la taille humaine – sontmerveilleux, avec leur étincelante armure dorée et leur noble démarche martiale. Ce sont tous des chevaliers, même la fille du roi de Babylone. Elle ne se distingue des autres que par ses cheveux longs. Ils ont tous la magnifique armure étincelante, avec casques et visières s'abaissant à volonté. Ces armures, me dit-on, se transmettent de père en fils. Elles sont vraiment splendides. Un seul acteur n'en est pas revêtu : c'est l'enchanteur Magicce ou Malvigge, le Merlin des Paladins. Il est en longue robe écarlate, bordée de fourrure et porte un tricorne écarlate.

Nous voyons donc le dragon bondir, se tordre, saisir le chevalier à la jambe – puis périr. Nous voyons les chevaliers faire irruption dans le château. Nous assistons aux formidables étreintes sonores des chevaliers délivrés : Orlando, son ami de cœur et le petit nain qui choquent leur cuirasse contre celle de leurs frères et libérateurs. Nous voyons couler leurs larmes simulées. Puis l'effigie de la sorcière s'anéantit dans les flammes, à la grande exaltation des garçons. Et c'est fini. Le théâtre se vide en un instant ; mais les propriétaires, ainsi que les deux hommes

qui sont assis près de nous ne nous laissent pas partir.
Il faut que nous attendions la représentation suivante.

Mon voisin, un gros homme jovial, me raconte tout en
détail ; son voisin, un bel homme un peu ivre, le contre-
dit sans cesse et déclare que ce n'est pas ça. Mais mon
gros voisin, accommodant, me lance un clin d'œil significatif. Cette histoire des Paladins de France dure trois
nuits. Naturellement, nous sommes tombés sur l'épi-
sode du milieu. Mais cela n'a pas d'importance. Chaque
partie forme un tout. Je regrette d'avoir oublié le nom des
chevaliers. Mais le thème général est le suivant : Orlando,
son ami et le petit nain sont, à la suite des supercheries
de ce même nain, capturés et emmurés dans le château
enchanté de la vieille sorcière sinistre qui se repaît du sang
des chrétiens. C'est maintenant la tâche de Rinaldo et du
reste des Paladins, aidés par Magicce, le *bon* enchanteur,
de délivrer leurs frères des griffes de l'affreuse goule.

Voilà ce que j'apprends tandis que le théâtre se rem-
plit. Le gros homme connaît en détail tout le cycle des
Paladins. Et il est évident que ce cycle comprend des quantités de variantes car son beau voisin soutient mordicus
qu'il se trompe ; il me donne des versions différentes de
l'histoire et réclame à grands cris un jury, qui établirait
lequel des deux a raison. Le jury s'assemble, la tempête
s'élève... mais le solide propriétaire à la baguette de
fenouil vient l'apaiser en déclarant au bel homme qu'il
en sait trop et qu'on ne lui a rien demandé. Vexé, l'autre
se met à bouder.

– Ah ! dit mon ami, est-ce que je ne pourrai pas assister
à la grande soirée de vendredi ? Le vendredi, on donne
I Beati Paoli, les Bienheureux Paul. Il me montre aux
murs les affiches annonçant les Beati Paoli. Ces Paul,

ce doit être une affreuse société secrète à poignards et cagoules laissant apercevoir des yeux terrifiants. Je lui demande si ce sont des assassins comme la Bande Noire.

– Nullement, nullement. Les Beati Paoli sont une association qui se propose de protéger les pauvres. Leur tâche est de traquer et de tuer les riches oppresseurs. Ah! c'est une société merveilleuse, splendide! Sont-ils, lui-dis-je, une espèce de Camorra? – Ah, au contraire, fait-il d'une voix vibrante, ils détestent la Camorra. Ces Beati Paoli, ce sont les ennemis terribles et puissants de la Grande Camorra. Car la Grande Camorra opprime les pauvres. Par conséquent, les Paoli traquent secrète-ment les chefs de la Grande Camorra et les assassinent, ou les traînent devant l'effrayant tribunal à cagoules qui prononce le verdict fatal des Beati Paoli. Et quand les Beati Paoli ont décrété la mort d'un homme... son compte est bon. Ah, *bellissimo, bellissimo!* Pourquoi ne viendrai-je pas vendredi?

Singulière morale, si l'on songe qu'elle s'adresse à tous ces gamins qui se pressent ici, les yeux fixés sur le rideau. Ce sont tous des mâles : des hommes ou des gamins. Je demande à mon gros ami pourquoi on ne voit pas de femmes ni de fillettes dans la salle. Ah! fait-il, le théâtre est si petit! – Mais, lui dis-je, s'il y a de la place pour les garçons et les hommes, il peut y en avoir aussi pour des femmes et des fillettes. – Oh, non... pas dans ce petit théâtre. D'ailleurs, elles n'ont rien à y voir. Non qu'on y donne rien d'inconvenant, s'empresse-t-il d'ajouter. Pas le moins du monde. Mais qu'est-ce que des femmes et des fillettes feraient à un spectacle de marionnettes? Ça ne regarde que les mâles.

Je suis parfaitement d'accord avec lui et je me félicite que nous soient épargnées les minauderies d'une bande de filles excitées. L'attention de ce public masculin est si fervente, si pure.

Mais, chut! La pièce va commencer. Un gars tourne la manivelle d'un orgue de barbarie décrépit, au bas de la scène. Le padrone rugit : « *Silenzio !* » et allongeant le bras, houspille de sa baguette les garnements indisciplinés, comme un bedeau à l'église.

Le rideau se lève, le piano se tait et, au milieu d'un silence impressionnant, entre à grands pas un étincelant chevalier à la démarche curieusement sautillante. Il promène autour de lui un regard fixe et martial. Puis il se met à réciter le prologue qui nous apprend où nous sommes ; l'air dramatique, il agite son épée, tape du pied et fait merveilleusement retentir sa voix mâle, martiale, légèrement enrouée. Puis les Paladins, ses compagnons, entrent en scène un par un. Ils sont cinq. Parmi eux se trouvent la princesse babylonienne et le chevalier de Grande-Bretagne. Ils forment une belle rangée étincelante. Ensuite, arrive Merlin, en robe rouge. Merlin, avec son clair visage blond assez joufflu et ses yeux bleus semble symboliser l'intelligence nordique. Il leur explique longuement comment ils doivent s'y prendre pour réussir. Nos étincelants chevaliers sont prêts et Rinaldo brandit son épée en poussant ce cri étonnant : « *Andiamo !* » Les autres reprennent en chœur « *Andiamo !* ». Mot admirable.

Ils se mesurent d'abord avec les chevaliers d'Espagne en cottes rouges et demi-turbans. Combat terrible. Le chevalier de Grande-Bretagne s'élance le premier vers l'ennemi. C'est le fanfaron, celui qui fait tout… avec sa langue. Mais bientôt, le pauvre chevalier tombe, estropié. Les quatre Paladins se tiennent épaule contre épaule. Étincelants, ils assistent au duel. Un nouveau chevalier s'avance et la lutte recommence. Terrible est le ferraillement des épées, terribles les halètements des preux derrière leurs visières baissées. Mais finalement, le chevalier d'Espagne succombe et le Paladin pose le pied sur le mort. Retentissantes acclamations des Paladins, hurlements de joie du public. *Silenzio!* rugit le padrone, qui brandit sa tige de fenouil. Un grand silence se fait et l'histoire se poursuit. Le chevalier de Grande-Bretagne, naturellement, prétend avoir terrassé l'ennemi. Le public, gouailleur, le hue doucement. « Il se vante toujours, ce chevalier de Grande-Bretagne, et il ne fait jamais rien », me chuchote mon gros voisin. Il a oublié ma nationalité. Je me demande si le chevalier de Grande-Bretagne est un caractère purement traditionnel ou si quelque allusion actuelle ne s'y est pas glissée.

Cependant, le combat est terminé. Merlin vient faire des recommandations à propos de l'engagement qui va suivre. Sommes-nous prêts? Allons-y. *Andiamo*. Le mot est hurlé à pleine voix et les Paladins s'en vont.

Au début, on est tout occupé à admirer les person-nages : leur éclat, leur regard vide et martial, leurs gestes soudains, anguleux... Il y a quelque chose de très suggestif en eux. Comme ils sont mieux faits pour jouer les vieilles légendes que des êtres humains! Je dirais même que si nous employons sur scène des êtres vivants, ils devraient être masqués et déguisés. Car le drame, en réalité, est agi par des créatures symboliques issues de la conscience humaine. Des marionnettes, si vous voulez, mais non des *individus*. C'est la personnalité qui rend notre théâtre si faux, si assommant.

Mais, peu à peu, je découvre que mes yeux ont une moindre importance; peu à peu c'est la voix qui exerce son empire sur le sang. C'est une puissante voix mâle, légèrement enrouée qui agit discrètement sur le sang, et non sur l'esprit. Et de nouveau, le vieil Adam viril s'émeut aux racines de mon âme; de nouveau, la vieille indifférence originelle, le riche sang viril s'agite indompté dans mes veines. Qu'importent, qu'importent les règles et la dictée du mental? Ne règne-t-elle pas au fond de l'âme virile, cette lourde insouciance brillante et furieuse, que résume ce cri bref: «*Andiamo! Andiamo!* Partons. *Andiamo.* Partons. N'importe où, au diable s'il le faut, mais partons! La splendide insouciance passionnée qui ne connaît ni règles ni maître et n'accepte pour guide que sa brûlante spontanéité...

Combien j'aime les voix des Paladins! La voix de Rinaldo, et la voix d'Orlando: la voix d'hommes authentiques, qui ne se laisseraient pas mettre en tutelle. Bien sûr, il y a Merlin, qui nous rabâche ses longs discours prosaïques. Mais qui est-il? Un Paladin? Une splendeur? Nullement. Un rabâcheur à longue robe. C'est l'insouciance du sang qui accomplit tout; les jacasseries de l'intelligence et de la morale ne sont qu'un moyen subsidiaire, un simple instrument.

Le dragon est splendide. J'ai vu des dragons dans Wagner, à Covent Garden et au Prinz-Regenten de Munich. Ils étaient ridicules. Au lieu que celui-ci m'effraie réellement avec ses bonds et ses contorsions. Et lorsqu'il saisit le chevalier à la jambe, mon sang se glace. Dans un nuage de fumée sulfureuse, Belzébuth bondit sur scène. Mais il n'est que le serviteur de la grande sorcière. Il est noir, grimaçant et agite son postérieur et sa queue. Mais il est curieusement inefficient – ce n'est qu'une espèce de laquais des puissances maléfiques.

La vieille sorcière, avec ses cheveux gris et ses grands yeux fixes, arrive à être effrayante. Elle aurait presque l'air d'une vieille dame bienveillante. Mais écoutez-la. Entendez cette horrible voix femelle aux accents stridents de luxure. Oui, elle m'emplit d'horreur. Et je suis bouleversé de sentir avec quelle force je vois en elle *le* principe du mal. Belzébuth, le pauvre diable, n'est qu'un de ses instruments.

C'est cette vieille âme femelle, horrible et grinçante, qui emprisonne les héros et répand autour d'elle une malice affreuse, presque omnipotente. C'est ce vieil esprit féminin qui est au cœur même de la méchanceté. Et je sens mon cœur s'enflammer contre elle à l'égal des spectateurs. J'éprouve une haine brûlante et profonde pour ce symbolique vampire femelle. Le pauvre mâle Belzébuth n'est qu'un balourd, un esclave. Tandis qu'il ne faut rien moins que toute la claire intelligence de Merlin et l'ardente exaltation des Paladins pour triompher de sa maîtresse.

Elle ne sera jamais définitivement détruite, elle ne mourra jamais pour de bon tant que son effigie qui est enfermée sous les voûtes du château n'aura pas été brûlée. Oh! c'est un spectacle d'ordre purement psychanalytique et l'on pourrait en donner une très bonne analyse freudienne, enfin, il cite Freud en place d'un simple journal de voyage il aurait pu écrire une analyse psychanalytique du génie italien. Voyez l'image de la sorcière, cette blanche *idée* de la femme qui règne dans les profondeurs de l'inconscient où elle est engloutie. Or voici: les intrépides, les indomptables chevaliers mâles vont l'anéantir – et lorsque l'effigie disparaît dans les flammes – ce n'est qu'une silhouette de papier tendu sur fil de fer – le public pousse un hurlement de joie puis un second hurlement! Plût à Dieu que cet acte symbolique se fût réellement accompli! Seuls les petits garçons trépignent. Les hommes se contentent de sourire. Ils savent assez que l'image blanche existe toujours.

Et c'est fini. Les chevaliers reviennent nous voir. Orlando, héros des héros, a un léger strabisme qui lui donne cet air de bonté presque féroce que les gens d'ici adorent: l'air d'un homme qui ne pense pas, mais dont le cœur est constamment porté au rouge par la brûlante passion d'un sang généreux. C'est ce qu'ils adorent.

Mes chevaliers s'en vont donc. Ils ont tous des visages merveilleux et sont splendidement étincelants et virils. On va maintenant les coucher dans leur boîte, quel dommage!

Tout le monde pousse un soupir de soulagement. L'orgue de barbarie reprend sa rengaine boîteuse. Quelqu'un se met à rire; nous tournons tous la tête et apercevons, juché sur la caisse, un gros bébé solennel de deux ou trois ans, au grand front songeur, les mains croisées sur l'estomac, pareil à quelque bizarre petit bouddha. Le public rit avec cette sympathie méridionale qui est une sympathie physique. Voilà ce qu'ils aiment sentir et provoquer.

Mais voici un sketch pour conclure: devant le rideau surgit une petite caricature de Napolitain – toute plate – et à l'autre bout, la haute caricature d'un Sicilien. Ils avancent l'un vers l'autre par saccades puis se cognent bruyamment. Et vlan! le Napolitain dégringole sur son derrière. Les enfants crient de joie. C'est l'éternelle collision entre les deux peuples, le Napolitain et le Sicilien. Puis les deux clowns se lancent force calembours dans les deux dialectes. Hélas! je n'y comprends presque rien. Mais on voit bien que c'est comique et très amusant.

C'est le Napolitain, bien entendu, qui est rossé. Je ne relève là-dedans aucune indécence ou plutôt une, exactement. Les enfants crient et trépignent de joie et personne ne dit *Silenzio!*

Mais c'est fini. Bien fini. Le théâtre se vide en un instant. Et je serre la main de mon gros voisin affectueusement, avec toute la sensibilité voulue. Vraiment, j'aime tous les gens de la salle : ce sang méridional ardent et généreux, si subtil et si spontané, qui appelle le contact du sang et non pas la communion mentale ou la sympathie de l'esprit. C'est à regret que je les quitte.

TABLE

Imprimé en France par CPI en juin 2018
Mise en pages par DV Arts Graphiques à La Rochelle
Dépôt légal : juillet 2018 – N° d'impression : 2037939